EDICIÓN Y COMUNISMO

Serie Historia y Ciencias Sociales

Editor General: Greg Dawes
Editora encargado de la serie: Carlos Aguirre

Edición y comunismo

Cultura impresa, educación militante y prácticas políticas

(México, 1930–1940)

Sebastián Rivera Mir

Raleigh, North Carolina

Library of Congress Cataloging-in-Publication Data
Names: Rivera Mir, Sebastián, author.
Title: Edición y comunismo : cultura impresa, educación militante
y prácticas políticas (México, 1930-1940) / Sebastián Rivera Mir
Other titles: Serie Historia y ciencias sociales
Description: Raleigh, N.C. : Editorial A Contracorriente | Series: Serie historia
y ciencias sociales | Includes bibliographical references
Identifiers: LCCN 2020028088 | ISBN 9781945234781 (paperback) |
ISBN 9781945234798 (ebook)
Subjects: Communism and mass media—Mexico—History | Publishers and
publishing—Political aspects—Mexico—History | Communication in politics—
Mexico—History | Communism and education—Mexico—History
Classification: LCC HX550.M35 R58 2020 | DDC 324.272/07509043—dc23
LC record available at https://lccn.loc.gov/2020028088

ISBN: 978-1-9452-3478-1 (paperback)
ISBN: 978-1-9452-3479-8 (ebook)

This work is published under the auspices of the Department of Foreign
Languages and Literatures at the North Carolina State University.

Distributed by the University of North Carolina Press
www.uncpress.org

ÍNDICE

AGRADECIMIENTOS

N LA MESA DE trabajo de mi padre hubo por largo tiempo un volumen que estaba en un interminable proceso de encuadernación. Cada etapa parecía tomar meses, el cosido, el pegado, ajustar cada una de las hojas (no teníamos guillotina), el armado de las tapas, el encolado del lomo, y entre medio, la inevitable espera mientras las prensas cumplían su labor. Mi padre no es uno de los tantos trabajadores de las artes gráficas que se mencionan en las siguientes páginas, pero aprendió los gajes del oficio porque era parte de la formación de un estudiante y miembro de la izquierda en el Chile de la década de 1960. Cuando comencé a escribir el presente libro recordaba aquella paciencia artesanal, el esfuerzo y el compromiso, pero también la innumerable cantidad de conversaciones que se dieron en torno a ese volumen encuadernado. Esa forma de combinar el trabajo manual con las reflexiones, con las pláticas, con la permanente discusión de la coyuntura política, fue una guía útil para comenzar a comprender las múltiples experiencias que se tejieron en torno a los libros, los folletos y otros impresos.

Por supuesto, estas páginas son el resultado de innumerables deudas. Avances de la investigación se presentaron en el Seminario Permanente de Historia Social, que funciona en El Colegio de México y que dirige Clara E. Lida, quien ha sido un importante apoyo en todos mis emprendimientos académicos. Un taller organizado en Buenos Aires en el contexto de la Red Iberoamericana de Estudios sobre Comunismo (RIECOM) también sirvió para fortalecer a través del diálogo con otros colegas latinoamericanos, algunos de los planteamientos centrales del presente libro. Mientras que gracias al Seminario de Historia Transnacional, que sostienen algunos estudiantes del posgrado del Instituto de Investigaciones Históricas de la Universidad Nacional Autónoma de México, se lograron afinar aquellas propuestas y ambigüedades, que sólo ojos de lectores no especializados en comunismo pueden observar.

Numerosos colegas y amigos leyeron fragmentos y capítulos. Verónica Zapata, Daniel Kent, Kenya Bello, Daniel Librado, Irving Reynoso, aportaron con sus dudas, cuestionamientos y críticas. Guardo un especial agradeci-

miento a Martín Ribadero y Adriana Petra, quienes desde Argentina colabo-
raron con comentarios y recomendaciones bibliográficas. Mientras que desde
Chile, Manuel Loyola y Patricio Herrera también contribuyeron a darle un
sentido latinoamericano a las presentes páginas. Carlos Illades fue a lo largo
de esta etapa no sólo un referente por sus excelentes libros sobre la izquierda
mexicana, sino que además muy generosamente leyó y cuestionó varios de los
apartados. Sus comentarios y el diálogo académico que hemos establecido, sin
duda, han enriquecido mi trabajo. De igual modo, las propuestas y los comentarios de Ricardo Melgar Bao son una guía no sólo para mi trabajo, sino que
me parece para todos aquellos que buscan reconstruir una historia crítica de
la izquierda latinoamericana. Pavel Navarro y Sebastián Hernández leyeron
el borrador completo, algo que agradezco mucho, y me ayudaron a fortalecer
algunos de los ejes transversales que se desarrollan a lo largo del texto. Agradezco también a Ismael Lares por su ayuda en los archivos de Durango, así
como a Raúl Ramírez, bibliotecario de la Universidad Autónoma Metropolitana — Unidad Cuajimalpa (UAM—C), quien se esforzó por conseguirme
acceso a algunos archivos indispensables para el presente trabajo. Zullivan
Ramos y Luis Cario, como asistentes de investigación, fueron claves para re-
copilar las fuentes que se encuentran desperdigas en innumerables archivos.
Espero mis encargos y nuestras conversaciones también les sirvieran para comenzar a andar en las sendas de sus propias investigaciones.

Muchos de los elementos sobre el mundo editorial los he aprendido gracias a las recomendaciones, sugerencias y enseñanzas de Carlos Gallardo. Juntos recorrimos innumerables librerías de viejo en la ciudad de México, re-
colectando buena parte de los folletos y libros comunistas que aún hoy se
encuentran en sus anaqueles. Nuestras largas conversaciones me ayudaron
a comprender la necesidad de analizar cómo se producen los distintos tipos
de impresos, sin perder de vista a los sujetos que estuvieron detrás de cada
publicación.

Junto a Kenya Bello, Regina Tapia y Aimer Granados hemos impulsado
un seminario sobre los usos de lo impreso en América Latina. Este espacio
en formación ha servido para conectar a diferentes académicos que vienen
trabajando sobre estas temáticas y nos ha permitido comenzar a enfrentar de
manera colectiva algunas discusiones latinoamericanas que son vitales para
entender el desarrollo de este ámbito. En este espacio se han recuperado experiencias de investigación, metodologías, propuestas analíticas, que de alguna
manera han sido retomadas a lo largo del libro. De ese modo, siento una es-

pecial gratitud para todos aquellos que desde distintas partes del continente han participado en el seminario. Esperamos que esta iniciativa siga rindiendo los frutos que hasta el momento se han venido generando sesión tras sesión.

Agradezco también la confianza de Carlos Aguirre, Greg Dawes, y de la Editorial A Contracorriente por impulsar la publicación del presente libro. Gracias además por convertir en transnacional un libro escrito por un chileno residente en México y publicado en Estados Unidos. Solemos hablar de las necesidades de sobrepasar las fronteras al momento de avanzar en el conocimiento, pero es difícil encontrar iniciativas como *A Contracorriente* que cristalicen estos esfuerzos.

Casi para concluir, debo mencionar a las instituciones que han cobijado mi labor académica durante los años que me ha llevado la producción de este libro. El proyecto surgió como parte de una estancia posdoctoral en la UAM—C, bajo la dirección de Aimer Granados y con el apoyo de Mario Barbosa, gracias a quienes encontré un espacio de trabajo propicio para desplegar mis inquietudes académicas. En El Colegio Mexiquense, mi actual lugar de trabajo, desarrollé la última etapa de la investigación y la elaboración del borrador final. Sin lugar a dudas, el apoyo de colegas y funcionarios que laboran en este centro de investigación, ha sido clave para llevar a buen puerto esta tarea.

Finalmente, mi compañera, lectora inquisitiva de todos mis textos, receptora de mis dudas y disquisiciones, Carla, ha sido mi sostén tanto intelectual como emocional durante todo este proceso. Su pasión por los libros, por la lectura, y a veces también por la edición, me ha ayudado a no perder de vista que los sujetos de carne y hueso que se embarcaron en la edición comunista no pueden ser tratados como cifras o como parte de un catálogo. Sus esfuerzos por cambiar el mundo que los rodeaba era, como lo es hoy para ella, una urgencia que aceitaba las prensas, que componía las cajas, que redactaba líneas y líneas, una pasión que espero los lectores puedan sentir al entrar en las siguientes páginas.

Introducción

E N NUESTROS TIEMPOS LA cultura impresa sufre cambios drásticos y su futuro es un escenario incierto. Los agoreros de los cambios tecnológicos vislumbran el final del papel como soporte básico de los libros, periódicos y revistas, mientras los niveles de lectura se reducen a 280 caracteres y las librerías se convierten en dispensarios de todo tipo de productos comerciales. Una cultura visual, preconizan, basada en los medios digitales efímeros reemplazará finalmente a los anticuados artefactos impresos, que sólo servirán para acumular polvo en bibliotecas limitadas y poco accesibles. No es extraño escuchar entre estos entendidos, la sentencia: la gente lee menos y peor.

Pero como en todo proceso globalizante, lleno de contradicciones y ambigüedades, las dinámicas que apuntan a la desaparición de lo impreso, al mismo tiempo han afianzado un resurgimiento del mundo editorial. Las nuevas herramientas digitales han reducido los costos de producción, los programas computacionales de diseño han facilitado la autoedición, la transmisión de conocimientos ha impulsado la creatividad y desde luego, las redes sociales han multiplicado la convergencia entre los distintos actores que participan en la elaboración de medios de comunicación. La lectura y escritura, aunque sea de mensajes cortos, son actividades cotidianas e intensivas prácticamente para la mayoría de los sectores sociales, algo que no se había producido en toda la historia de la humanidad.

De ese modo, podemos saltar de un pesimismo a ultranza a un optimismo sin barreras. Esta manera, casi bipolar, de acercarse al mundo del impreso no es ninguna novedad. Prácticamente desde que aparecieron las primeras publicaciones ha habido quienes depositaron su fe ciega en su capacidad para reformar el mundo, mientras otros se dedicaban a pregonar los daños que provocaban a la civilización católica occidental.

Para las izquierdas mexicanas, en plural, los actuales cambios han sido retomados con cautela, pero también con creatividad. La fragmentación de este campo político ha generado que muchos grupos acepten el desafío de lo impreso como parte central de su acción política. Basta con participar en alguna manifestación para observar el sinnúmero de material impreso que se distribuye entre los asistentes. En las marchas se reparten boletines, libros, folletos, volantes, afiches, hechos algunos a mimeógrafo o con una máquina risograph, otros con el más fiel estilo de la gráfica popular, tampoco faltan los realizados a todo color o los fanzines confeccionados con papeles reciclados y tintas vegetales. Las editoriales cartoneras se han desplegado a lo largo de México, con un discurso en contra de la mercantilización de la cultura, mientras brigadas reparten libros gratuitos en el metro u organizan ferias independientes. Algunos conceptos como *Copyleft*, *Creative Commons* y "libre circulación de bienes culturales"[1] se han introducido en las prácticas editoriales de la mayoría de las pequeñas agrupaciones de izquierda que buscan generar sus propias publicaciones.[2] Y aunque la salud de estos esfuerzos siempre ha sido precaria, los militantes de estos grupos y colectivos ponen su trabajo, muchas veces sin remuneración, y sus apuestas políticas en manos de la producción de estos impresos.

Este libro busca precisamente explorar esta relación entre las izquierdas mexicanas y sus labores editoriales. Una conexión que podemos rastrear hasta mediados del siglo XIX, cuando tipógrafos y otros artesanos vinculados a los talleres de imprentas, comenzaron a organizarse políticamente. Las articulaciones que Régis Debray describe para el caso del socialismo europeo, donde el trabajo artesanal se combinó con la labor editorial, dotando a la izquierda de un particular sentido de la urgencia del impreso,[3] tuvo un correlato similar en el México decimonónico y especialmente entre los opositores al porfiriato. Cuando Leopoldo Méndez presentó, a mediados del siglo XX, en un grabado a los hermanos Flores Magón junto a José Guadalupe Posada, más allá de la *prestidigitación histórica*, pretendía precisamente poner en el centro de la actividad militante sus funciones como impresores, grabadores y observadores críticos de la realidad social. No es casualidad que conozcamos buena parte de las prácticas del anarquismo de principios del siglo XX gracias a su vinculación con el periódico *Regeneración*. Tampoco que el libro de John Kenneth Turner, *México bárbaro*, provocara la ira de las autoridades. De igual modo, los pasquines, las calaveras y las proclamas opositoras, fueron mecanismos corrosivos del poder porfirista y los militantes opositores detrás de cada iniciativa, amalgamaron sus proyectos editoriales con sus intenciones de derrocar al régimen.

El periodo revolucionario de igual modo retoma la centralidad de lo impreso como parte de la práctica política. Por supuesto, los enfrentamientos armados podían haber dejado poco espacio para actividades que parecieran no tener la relevancia de aquellas de orden militar. Pero, al contrario, los impresos se multiplicaron y no sólo los panfletos y proclamas, sino que también lo hicieron los libros, las revistas, los escritores, las librerías de viejo, los periódicos. No en vano en este periodo surgieron los diarios que marcaron el siglo XX periodístico. Tampoco las experiencias personales disociaron combatir, escribir y publicar. Por ejemplo, un médico militar, llamado Mariano Azuela, anotaba en su cuaderno sus correrías con las fuerzas revolucionarias para después convertirlas, casi de inmediato, en una novela. *Los de abajo* se publicó en 1916 en El Paso, Texas, en un espacio fronterizo que en lugar de limitar la actividad editorial potenciaba todo este tipo de esfuerzos. Un par de años antes, un joven tipógrafo proveniente de Jiquilpan, Lázaro Cárdenas, se había politizado en la imprenta La Económica y decidió lanzarse al combate, no sin antes empeñarse en realizar sus primeras publicaciones. Los tiempos convulsos no frenaban la inquietante obsesión de los militantes por destinar un fragmento relevante de su quehacer a la circulación, producción y elaboración de impresos.

Inmediatamente después de que los enfrentamientos disminuyeron y comenzó la institucionalización revolucionaria, los planes educativos de José Vasconcelos, al frente de la Secretaría de Educación Pública, consolidaron la necesidad de construir el vínculo entre edición y revolución. Este proceso estatal, que optó por impulsar editorialmente un hispanoamericanismo afín a los clásicos grecolatinos y orientales, tuvo evidentemente un cuestionamiento desde la izquierda. Los estridentistas se reunían en una librería de viejo, cerca del Ex mercado del Volador a crear una nueva literatura que recobrara las raíces mexicanas y proletarias. En lugares más discretos, el emigrado indio M. N. Roy escribía incansablemente para fortalecer las organizaciones incipientes del comunismo, mientras Sebastián San Vicente se dedicaba a "recuperar" dinero desde los bancos para financiar las publicaciones de sus compañeros anarquistas. El testimonio de José C. Valadés sobre la década de 1920 nos puede entregar luces sobre este nuevo contexto. En sus años de juventud este militante anarquista, aunque de fugaz paso por el comunismo, desarrolló una labor amplia en el mundo de la imprenta, incluso, fue dueño de una. Participó con tipógrafos y periodistas de la Confederación General de Trabajadores (CGT) en asaltos a las editoriales ligadas a la oficialista Confederación Regional Obrera de México (CROM), para utilizarlas a favor de la causa anarquista. Su presencia en estos espacios era permanente y tenía acceso a la edición de periódicos, folletos, carteles o panfletos. Sin embargo, en 1925 cuando quiso publicar su estudio "Los orígenes del socialismo en México", se dirigió a la Editorial Botas, después a la Editorial Maucci, y finalmente a la imprenta que dirigía Salvador Novo. Valadés no menciona el nombre de esta última, pero en ese momento Novo era jefe del Departamento Editorial de la SEP. En todos estos lugares, se negaron a publicar su texto. "El manuscrito —recordaba Valadés— que todavía cinco años más tarde buscó inútilmente editor, quedó en la oscuridad de un cajón de papeles manuscritos y recortes de periódicos".[4] Las empresas editoriales establecidas no estaban dispuestas a publicar borradores con un contenido político conflictivo y menos si se trataba de problemas que estaban más allá de las fronteras mexicanas. Por lo que, Valadés y el conjunto de los militantes de izquierda, debían redoblar sus esfuerzos para poner en circulación sus textos. En 1927, un fragmento importante de su libro se publicó en *La protesta* de Buenos Aires. Los límites nacionales nuevamente se conjugaban para permitir que la edición llegara a buen término.

Con el avanzar del siglo XX, México se transformó en una potencia en la producción de libros, pero la relación entre militancia política y prácticas editoriales se mantuvo al interior de los grupos de izquierda. Vicente Rojo, José Azorín y los hermanos Neus, Jordi y Quico Espresate iniciaron con la editorial ERA en 1960 y su objetivo fue poner en circulación textos críticos y especialmente de orientación marxista. Joaquín Mortiz apareció en 1962 con una clara orientación hacia la literatura, cuestionando los cánones impuestos por el *establishment cultural* del periodo. En este mismo tiempo surgió la editorial Diógenes, que al igual que ERA, estaba de algún modo ligada al exilio español. Este emprendimiento se orientó a recuperar temáticas que comenzaban a interesar a los jóvenes, que darían contenido al 68 mexicano. Fueron los primeros en publicar a Althusser y sus libros permitieron abrir los debates que se desarrollaban en el extranjero en la izquierda local. Finalmente, en 1965 el argentino Arnaldo Orfila Reynal fundó Siglo XXI después de una bullada salida de la dirección del Fondo de Cultura Económica. Mucha tinta ha corrido sobre su retiro del FCE, precipitada por publicaciones que contrariaban

la idea de progreso y desarrollo que se esforzaban en presentar las autoridades gubernamentales, pero que estaba muy lejos de la realidad. Siglo XXI de
inmediato se vinculó con la nueva izquierda latinoamericana, apoyó editorialmente a la Revolución Cubana y sostuvo relaciones directas con los movimientos antidictatoriales de Centroamérica. Las presentes iniciativas son
sólo algunas de las que pusieron en circulación los miembros de la izquierda
mexicana, y como ha demostrado Carlos Illades, la inteligencia rebelde de los
años 60 hasta la actualidad, no puede comprenderse si nos alejamos demasiado de sus prácticas editoriales.[5]

Pablo Ponza desde Argentina denomina a esto una *cultura libresca* de la izquierda[6], y con mucha mayor ironía, Carlos Aguirre recuerda que en el Perú
de la década de 1970 a algunos izquierdistas se les solía llamar peyorativa-
mente "los sobacos ilustrados", refiriéndose a la idea de que militancia, lectura,
cultura literaria y difusión de la palabra impresa eran elementos inseparables.[7]
El breve recorrido por algunos momentos de la historia de la izquierda mexicana nos demuestra que libro y revolución fueron en muchos aspectos parte
de un mismo proceso.

El lugar de los impresos comunistas

En esta situación, el comunismo tuvo una particular relevancia.[8] La historia-
dora argentina, Adriana Petra, ha utilizado la idea de una "Internacional de
papel" para caracterizar tanto la preponderancia de las actividades editoriales
dentro de la organización, como su carácter transnacional. La articulación de
un proyecto político que apuntaba a todos los proletarios del mundo, involucraba una serie de desafíos ideológicos y culturales que fueron enfrentados
desde la Internacional Comunista (Comintern) a través de la difusión masiva
de impresos y el impulso de editoriales en cada lugar donde existía una célula
de militantes.[9]

En el caso del comunismo mexicano, las actividades de producción, edición, distribución y consumo de impresos, lejos de ser acciones periféricas,
constituyeron el mecanismo de articulación central de sus prácticas políticas
y de sus espacios de sociabilidad. Melgar Bao ha recuperado una parte relevante de la prensa partidista, a nivel latinoamericano, incluyendo análisis de
los principales periódicos, como *El Machete*, *La Correspondencia Sudamericana*, la revista *El Libertador*, entre otros. A su juicio, "[...] la tradición letrada
en la cultura política de las clases y grupos subalternos estuvo ligada más que

a los libros, al periódico, al folleto, al volante, al cartel y a la pinta callejera".[10] Sin embargo, como espero demostrar a lo largo de las siguientes páginas, esto se debió en buena medida a las capacidades coyunturales concretas de las organizaciones políticas para desplegar su activismo editorial. El débil Partido Comunista de México a mediados de la década de 1920 tuvo que depositar su confianza en el periódico de un grupo de artistas simpatizantes, antes de poder generar sus propias estructuras comunicacionales. Por este motivo el principal y quizás más destacado periódico del comunismo, *El Machete,* no surgió de la iniciativa proveniente de la dirección partidista. Esto no significa que la vocación editorial no estuviera incubada en los primeros dirigentes, simplemente, no tenían la capacidad técnica ni financiera de llevar a cabo sus planes de difusión. Lo mismo podemos decir respecto al uso del volante, del cartel, de la pinta callejera. Mientras las posibilidades reales del comunismo estuvieron limitadas, estas manifestaciones fueron centrales para su acción política, pero en la medida que el partido se consolidó, el libro ocupó rápidamente un lugar medular en su estrategia editorial. Esto no implicó la desaparición de las otras manifestaciones impresas, sino su rearticulación teniendo como eje de su funcionamiento al libro. Este camino no fue lineal, ni estuvo exento de contradicciones, como veremos en el presente texto.

Antes de entrar en ello, detengámonos un momento en una solicitud realizada por los obreros sindicalizados de ciudad Camargo, Chihuahua, al Secretario de Educación, en 1930:

> El suscrito Comité Ejecutivo de esta Unión, considerando como uno de sus altos deberes procurar la elevación moral e intelectual, aparte del material, ha creído hallar un medio eficaz para el desempeño de este deber y logro de su más sincero y anhelante propósito: El Libro. Es indudable que el libro ha sido siempre un agente poderoso de la civilización. "Los pueblos que más leen son los pueblos que más saben", ha dicho un escritor; y esto se demuestra a las claras en un curioso y reciente informe estadístico que fue publicado con respecto a las Bibliotecas con que cuenta cada país y en el cual se destaca en primer y envidiable lugar la culta nación alemana, quedándose, desgraciadamente, muy atrás nuestro país en ese sentido. Dos cosas, entre otras, son las que distinguen a nuestra patria y son: el ridículo número de bibliotecas públicas que existen y la terrible aversión que siente nuestro pueblo hacia el Libro. Queda, pues, a los hombres de buena voluntad de la presente y futuras generaciones,

a los verdaderos revolucionarios que desean el despertar del pueblo, de ese pueblo andrajoso y miserable que tan explotado y vilipendiado ha sido por tantos años y que todavía la reacción se obstina en mantener a obscuras, a esos hombres amantes de la libertad y del progreso, repetimos, quedan sobre sus espaldas dos tareas que hacer: multiplicar indefinidamente los centros de lectura y hacer que nazca en nuestro pueblo la inclinación y el amor a los libros. Cuando esto se haya logrado nuestra patria será grande, culta y respetada [SIC].[11]

La presencia de los libros entre los obreros era considerada por ellos mismos como parte de sus desafíos políticos. Pero también estaban dispuestos a recurrir a las autoridades gubernamentales para lograr sus objetivos en este ámbito. De esta cultura abrevó el comunismo y esparció la presencia de sus publicaciones más allá de las librerías de la ciudad de México, mientras dialogaba con las propuestas estatales. En los tiempos de represión, sus textos se encontraban en los pequeños expendios de libros viejos, en la Lagunilla, en los mercados, se repartían de mano en mano a un costo que apenas cubría los gastos de producción. La épica surgía entre los militantes. Pero cuando las autoridades se mostraron más flexibles e incluyentes, los proyectos editoriales comunistas ocupaban los mostradores de las grandes librerías y aún mejor, pudieron incluirse entre los libros de texto aprobados por la SEP, para enseñar a los niños de las primarias. El comunismo en estos tiempos de bonanza se expandía más allá de los límites de PCM, algo que marcará la adscripción política a este partido durante todos sus años de existencia. Por supuesto, el siglo XX estuvo caracterizado por un ir y venir de las dinámicas represivas, por lo que a periodos de crecimiento editorial siguieron largos momentos de reflujo.

Estas vicisitudes explican también la diversidad de fuentes que los historiadores deben consultar para recuperar cada fragmento de este relato. Las precariedades de cada emprendimiento resultaron en la ausencia de archivos de las imprentas, las editoriales o los talleres. A diferencia de otros lugares, donde las posibilidades de recuperar esta historia se vinculan a la existencia de acervos ordenados y coherentes de las empresas de la edición, hasta el momento no he encontrado nada que se parezca a ellos. La memoria de estos procesos quedó plasmada en tres dispositivos diferenciados: los archivos del terror (asociados a las estructuras represivas del Estado), las (auto)biografías de los militantes y los productos impresos. Estos últimos, siempre carentes del afamado ISBN, sin cumplir con los depósitos legales, ni tampoco con autoridades bibliográficas dispuestas a recolectarlos, apenas se encuentran disponibles en las bibliotecas mexicanas. Por supuesto, el gran repositorio de la memoria bibliográfica que significan las librerías de viejo fue una ayuda imprescindible para encontrar muchos de los materiales consultados.

Estos documentos o textos han sido enfrentados a través de las metodologías disponibles en el amplio repertorio que se ha abierto en las últimas décadas, desde la sociología de los textos propuesta por Donald F. McKenzie, hasta la invitación de Roger Chartier a rehacer el catálogo antes de cualquier exploración, pasando por la búsqueda archivística profunda que propone Robert Darnton. La lista de alternativas ha consolidado a la historia de la edición como un espacio multidisciplinario, mucho más allá de la reiterada dualidad del libro, entre lo simbólico y lo formal. Hasta hace algunos años bastaba con proponer que determinada investigación exploraría cómo las implicaciones materiales de la facturación de un libro impactaban en el contenido que este pretendía difundir. Sin embargo, actualmente, esto no representa un punto de llegada, sino apenas el inicio de las exploraciones en el mundo editorial.[12]

El presente texto, por ejemplo, frente a la ausencia de archivos editoriales también recurre a las memorias y biografías de militantes para analizar los esfuerzos comunistas. Esto introduce nuevos problemas que la historia de la edición requiere conceptualizar. No sólo frente a cómo se accede a las escasas narraciones autobiográficas en el contexto latinoamericano, sino por lo que significa el mismo ejercicio de recordar, ya sea por escrito o de manera oral. El recuerdo se construye siempre desde el presente, por lo que los episodios traumáticos, las decepciones de la militancia u otros elementos que impactan en las biografías deben ser considerados al momento de reconstruir dichas experiencias. Aunque no son muchos los textos disponibles, las pocas autobiografías nos acercan a los registros de los mismos actores, voces que suelen quedar en las bambalinas de la historia nacional. Retomar estos relatos subalternos y ponerlos en el centro de la narración, también abona en la dirección que propone Carlos Illades al momento de analizar el comunismo en México. A su juicio, el pensamiento marxista estructuró el ámbito intelectual mexicano a lo largo del siglo XX.[13] Analizar la experiencia del comunismo durante la década de 1930 permite comprender cómo se organizó el mundo editorial mexicano en los años que vinieron y dar voz a sus militantes, obreros, sindicalistas, maestros, artesanos, es también posicionarlos en el centro de la formación histórica del país.

De igual modo, la utilización de lo que se han llamado los "archivos del terror" o los documentos generados por las policías políticas y los organismos represivos, instala otros desafíos para la historia de la edición. Esto no es sólo una situación que afecte a las investigaciones sobre dictaduras sudamericanas, sino que también atraviesa el caso de los regímenes autoritarios como el mexicano. A mayor nivel de actividad represiva este tipo de archivos son más completos, mientras que en tiempos de apertura democrática, la recopilación y disposición de materiales se vuelve escasa y fragmentaria. El efecto de esta situación es un desequilibrio en la reconstrucción histórica, por lo que sabemos mucho de la resistencia clandestina y muy poco de la articulación de proyectos editoriales masivos y exitosos. Esta circunstancia está muy lejos de ser una casualidad en la forma en que se han construido los archivos del poder.[14] Esta advertencia es necesaria antes de analizar el comunismo durante la década de 1930, ya que se pasa de un periodo de violenta persecución hacia uno de tolerancia, para concluir con la búsqueda de la inclusión del PCM en el proyecto político cardenista. El desafío en este sentido fue equilibrar los distintos registros, de tal modo que la pluralidad de voces representara no sólo lo que el Estado optó por conservar, sino lo que los propios implicados decidieron poner en circulación. Esto significó buscar fuentes tanto en el Archivo General de la Nación o en el Centro de Estudios del Movimiento Obrero y Socialista (depositario de los archivos del PCM), como también abrirse a repositorios regionales, a los documentos de la Internacional Comunista, e incluso a acervos disponibles en las universidades de Estados Unidos. Esto permitió reconstruir la *coralidad* de discursos que reclama Mijail Bajtin al momento de analizar un campo literario. Y siguiendo su planteamiento, la propuesta evadió hacer muestras representativas y más bien se concentró en analizar cómo dicha multiplicidad de voces se articula, genera jerarquías y relaciones entre sí. Mediante las distintas fuentes utilizadas a lo largo del presente libro se busca realizar una reflexión sobre cómo se organizó el discurso comunista durante la década de 1930.

El recorrido formulado comienza insertando la constitución y desarrollo de las editoriales comunistas mexicanas en el ámbito latinoamericano. Esto integra una de las principales apuestas argumentativas, ya que me parece que no se puede comprender este esfuerzo desvinculado de lo que pasaba a nivel continental, tanto en lo que se refiere al ámbito del libro, como a los procesos políticos, sociales y culturales que impactaron en la historia de América Latina. De ese modo, podemos observar cómo los acontecimientos que se daban en Chile, en Argentina o en algún otro país del sur, afectaban la producción de publicaciones en el México cardenista y viceversa. Esto significaba que en algunas ocasiones una determinada práctica se reproducía en distintos países, un libro exitoso podía reeditarse en otro lugar, copiarse alguna idea para difundir o imitarse un mecanismo de lectura. Pero estos tránsitos no fueron la simple acumulación de estrategias y tácticas editoriales, sino más bien sirvieron para establecer un marco de referencia común, la base de una comunidad interpretativa. Este tipo de relación no sólo tuvo que ver con la historia cultural común del continente, sino con los proyectos políticos que enfatizaron el latinoamericanismo. Ahora bien, en general, esta debería ser una perspectiva asumida con mayor énfasis por las historiografías nacionales. Por lo que la importancia de comenzar con este tipo de análisis también busca avanzar en la reconsideración de los límites analíticos de la propia disciplina.

El segundo capítulo de este libro se enfoca en la primera mitad de la década de 1930, años que se conocen como el Maximato. Este periodo estuvo marcado por la represión, pero también, como se propone a lo largo de dichas páginas, por la creatividad, la épica militante y el surgimiento de las primeras trazas de un mundo editorial que eclosionaría durante el cardenismo. No resulta extraño que durante los regímenes represivos, los opositores afinen sus estrategias y potencien sus capacidades para difundir. Perseguida la cúpula dirigencial del comunismo, los militantes de base asumieron las labores de mantener a través de la edición de folletos, pasquines, manifiestos, la unidad de las fuerzas partidistas.

Los siguientes dos capítulos se enfocan cada uno en una experiencia editorial particular, Ediciones Frente Cultural (EFC) y Editorial Popular. La primera de estas iniciativas buscó generar un corpus de textos doctrinarios e ideológicos que sustentara un crecimiento teórico de los militantes y simpatizantes comunistas. Sin operar directamente como una empresa del partido, pretendía además difundir las principales líneas políticas esbozadas por la Internacional Comunista. Esta idea de "no ser tan roja" o mantener al menos discursivamente cierta autonomía respecto del PCM, fue una práctica común en las organizaciones periféricas del comunismo, lo que al mismo tiempo evitaba la represión directa y les permitía extenderse más allá de quienes militaban en sus filas. Hasta qué punto el éxito de Ediciones Frente Cultural se basó en esta relación ambigua entre comunismo y empresa privada, es una de las preguntas que guía este capítulo.

Por otra parte, el siguiente apartado se concentra en la Editorial Popular, surgida en 1937, y considerada la primera iniciativa oficial partidista sistemática que logró proyectarse en el tiempo. A modo de complemento de EFC, este nuevo proyecto se concentró en las publicaciones necesarias para el funcionamiento del centralismo democrático del PCM. En otras palabras, fue la encargada de difundir los textos del partido, ya fueran las circulares del Comité Central, folletos para la formación o análisis políticos coyunturales. Su surgimiento fue de la mano de la nueva postura del partido sobre su relación con el cardenismo, que se resumió en la frase: unidad a toda costa. Este periodo estuvo marcado por una estrecha colaboración con el gobierno, por el explosivo crecimiento del número de militantes y también por el constante impulso de sus planes editoriales. De ese modo, la Editorial Popular fue el punto culminante de los esfuerzos del comunismo en este ámbito durante la década de 1930.

A través de ambas experiencias también se penetra en algunas otras temáticas relevantes para comprender el desarrollo del libro en la izquierda mexicana. Se visualiza la importancia del exilio, el involucramiento y la trayectoria de distintos sujetos sociales, la relevancia de las traducciones en este mercado emergente. Muchas de estas materias ayudan a construir el complejo escenario que se fue cimentando a fines de este periodo y que no sólo afectaba a los militantes comunistas.

De hecho, el capítulo V busca ampliar la mirada hacia las publicaciones de la derecha anticomunista mexicana. Un buen parámetro para medir la penetración del comunismo es precisamente observar la sombra que proyectó entre sus opositores. Así, en este apartado se escudriña rápidamente una serie de publicaciones aisladas y precarias, que en la medida que creció la "amenaza roja", también se fueron consolidando. Aunque las escasas fuentes y los pocos vestigios generados por dichas publicaciones impiden penetrar con profundidad en esta temática, a través de estas páginas se espera por los menos desentrelazar algunas de las principales estrategias del anticomunismo (algunas de ellas retomadas contradictoriamente del ámbito comunista). En este caso encontramos desde la difusión de textos apócrifos, hasta la reedición de colecciones completas gracias a la puesta en marcha de sus propias redes transnacionales.

La debilidad editorial de la derecha mexicana significó que la principal preocupación y disputa por parte del comunismo se enfocara más bien en el seno de la izquierda misma. El capítulo VI aborda este problema analizando los conflictos entre el PCM y uno de los principales editores del periodo,

Rodrigo García Treviño. Fundador de Editorial América, su vinculación con apristas, trotskistas y sectores anticomunistas de la Confederación de Trabajadores de México (CTM), lo transformaron en uno de los principales opositores en el espacio editorial de la izquierda. Las disputas fueron agrias, personales a veces, pero sobre todo coparon una amplia gama de recursos impresos, desde libros, hasta periódicos de circulación nacional, pasando por conferencias y aulas universitarias. De ese modo, estos conflictos nos entregan una perspectiva dinámica de un escenario que lejos de mostrarse frágil, se nos presenta repleto de actores, de empresas, de proyectos. A fines de la década, la izquierda en su conjunto poseía una presencia editorial que representaba un espacio de poder digno de ser disputado con todas las alternativas posibles.

El último capítulo de este libro se concentra en una problemática que ha sido poco explorada por los estudios sobre el mundo editorial y por los análisis sobre el comunismo mexicano. Me refiero particularmente a la vecindad con Estados Unidos, lo que fue una condición distintiva del desarrollo de ambos ámbitos. Si iniciamos el recorrido con la inserción de México en las dinámicas latinoamericanas, este apartado enfatiza en las características que lo diferenciaron del resto del continente. Esto significó que la mirada de los implicados no estuvo sólo orientada hacia el sur, sino que cada vez que se pretendía impulsar alguna iniciativa editorial el peso de las redes, del mercado y de los actores estadounidenses debiera ser considerado. Esto no implicó una relación de dependencia, ni la pérdida de autonomía, por el contrario, hubo esfuerzos de ambas partes para que esto no se considerara de esta manera. El impacto de esta cercanía puede verse en las prácticas, en los flujos de experiencias y especialmente en las formas de pensar críticamente los límites del espacio editorial nacional.

Un breve epílogo cierra el presente libro. Este es un momento que considero necesario, pues si bien el libro se centra en la producción y circulación de materiales impresos, me parece inevitable al menos esbozar algunas ideas sobre la recepción entre los lectores de todo el esfuerzo editorial comunista. Como en muchos de los trabajos sobre estas temáticas, profundizar en las formas en que se produjo la apropiación representa un desafío relevante. Sin embargo, como se observa a lo largo de los capítulos anteriores esto no era un problema menor para el PCM y la Internacional Comunista. Y más allá de hacer un balance sobre el éxito o fracaso del proceso, las palabras finales buscan comprender por qué se tomaron determinados caminos y por qué otros decidieron abandonarse.

Finalmente, los distintos capítulos presentan un repertorio de las principales metodologías que se han seguido desde la historia de la edición y la lectura. Sin pretender agotar las variables al respecto la presente obra se propone conjuntar esta serie de posibilidades con tal de comprender las diferentes facetas envueltas en las tramas editoriales. En ellas encontramos desde un acercamiento vinculado a la búsqueda de los sujetos sociales detrás de cada libro, hasta el uso de elementos biográficos, pasando especialmente por la reconstrucción bibliográfica de los catálogos editoriales, incluidos en una serie de anexos al final del libro. En la elaboración de éstos y a lo largo del libro se han respetado los títulos originales y también los nombres de los autores con los que aparecieron, en una época tan asidua a cambiar Carlos por Karl o Jorge por George. Estas imprecisiones también dan cuenta de alguna manera de que los procesos de fijación o cristalización de pautas, de identidades o incluso de definiciones programáticas estaban en plena elaboración.[15]

En definitiva, este libro se inserta en un esfuerzo latinoamericano por reconstruir la historia del libro desde lo político. Los distintos trabajos en este ámbito buscan, por un lado, reflexionar sobre el denominado *giro material* de la historia intelectual[16] y al mismo tiempo, intentan rescatar la importancia que los impresos representaron para la construcción de los proyectos políticos. Esto ha posibilitado una confluencia entre diferentes ramas de la historia, debido a que este escenario de disputa si bien centró sus dinámicas en el ámbito cultural, nunca se redujo sólo a este plano. Así, la historia social, la política, la de las ideas, han contribuido a fortalecer desde sus propias ópticas las distintas investigaciones. Manuel Loyola en Chile[17]; Iván Molina Jiménez para Costa Rica[18]; Juan Guillermo Gómez en Colombia[19]; Gustavo Sorá, Pablo Ponza, Adriana Petra, Martín Ribadero en Argentina[20]; Carlos Aguirre para Perú[21], son sólo algunos de los investigadores que se han enfocado en este tipo de problemáticas.[22] Sus posicionamientos historiográficos arrojan luces sobre las dinámicas editoriales, pero aún más importante, nos permiten comprender hasta qué punto los proyectos alternativos que surgieron a lo largo del continente, impulsaron una serie de prácticas sociales, económicas y culturales que cuestionaron las posiciones hegemónicas. Éste es precisamente el objetivo final del libro que el lector tiene en sus manos.

CAPÍTULO I

El internacionalismo editorial
en busca de América Latina

A NTES DE COMENZAR CUALQUIER texto sobre la edición comunista no hay que olvidar su carácter internacional. Es un requisito indispensable insertar cualquier proceso en el flujo mundial de las publicaciones y establecer la importancia que tenía para los "proletarios del mundo" formar parte de una comunidad política (de lectores y editores) transnacional.

A principios de la década de 1930, desde la Internacional Comunista los esfuerzos editoriales iban aumentando sostenidamente y especializándose al ritmo que también lo hacían las agrupaciones periféricas. Estos organismos, que en parte dependían del partido, pero que actuaban de manera independiente, como la Liga Antimperialista de las Américas o el Socorro Rojo Internacional, entre otras, desplegaron sus esfuerzos particulares y contribuyeron a diversificar los caminos que siguió el trabajo editorial. Este impulso cominternista propició la fundación o reorientación de casas editoriales en varios países de Europa. En París se fundó Éditions Sociales y Éditions du Carrefour, en Alemania se estableció Verlag Karl Hoym y Neue Deutsche Verlag, mientras en Londres, Martin Lawrence Ltda. y en España, Ediciones Europa y América. Para 1929, había al menos 18 editoriales vinculadas a la Internacional desperdigadas por Europa, las cuales produjeron alrededor de 22 millones de libros y folletos.[1] Se sumaron la Asociación de Escritores Proletarios Soviéticos (RAPP, en Inglés), la Sociedad de Relaciones Culturales con el Exterior (VOKS, en Inglés), el Instituto Marx-Engels y el Instituto Lenin, estos últimos enfocados en la traducción de las obras de estos próceres comunistas. En este proceso, a pesar de que el centro de la estrategia bolchevique consistía en la exportación de un particular modelo revolucionario[2], para América Latina la descentralización y la labor de las organizaciones periféricas resultaron claves. Por ejemplo, la Internacional Sindical Roja fomentó que sus ramas desarrollaran sus propias ediciones en castellano. Así surgió Publicaciones del Comité Internacional de Propaganda y de Acción de los Transportes, con sede en París. Ofrecía libros y folletos como *Las tareas del proletariado del transporte, Por qué los trabajadores del transporte necesitan formar el frente único* o *El desenvolvimiento de la técnica marítima y las tareas futuras de los marinos*. Este tipo de textos, aunque no hay constancia de que hubieran llegado a México, sí aparecían publicitados en las revistas de las agrupaciones internacionales, por lo que los lectores y los activistas nacionales podían percibir este esfuerzo e intentar replicarlo localmente.

Desde París, centro editorial de la Comintern en castellano, se distribuyeron libros a toda América Latina. Aunque en este sentido, no hay que olvidar que según ha planteado Marie-Cécile Bouju, una de las principales características que tuvo el trabajo editorial comunista en Francia durante este periodo inicial fue la combinación de una tradición socialista con una incipiente literatura bolchevique.[3] Esto dotó a los primeros textos que circularon en el continente americano de diversidad carente de dogmatismo. Esto lo podemos ver de alguna forma en la colección ¡Adelante!, que publicaba los textos propios de la III Internacional, la Biblioteca de *La Correspondencia Internacional*, destinada a difundir novelas y libros teóricos, y finalmente la Biblioteca Marxista, que se especializó en folletos de los líderes soviéticos. Esta última iniciativa se presentaba como el primer esfuerzo de la organización para dar a conocer en el mundo hispanoamericano las obras fundamentales del marxismo. Se propuso editar seis libros al año, con una impresión de calidad, traducidos directamente del idioma original y además incorporaría una serie de notas explicativas para que sus lectores pudieran estudiarlos fácilmente. Con esto comenzaba a explorarse de manera sistemática la producción de libros en castellano, aunque, sin lugar a dudas, fue el cambio del eje editorial desde Francia hacia España a principios de la década de 1930, lo que incrementó fuertemente la cantidad de textos producidos por las imprentas comunistas.[4] Ediciones Europa y América, Ediciones Sociales, Editorial Cenit, entre otras, comenzaron a generar y traducir libros baratos (que se ajustaran a los bolsillos de los obreros) sobre marxismo para el mercado latinoamericano.[5] Y dado que las lógicas de esta producción combinaron el éxito comercial con las necesidades partidistas, en lugar de atrofiar la producción local, significaron un importante impulso para este tipo de iniciativas.

Esta rápida contextualización debemos tenerla presente al momento de observar el desarrollo del mundo editorial del comunismo mexicano, debido especialmente al relativo contraste que se da entre lo que sucedía a nivel internacional y la situación generada por la persecución anticomunista entablada por el gobierno mexicano a principios de la década de 1930.

A nivel latinoamericano, los diferentes partidos comunistas comenzaron a realizar trabajos sostenidos para establecer y consolidar empresas editoriales que cumplieran con sus requerimientos políticos. Mientras la industria del libro en América Latina comenzaba lentamente a complejizarse, a profesionalizarse y a autonomizarse de los centros tradicionalmente hegemónicos, como España y Francia, los partidos comunistas locales pugnaron por aprovechar estas nuevas condiciones en su propio beneficio. Esto significó tanto la posibilidad de que estas organizaciones crearan sus editoriales, como la aparición de empresas privadas impulsadas por militantes o simpatizantes que se adscribieron y apoyaron este esfuerzo editorial. Indudablemente, detrás de este impulso estaba la directriz leninista que establecía la relación dialéctica entre la teoría y la práctica, por lo que la difusión de las ideas marxistas debía ser asumida con la mayor responsabilidad posible.

Estas iniciativas incluyeron a una serie de actores, desde libreros a escritores, pasando por traductores, dibujantes, distribuidores e impresores. En muchos casos los participantes de estos procesos se transformaron en activistas incansables, que fueron profesionalizándose a medida que los aspectos tecnológicos y organizacionales de las empresas editoriales se hacían cada vez más complejos. Por supuesto, estos sujetos también debieron enfrentar los problemas cotidianos de este tipo de actividades, que iban desde resolver situaciones técnicas hasta los ineludibles problemas financieros. De igual modo, en algunas ocasiones la represión gubernamental los obligó a salir de sus países y emprender una vida en el exilio. Los emigrados se transformaron en otra de las piezas clave para comprender la densidad que alcanzaron las redes editoriales comunistas a lo largo del continente.

En este sentido, es necesario superar los límites nacionales para comprender la amplitud del esfuerzo editorial del comunismo, no sólo en el ámbito de la circulación, donde es evidente, sino también en lo que se refiere a la producción. En este aspecto fue importante la constitución de redes editoriales comunistas latinoamericanas, las cuales compartieron traducciones, ediciones, derechos de reproducción y actuaron como filiales y distribuidoras entre ellas. Así, un folleto publicado por la editorial de la Confederación Sindical

Latinoamericana en Uruguay podía ser distribuido por una librería comunista en Argentina y reeditado por Ediciones Frente Cultural en la ciudad de México. Por lo tanto, para comprender el mundo editorial del comunismo en la década de 1930, es necesario partir del análisis de las redes transnacionales que permitieron que empresas débiles localmente se fortalecieran gracias a sus nexos externos.

Por otra parte, si bien el carácter "internacionalista" del comunismo le permitió de cierto modo relativizar las barreras nacionales, las necesidades y proyectos de cada uno de los partidos locales imprimió objetivos particulares a cada una de las publicaciones. Esto significó el impulso de una literatura local, que sin cuestionar los lineamientos generales de los partidos, resolviera la necesidad de enraizar las lecturas e interpretaciones marxistas. El primer esfuerzo en este sentido, que tuvo diferentes ritmos dependiendo de las condiciones de cada país, fue realizado por incipientes novelistas y poetas, quienes comenzaron a buscar una literatura *verdaderamente* proletaria. Al mismo tiempo, la traducción, en un sentido amplio, adquirió una relevancia trascendental al momento de compaginar los requerimientos coyunturales en los distintos países del continente, con las propuestas y lineamientos provenientes desde la Internacional Comunista. No se trataba sólo de trasladar palabras de un idioma a otro, sino de un proceso cultural de interrelación entre los distintos actores implicados.

Las siguientes páginas intentan analizar la intersección de estas problemáticas.

El militante y su formación

La difusión del marxismo en América Latina ha sido un tema de interés para los historiadores desde hace mucho tiempo.[6] En este aspecto han primado fundamentalmente dos perspectivas de investigación. En primer lugar, una mirada que ha buscado comprender el proceso desde el plano de las ideas, recurriendo a analizar con detención las influencias de tal o cual teórico, para luego establecer los límites del discurso.[7] Y por otra parte, encontramos a aquellos historiadores más vinculados al estudio de los movimientos obreros, quienes han tendido a analizar la prensa militante y rastrear en ella los pequeños visos que las posibles y limitadas lecturas del marxismo dejaron en cada uno de los periódicos comunistas.[8] En este tipo de trabajos ha predominado un análisis formalista de los medios que posibilitaron que las interpretaciones del marxismo se difundieran. E incluso dentro de este grupo podríamos inscribir los trabajos que analizan la participación del Estado en este proceso.[9]

En el caso de esta investigación, el punto de mira está situado precisamente en el encuentro entre los intelectuales (escritores, traductores y otros sujetos) y el mundo de la edición. A mi parecer, el análisis de la circulación de las ideas sólo puede hacerse considerando los soportes materiales que permitieron que ello se llevara a cabo.[10] Sin exagerar la importancia de los aspectos formales, se debe establecer que en muchos casos los elementos referentes al plano de las ideas se vieron impactados por las condiciones concretas de producción y difusión. En este escenario se establecieron diálogos y negociaciones entre los implicados, de tal manera que la circulación de determinados textos o la preferencia por autores específicos en detrimento de otros, estuvo circunscrita tanto a las lógicas del campo político e intelectual, como a aquellos elementos provenientes de la industria editorial. Lo interesante es que precisamente en muchos sentidos estos diferentes espacios estaban en un proceso de reestructuración. La sociedad de masas condicionaba la aparición de nuevas estrategias de posicionamiento por parte de los intelectuales, mientras que el editor profesional también debía moverse en medio de cambios importantes en su propio sector. Por este motivo, detenerse en la década de 1930 es importante para comprender cómo el escenario completo, tanto los planos políticos e intelectuales como en lo que se refiere a las editoriales, permitió la confluencia de estos sujetos y de sus proyectos.

En este sentido me parece metodológicamente necesario comenzar analizando cuáles fueron los objetivos principales que buscaron los distintos partidos comunistas de América Latina al momento de emprender un esfuerzo editorial. Como muy bien ha señalado Régis Debray, la izquierda y la palabra impresa han sido dos caras de un mismo proceso. "El libro, el periódico o la escuela —explica— son reminiscencias de la cultura práctica que precedió a los programas políticos. El socialismo era un producto artesanal antes de convertirse en una mentalidad".[11] ¿Podríamos plantear una ruta similar para el comunismo continental a principios del siglo XX? Sin lugar a duda, el impreso y el trabajo práctico editorial aparecen como prioritarios en la mayoría de las proclamas, manifiestos, folletos, declaraciones, de los partidos comunistas locales. Detrás de esta relevancia, podemos encontrar objetivos que van desde la necesidad de propaganda, los requerimientos financieros, hasta el funcionamiento del centralismo partidista. Las dinámicas editoriales permitían aquello que destaca Debray: la construcción de una cultura común, tanto desde una perspectiva idealizada, creando una comunidad imaginaria, como desde aquellos elementos prácticos y concretos desarrollados cotidianamente. Precisamente en esta doble apuesta se situaba el objetivo central de los partidos comunistas locales al emprender sus distintas iniciativas en este ámbito.[12]

Indudablemente, estas dinámicas convertían, no sólo para el caso comunista, a la formación de los militantes en una de las intersecciones clave entre los objetivos políticos y la cultura impresa. Más aún si la evaluación respecto a la capacidad de los cuadros era pesimista y en muchos casos se culpaba a las carencias teóricas de las desviaciones, problemas y fracasos de las políticas que se trataban de implementar desde la Comintern. Por lo tanto, el primer objetivo de los distintos partidos locales debía ser la "correcta" formación de sus militantes. Pero ¿cuáles eran las características que debía tener un cuadro del PC? Según un plan formativo, preparado por la Comisión de agitación y propaganda del Partido Comunista de Chile en enero de 1933[13], los activistas debían adquirir la habilidad de conjugar precisamente las capacidades teóricas y las habilidades prácticas en su quehacer político.[14] No se trataba de que un buen militante fuera capaz de leer comprensivamente tal o cual propuesta, sino de que sus lecturas sirvieran para poner en movimiento estrategias y tácticas concretas. De ese modo, el mundo editorial era un espacio propicio para el aprendizaje, pues precisamente su vinculación a las ideas y su materialidad, lo transformaban en una metáfora eficiente de lo que se debía lograr en cada uno de los militantes.

Finalmente, como apunta Carlos Aguirre para el caso de la izquierda peruana: "La atracción que ejercía este tipo de activismo impreso se explica no sólo por la expectativa de acceder a un público de lectores más amplio, sino por la idea, profundamente internalizada, de que la palabra impresa representaba una fuente de autoridad y permanencia y, por lo tanto, de poder".[15]

Las iniciativas locales de una empresa transnacional

Si seguimos la categorización usual de los estudios sobre el comunismo, a fines de la década de 1920 desde Moscú se planteó la necesidad de recomponer la estrategia política y comenzar un periodo de bolchevización de los militantes, rechazando cualquier tipo de alianza con sectores progresistas pequeñoburgueses.[16] Esta etapa se denominó tercer periodo y según sus impulsores estaría marcada por el triunfo final del proletariado y el derrumbe del capitalismo.[17] Una mirada sectaria envolvió el accionar de los partidos comunistas,

lo que condujo tanto a purgas entre los militantes, como a una serie de medidas para controlar cada una de las actividades de las agrupaciones locales. Esto
también llevó aparejado un antiintelectualismo, que significó el alejamiento
de escritores y teóricos que habían sido importantes en el posicionamiento del
comunismo a nivel global, como Henri Barbusse, Romain Rolland, Upton B.
Sinclair, entre otros. Y de igual modo, en los planos locales envolvió disputas
al interior de los partidos que recompusieron sus estructuras dirigenciales a
lo largo del continente y reevaluaron las alianzas políticas establecidas hasta
ese momento.[18] Quizás el caso más bullado fue la agria disputa entre el PC de
México y Augusto C. Sandino. El caudillo liberal había sido importante para
la maquinaria de propaganda comunista, especialmente para la Liga Antimperialista de las Américas (LADLA), pero el conflicto estalló a principios de
1930, cuando el nicaragüense se negó a someterse a las nuevas directrices comunistas y decidió visitar al "contrarrevolucionario" presidente de México,
Emilio Portes Gil, en el castillo de Chapultepec. Quien había sido uno de los
principales catalizadores y ejemplos de la lucha antiimperialista en el continente, rápidamente pasó al bando de los enemigos de clase.[19] Este tipo de situaciones se reprodujo a escala más o menos parecida a lo largo del continente
desde finales de la década de 1920, justo en medio de la crisis económica y una
oleada de dictaduras nacionalistas.[20]

En el plano editorial latinoamericano, esta reconversión política significó
la desaparición de iniciativas como La Internacional, editorial que funcionaba
en Buenos Aires, en la calle Independencia No. 4168, aunque la mayoría de
los libros que comercializaba eran editados en el extranjero, especialmente
en Francia, Bélgica y Suiza. En su catálogo contaba con obras de los autores
clásicos del marxismo y de los líderes partidistas del periodo, al igual que con
clásicos de la literatura con contenido social, e incluso escritores vinculados
al anarquismo argentino. "Este bricolage de autores y títulos estaba presente
en todas las instituciones culturales de la clase obrera desde su momento formativo", explica el historiador argentino Hernán Camarero.[21] Esta situación
fue precisamente la que motivó su desaparición en el nuevo contexto de rigurosa proletarización, donde lo que no estuviera apegado a la nueva línea era
simplemente contrarrevolucionario. La Editorial Sudam apareció en 1929 en
reemplazo de La Internacional, no sólo con una nueva línea política, sino con
el desafío de reconstruir por completo el mundo editorial comunista.

Desde una perspectiva internacional, estas condiciones, junto a lo que lo
que se ha llamado "descubrimiento de América Latina" por parte de los líderes

bolcheviques[22], habían motivado unos meses antes la creación de la Editorial Europa-América (también usó el nombre de Ediciones Sociales Internacionales o simplemente su acrónimo EDEYA). A través de esta empresa, con sede en Barcelona, la Comintern esperaba expandir la literatura marxista a todos los países de habla hispana. Su director Ettore Quaglierini había trabajado en el Buró Sudamericano, con sede en Buenos Aires, por lo que poseía contactos estrechos con los dirigentes locales. Además, EDEYA recibía traducciones directamente de la "Editorial de los obreros extranjeros en la URSS" y gracias a la apertura política que siguió a la caída de la dictadura de Primo de Rivera en 1930, llegó a tener un catálogo disponible de más de 150 libros y folletos.[23] Sus ediciones circularon a lo largo de América Latina, pero fundamentalmente sirvieron de base para reimpresiones locales.

Este esfuerzo apuntaba también a homogenizar los conocimientos sobre marxismo que se poseían en distintos lugares de América Latina. Si bien en algunos países, estas ideas habían comenzado a discutirse a fines del siglo XIX[24], todavía para comienzos de la década del 1930 es indudable que en ciertos países, por diferentes motivos[25], aún era muy difícil conseguir los textos básicos de la literatura marxista. Hernán Ibarra, por ejemplo, compara la situación de Argentina, donde el socialismo hizo una labor de difusión importante, a diferencia de su país: " [...] esto no ocurrió en el Ecuador, dado que si bien algunas librerías pusieron en circulación libros de autores marxistas (y anarquistas) en las primeras décadas del siglo XX, las huellas de una parcial recepción de autores específicos se pueden encontrar en 1924 cuando en el periódico *La Antorcha* se hicieron menciones a autores marxistas o se invocó al proletariado como el nuevo sujeto".[26]

Más allá de estas diferencias, los medios de prensa comunistas del periodo exponían que hasta comienzos de la década de 1930 el reducido espacio editorial latinoamericano de la izquierda marxista estaba prácticamente monopolizado por las publicaciones de bajo costo elaboradas en Europa, especialmente en España y Francia.[27] Incluso, sobre esta situación no es difícil encontrar lamentos por parte de los militantes y de las distintas agrupaciones. "Es creencia generalizada que toda la propaganda marxista que circuló en el país, excepción hecha de algunos periódicos y sueltos eventuales, vino del exterior. En gran medida la conclusión es justa"[28], escribió Guillermo Lora refiriéndose a Bolivia. Y aunque en las líneas siguientes se dedica a glosar una *Cartilla proletaria* editada en La Paz, este caso sólo le sirve como la excepción que verifica la regla.

Por su parte, desde Ecuador, el militante comunista y escritor, Joaquín Gallegos Lara, al momento de narrar la relación del partido con los intelectuales,
realizó una evaluación amplia y virulenta: "En nuestro país no hay especula-
ción científica pura. No se lee libros nacionales. Los artículos periodísticos no
se pagan. Los profesionales reciben honorarios ridículos, fuera de tres burgueses de cartel. Los estudiantes lánguidos de inanición, carecen de libros. El que
quiere ser artista muere de hambre o va a ser de alcahuete de algún gamonal
para subsistir. Como resultado de las condiciones económicas de su vida, los
intelectuales del Ecuador, salvo una minoría de honestos y pobres, tienen un
temperamento de prostitutas".[29] De hecho, el autor, en consonancia con las
dinámicas antiintelectuales del *tercer periodo*, es enfático en señalar que los
intelectuales no podían pertenecer al partido a menos que se cambiaran de
clase, estaban obligados a optar por la proletarización. A su juicio, las carencias económicas, la explotación laboral, la ausencia de libros, las pésimas condiciones materiales, hacían que los intelectuales "verdaderos" adscribieran al
camino del comunismo.

Para peor, las relaciones establecidas entre los distintos partidos del continente eran muy limitadas e incluso las publicaciones difícilmente eran capaces de traspasar las fronteras. Desde Chile, un enviado de la Comintern a
principios de 1930 escribía: "Aquí no se recibe nada: ni *La Internacional*, ni
los libros ni folletos, ni *La correspondencia sudamericana*, ni *El trabajador latinoamericano*, ni nada. Eso es sumamente peligroso y es lo que determina, en
gran parte, las corrientes oportunistas, o por mejor decir, permite la tolerancia
de la base con las corrientes oportunistas".[30] El personero se refería particularmente al trotskismo y a la influencia que había logrado tener sobre algunos
de los dirigentes del partido, en específico Manuel Hidalgo. De ese modo, la
carencia de literatura doctrinaria en un momento particularmente conflictivo
para el desarrollo del comunismo, profundizaba los posibles cismas. Sin que
lo mencionara el enviado cominternista, en el mundo editorial se jugaba una
parte importante del conflicto con la denominada Oposición de Izquierda
y el aprismo.[31] Dada la escasez de publicaciones y las imprecisas nomencla-
turas que usaban los partidos adscritos a la Internacional Comunista, no es
raro encontrar textos en los cuales distintos grupos trataban de posicionarse
como legítimos partidos comunistas. Para continuar con el caso chileno, podemos citar la Editorial Luis E. Recabarren, que publicó textos a nombre del
Partido Comunista de Chile, pero se encontraba adscrita efectivamente a la

corriente trotskista encabezada por Hidalgo.[32] Este fenómeno se extendió por todo el continente, e incluso fue aprovechado por sectores recalcitrantemente anticomunistas.[33]

La evaluación proveniente del Secretariado Latinoamericano de la Internacional Comunista era aún más pesimista que aquellas que realizaban los partidos locales. En 1932 en una carta dirigida a los partidos comunistas de la región, el encargado del Secretariado Latinoamericano desmenuza lo que a su juicio eran los problemas más importantes en este rubro. Lo primero es que la literatura comunista proveniente del extranjero solía quedarse en manos de los miembros de los comités centrales de cada entidad. Tampoco se tomaban medidas para que se recibieran ininterrumpidamente impresos sin pasar por el correo y lo que era peor "[...] frecuentemente los organismos pertinentes de los PC venden a los miembros del partido libros de los autores contrarios al comunismo".[34] Para modificar esta situación, el funcionario de la Comintern proponía crear, tanto a nivel del Buró Sudamericano como del Caribe, un aparato especial en cada entidad local, capaz no sólo de distribuir de manera eficaz los impresos, sino también de controlar, por medio de charlas, discusiones, la forma en que se leía cada uno de ellos. Para cumplir con este objetivo, también era necesario que los militantes comprendieran la importancia vital de la teoría comunista para tomar decisiones políticas acertadas. De igual modo, se debía "[...] dejar de publicar en la prensa del partido avisos sobre la venta de la literatura de los autores anarquistas, trotzkistas y otros adversarios del comunismo, así como la venta de esta literatura".[35] Finalmente, el Secretariado se comprometía a tomar las medidas suficientes para aumentar la cantidad de textos disponibles tanto en español como en portugués.[36]

Ahora bien, pese a todos los problemas descritos, ya a inicios de los años treinta empezaban a aparecer nodos que evidenciaban la acumulación de literatura marxista suficiente no sólo para ser leída por los militantes, sino para comenzar a generar dinámicas de apropiación, de oferta y demanda, capaces de impulsar una industria editorial un poco más amplia. En este sentido, debemos recordar que, dada relación de dependencia entre las distintas partes de mundo de libro, éstas se van definiendo entre si durante el proceso de creación, producción y circulación. En otras palabras, el surgimiento de una industria editorial del libro comunista no puede entenderse sin la aparición de lectores dispuestos a consumir y viceversa. Lo mismo podría decirse respecto a escritores, traductores, librerías, agentes, pedagogos, centros culturales, prácticas lectoras, entre otros. Todos estos elementos entablan una relación de dependencia necesaria para dar movimiento a la complejidad que envuelve la lectura de un libro.

En este aspecto, por ejemplo, Hernán Camarero ha profundizado en el análisis de las bibliotecas obreras instaladas en el Gran Buenos Aires, las cuales buscaron diferenciarse de las bibliotecas populares impulsadas desde sectores socialistas.[37] Estos espacios son quizás los que de mejor forma cristalizaron aquellas iniciativas, aún precarias, por construir un acervo y prácticas de lectura capaces de proyectarse en el tiempo. "La literatura —explica Camarero— que circulaba en las bibliotecas comunistas procedía, en buena medida, de La Internacional, la editorial de PC, cuyo catálogo se reproducía diariamente en el órgano oficial del partido".[38] De ese modo, el esfuerzo editorial comunista comenzaba a traspasar los límites de la lectura individual de los dirigentes y comenzaba a construirse como parte del repertorio cultural de los militantes de base.

En una propuesta de plan de estudios (ver Anexo No. 1), realizada por el Partido Comunista de Chile en 1933, se reconocía que "[...] las indicaciones de literatura se hacen sobre la base de los libros más comunes y que pueden encontrarse con alguna facilidad".[39] En caso de que en ciertas zonas estuvieran disponibles otros libros, esto debía consultarse directamente a la comisión organizadora.[40] Las recomendaciones se enfocaban en los autores fundamentales para la política de la Unión Soviética, como Lenin, Stalin, Molotov, entre otros. En cuanto a nombres, en la propuesta llama la atención la casi ausencia de Marx entre los textos mencionados. Salvo el *Manifiesto Comunista*, no se sugieren libros o folletos del padre fundador del comunismo. Mientras que los integrantes de la Internacional y sus emisarios en América Latina figuran en temáticas especializadas, como Losovsky, escribiendo sobre los sindicatos o Sinani y su texto sobre las líneas políticas de la IC para América del Sur. Finalmente, entre los más de cuarenta textos, la cantidad de autores chilenos mencionados, sin contar a las instituciones, se limita sólo a Carlos Keller, quien contradictoriamente había participado en la dictadura nacionalista de Carlos Ibáñez del Campo.[41] Este dato es interesante y permite observar con ironía la falta de literatura marxista generada por intelectuales orgánicos en el propio país. Keller se había formado en Alemania, como discípulo de Spengler, y en 1932 fue uno de los fundadores del Movimiento Nacional Socialista de Chile. Así, la Comisión de agitación y propaganda del PC tomó la determinación de que sus militantes aprendieran respecto a la crisis económica chilena a través del libro de un activo participante del nacismo.[42]

Por supuesto, los temas abordados por el plan correspondían en la mayoría de los casos a cuestiones políticas generales y nuevamente los temas locales o latinoamericanos carecieron de interés para los organizadores, a menos que esto consistiera en divulgar las líneas emanadas desde las estructuras de la Internacional.[43]

Quizás uno de los datos más interesantes que nos entrega el *Plan de estudios*, apunta precisamente al mundo editorial del comunismo en América Latina.[44] Estos textos, supuestamente todos accesibles para los militantes en Chile, fueron publicados en Buenos Aires (8), Montevideo (8) y España (10). De los doce impresos que se mencionan como publicados en Santiago, sólo 5 corresponden a libros o folletos comunistas. Sin embargo, podemos observar que en el Conosur el escenario de publicaciones había comenzado a dejar de ser copado mayoritariamente por el libro español y adquiría mayor diversidad. Esta misma situación podemos encontrarla en el denominado Buró del Caribe, donde el inicio de los procesos editoriales, cuya responsabilidad recaía fuertemente en el PC de México[45], comenzaba también a generar la acumulación de su propia literatura.[46]

Respecto a este proceso lento y paulatino, es aún más llamativo que el *Plan de estudios* menciona sólo obras que se publicaron entre los años 1929 y 1932. Incluso, algunas ya con varias ediciones en ese breve lapso. La novedad de los textos, asociada con los requerimientos políticos coyunturales, nos advierte que el esfuerzo emprendido en este rubro tuvo una importancia más allá de lo meramente discursivo. Las estructuras partidistas locales, con sus limitaciones, se enfocaron en producir y difundir una cada vez mayor cantidad de libros y folletos. Así, como los núcleos editoriales se dieron la misión de hacer circular las publicaciones ya fueran propias o de alguna entidad representada.

De todas maneras, no debemos olvidar que "precariedad" era la palabra que marcaba a las editoriales a principios de los años treinta y es difícil encontrar frases tan sinceras al respecto, como aquellas impresas en México por la Editorial Marxista, en su edición de Lenin, *El imperialismo, última etapa del capitalismo*: "Del éxito de nuestro primer libro depende que sigamos la difícil tarea que nos hemos impuesto de dar a conocer al proletariado de América Latina las obras de los grandes maestros".[47] Junto con llamar a los lectores a interesarse por su labor, también aprovechaban de desplegar algunos de los elementos cruciales para comprender el desarrollo posterior de las editoriales comunistas. Quedémonos por ahora con dos de estos aspectos. En primer lugar, el límite geográfico que se autoimpuso la Editorial Marxista era América

Latina. Quizás por ello, en el prólogo se enfatiza que el libro está dedicado al cubano Julio Antonio Mella, que los originales fueron entregados por un escritor argentino y que México y Nicaragua sufren por culpa del imperialismo estadounidense. Todo esto convierte al libro de Lenin, en parte de la historia latinoamericana. Y un segundo aspecto que quisiera resaltar es que la incipiente empresa expone que su texto corresponde a una traducción exclusiva realizada para México. Esto formará parte de las maniobras comerciales de las editoriales comunistas prácticamente a lo largo de toda la década de 1930.

Estrategias políticas y persecución

El contexto de cada país indudablemente impactó en los alcances que los esfuerzos comunistas pudieron desarrollar. Sin lugar a duda, no fue lo mismo establecer una editorial en el Chile del Frente Popular (1938-1942), en el México cardenista (1934-1940), en el Perú dictatorial de Sánchez Cerro (1930-1933) o en la Venezuela autócrata de Juan Vicente Gómez (1908-1935). La apertura política de algunos países se contrapuso a la persecución que se desplegó en contra de los militantes en otros lugares. De ese modo, las relaciones continentales de los comunistas se fueron construyendo durante la década de 1930 a partir de dinámicas de inclusión y exclusión que se daban en cada Estado.

Además, coyunturas particulares afectaron la producción y circulación de textos. El caso de la Guerra del Chaco fue quizás uno de los problemas más agudos que impactó en la región, pero no fue el único momento en que los conflictos entre países influyeron en las dinámicas editoriales. La ruptura de relaciones entre México y Venezuela (1923-1934), transformó al país del norte en un semillero de esfuerzos editoriales destinados a cuestionar la legitimidad del régimen de Gómez. Mientras que las relaciones estrechas entre las dictaduras centroamericanas permitían el seguimiento transnacional de todo tipo de iniciativa que sonara a comunismo, incluyendo especialmente a quienes defendían el unionismo centroamericano.

Estos contextos significaron en primer lugar que las editoriales locales debieron generar estrategias para sortear los problemas asociados a la persecución. En este aspecto, el repertorio de mecanismos para cumplir con este objetivo fue tan amplio como permitía la imaginación de los implicados. Para mencionar algunos elementos recurrentes, una práctica común fue asignar lugares de edición que no correspondían con la realidad. En el caso de la *Car-*

tilla proletaria, que recupera Guillermo Lora, el autor original, Carlos Mendoza Mamani, firmó como Mariano Thantha (pobre, andrajoso, en Aymará) y además se adjudicó su impresión a la CISLA, en Montevideo en 1933. "Salta a la vista que se trata de una suplantación y adulteración de la sigla de la Confederación Sindical Latinoamericana (CSLA), todo para desorientar a los organismos de represión".[48] Lora entrevistó en su momento al autor, quien le explicó que la *Cartilla* fue redactada con anterioridad y fue revisada por el Secretariado Sudamericano. A cargo de la impresión estuvo Guillermo Peñaranda y fue hecha en el Instituto Americano.

Las principales actividades ligadas directamente a la Comintern durante la década de 1920 habían tenido su epicentro en Buenos Aires. Sin embargo, a partir de la dictadura de José Félix Uriburu (1930-1932) y del gobierno de Agustín Pedro Justo (1932-1938), la represión sobre los militantes comunistas dificultó las labores editoriales en territorio argentino.[49] La Casa del Proletariado, ubicada en Independencia 3054, donde tenía sus dependencias la Editorial Sudam, fue clausurada en 1930, a sólo unos meses de su inauguración. "Las detenciones de militantes, los allanamientos a locales y las clausuras de periódicos del PC eran parte de un proceso global de persecución al comunismo"[50], explica Hernán Camarero. En este contexto, a lo largo de la llamada "década infame" se presentaron varios proyectos de ley que pretendían sancionar con cárcel a quien enseñara o propagara la doctrina comunista, e incluso alguno de ellos especificó, que se debía castigar a quien difundiera las ideas de la Internacional Comunista.

En términos prácticos, esto significó un repliegue de la labor de editorial al vecino Montevideo, lugar en cual ya se editaba desde 1928 el órgano de la CSLA, *El trabajador latinoamericano*. Este periódico se distribuía a lo largo de todo el continente y de hecho, la organización había publicado libros y folletos[51], por lo que el traspaso desde la capital argentina no resultó muy problemático y se pudieron aprovechar los mecanismos de circulación previamente establecidos. Aunque esto no significó que la producción de impresos comunistas dejara de ser un tema relevante para las autoridades policiales de los distintos países. En este sentido, la coyuntura represiva fue aprovechada por el régimen dictatorial de Carlos Ibáñez del Campo en Chile, para proponer una coordinación policial de todo el Conosur que persiguiera a los militantes comunistas.[52]

De todas maneras, hay que relativizar los alcances de la represión y destacar en su medida el esfuerzo de los militantes que aprovecharon sus conocimientos para sortear riesgos y continuar con su labor. El trabajo editorial se vio disminuido, pero no se detuvo. Editorial Sudam lentamente continuó con su labor.[53] Por ejemplo, en 1934, el Socorro Rojo Internacional publicó en Buenos Aires el folleto, *Bajo el terror de Justo*, donde precisamente se describía la represión que sufrían los comunistas en la Argentina.

Por otra parte, estos procesos represivos provocaron el movimiento obligado de militantes de un país a otro, ya fuera por la ley No. 4144 en Argentina o por el Artículo 33 Constitucional en México, fortaleciendo los contactos existentes y las redes de circulación. A lo largo de América Latina se asociaron las palabras extranjero, comunista y sedicioso. De ese modo, las policías políticas crearon discursos complejos y articulados sobre la amenaza comunista, creando mistificaciones y un imaginario político en torno a la conspiración. Con estas herramientas justificaron encarcelamientos, torturas y especialmente deportaciones.[54] Un caso interesante es el de Luis Cechini, recogido por Hernán Camarero, quien fue apresado en Argentina por su militancia y participación en el gremio ferrocarrilero. Antes de ser deportado a Italia, logró escapar a Montevideo, donde comenzó a militar en el PC local y en la CSLA. Nuevamente perseguido por la policía, con la ayuda de Luis Carlos Prestes viajó a Brasil y en 1932 se instaló definitivamente en la URSS. Lo interesante es que en dicho lugar se dedicó a realizar traducciones y a trabajar como locutor radial.[55] Si revisamos algunas de las biografías recogidas por Víctor y Lazar Jeifets en su diccionario biográfico de la Internacional en América Latina, podemos ver que este tipo de trayectorias no fue excepcional. Y pese a la distancia, varios de los emigrados comunistas latinoamericanos que se establecieron en la URSS se vincularon a las labores de traducción, lo que les permitió no romper el nexo con su lugar de origen.

A pesar de todos los intentos de las dictaduras por cerrar sus fronteras hacia las influencias externas, los militantes comunistas lograron dotarlas de porosidad y muchas veces pudieron distribuir sus libros, folletos y volantes en las narices de sus persecutores. Mediante una falsa portada, que simulaba el anunció de "un bálsamo medicinal", los apristas peruanos lograron penetrar las barreras de la dictadura de Sánchez Cerro.[56] En Brasil, los militantes del PCB se disfrazaron de vendedores puerta a puerta ofreciendo colecciones de *modinhas* (canciones populares), las que incluso cantaban a sus clientes. Una vez que alguno se decidía a comprar, aprovechaban de incluir un folleto comunista entre la nueva adquisición.[57] En otros casos los cercos fueron rotos a través de terceros que no caían bajo la sospecha del régimen de turno.

El periodista salvadoreño, Carlos M. Flores, quien participaba en el Partido Revolucionario Venezolano y en la Liga Antimperialista de las Américas, fue un importante introductor de los impresos de los comunistas opositores al régimen de Juan Vicente Gómez. Su nacionalidad le permitió cumplir diversas tareas, tanto en México como en Centroamérica, incluyendo viajes por varios países del continente.[58] Desde 1929 navegó desde México a Venezuela en su calidad de corresponsal del diario *El Imparcial* de Guatemala, con el objetivo de crear un conducto regular por donde pudiera entrar propaganda.[59] Sus gestiones le permitieron obtener colecciones completas de las publicaciones de la oposición en el interior de Venezuela, y a su vez, distribuir *Libertad*, órgano antidictatorial, y otra propaganda.[60] Finalmente, el salvadoreño se enlistó en una de las tantas invasiones armadas fallidas que la oposición venezolana desplegó en contra de la dictadura. Sus experiencias las relata en *Gómez, el patriarca o el terror y el trabajo forzado en Venezuela*, un libro que se publicó en Colombia en 1933.[61]

La red editorial

Sin lugar a duda, el principal mecanismo que permitió a las editoriales enfrentar la represión, sus problemas y debilidades, y al mismo tiempo aprovechar sus fortalezas y oportunidades, fue el establecimiento de redes. Esto se desarrolló fundamentalmente en tres niveles distintos. En primer lugar, se establecieron vínculos de militancia (partido, periódico y militantes—trabajadores); en un segundo plano estuvieron las redes editoriales propiamente tal (con otras empresas articuladas en torno a cercanías ideológicas); y finalmente encontramos las relaciones transnacionales que facilitaron, como ya hemos planteado, tanto la circulación como también la producción.

Los historiadores del libro han planteado la necesidad de analizar el espacio iberoamericano a partir del triángulo generado entre España, México y Argentina, para después ir sumando los lugares con industrias más pequeñas, como Chile o Colombia.[62] Sin embargo, en este caso la perspectiva ha sido observar los lineamientos planteados por la historia del comunismo y dividir la década de 1930 en dos etapas, la primera marcada por la bolchevización sectaria y la segunda por la convocatoria al frente popular antifascista. En este periodo, la guerra civil española motivó cambios trascendentales para esta historia, especialmente debido a las distorsiones en la producción del material generado en suelo europeo. El impacto provocado por la llegada de editores y libreros a América Latina después de la derrota de los republicanos comenzará a sentirse recién a fines de la década estudiada.

Para recapitular, las redes editoriales del comunismo en la primera etapa mencionada (1930-1935 aproximadamente) se movieron en un escenario limitado, aunque como ya vimos en el caso de las lecturas propuestas por el PC chileno, los intercambios eran constantes.[63] Desde Uruguay, en 1931, los encargados de la CSLA, en una carta a Carlos Contreras Labarca y Genaro Valdés dirigentes de la Federación Obrera de Chile (FOCH), describían sus métodos de distribución. El primer desafío era conseguir la dirección de los interesados en recibir o distribuir los impresos. En esta labor, los dirigentes obreros locales ayudaban a las estructuras partidistas internacionales, aunque la centralización en las respectivas capitales dejaba a ciudades tan importantes como Valparaíso fuera del circuito de envíos postales. Después, sin embargo, el problema era mayor, pues debían arreglárselas para que el reembolso llegara de manera correcta de un país a otro. Los giros y las cuentas bancarias, en el contexto de persecución, eran los primeros elementos que servían a las policías para rastrear a los "revolucionarios". Además, los procesos burocráticos y cambiarios complicaban aún más la situación, de tal modo que las fluctuaciones de las monedas y los costos de las transacciones eran un tema de discusión permanente.[64] Por estos motivos los encargados solicitaban un control más directo por parte de los espacios locales o que nombraran a alguien que se especializara en la administración del dinero y en los problemas derivados de la gestión editorial. "Dicho compañero —enfatizaba la carta menciona más arriba— podría también encargarse de nuestra literatura en los periódicos que edita la FOCH y el Partido, la colocación de nuestros libros en las librerías burguesas, en una palabra, sería como el representante de la Editorial Cosinlatam en Chile".[65] Como compensación, la persona designada recibiría un pequeño porcentaje de las ventas.

En términos concretos, desde Uruguay se habían enviado a Santiago, 105 ejemplares de *Almanaques revolucionarios*, a un precio preestablecido de 40 centavos chilenos, de los cuales el 25 por ciento quedaba como ganancia para los vendedores. También se había establecido que desde Montevideo se mandarían 100 ejemplares de *El trabajador latinoamericano*, órgano oficial de la CSLA, cada vez que apareciera.[66] De igual modo, instaban a su contraparte a dar mayor publicidad a *Justicia* y *Bandera Roja*, "[...] además esperamos nos hagan un pedido, ya que a los precios, a costa de grandes sacrificios que hacemos, ahora pueden vender fácilmente mucha literatura".[67] En esta ocasión, en lugar de pedir el envío del dinero adeudado, desde Uruguay solicitaban a su contraparte chilena, que los suscribieran a la revista *Sucesos*. Finalmente anunciaba que en breve enviarían 20 ejemplares de *La Internacional Sindical Roja* y que además se encontraba en prensa la segunda edición de *De la huelga a la toma del poder*.

La relación editorial de ambas instancias obreras no se realizaba sólo en la dirección Montevideo Santiago. Desde la CSLA eran insistentes en señalar que necesitaban que se les enviara "[...] todo el material que editen la Junta y las organizaciones de base (diez ejemplares mínimo de cada publicación de masa)".[68]

No sabemos si esta misma relación se estableció entre el PC chileno y la Editorial Sud América[69], ligada directamente al buró regional de la Comintern en Montevideo, pero indudablemente los mecanismos puestos en marcha desde la CSLA no pudieron actuar desvinculados de la dirigencia partidista y probablemente fueron similares a los establecidos con las organizaciones de otros países.[70] Hay que considerar también, como señala el historiador Gerardo Leibner, que este apoyo en libros y folletos actuaba como uno de los principales mecanismos de financiamiento indirecto por parte de la Internacional a las agrupaciones locales. Evidentemente, como nos muestra el ejemplo de la relación entre la FOCH chilena y la CSLA, el flujo monetario era precario, aunque permitió que las editoriales comenzaran a incrementar su catálogo y más importante aún, lentamente, pudieron iniciar la publicación de sus propios libros.

A partir de 1935, las nuevas directrices de la Comintern impulsaron la estrategia del frente popular antifascista, con esto se rompían las dinámicas sectarias del tercer periodo y las posibilidades de las editoriales se incrementaron velozmente al poder acceder a una red más amplia de escritores, aumentar su catálogo, incorporar nuevas temáticas y llegar a otros lectores. José Aricó ha destacado cómo en estas fechas en Argentina se reincorpora al espacio político comunista la discusión sobre la cuestión nacional, la historicidad de la sociedad y la relevancia de la tradición liberal.[71] Esto impactó en el mundo editorial latinoamericano, aunque la situación provocada por la "década infame" en Argentina hizo que los procesos en este país fueran mucho más lentos que lo esperado.

La nueva política de la Comintern resultó particularmente atractiva para las editoriales de dos de los países más alejados entre sí del continente: Chile y México. El ascenso político del Frente Popular chileno, que lo llevaría a la presidencia en 1938 y el triunfo del cardenismo en 1934, envolvieron un importante impulso para la labor editorial del comunismo. Ediciones Frente Cultural en México y Editorial Antares en Chile fueron algunas de las iniciativas que aprovecharon este momento. Ambas mantenían una relación de autonomía respecto al partido local, aunque sus trayectorias en esta década concluyeron de manera diferente. Antares pasó de una empresa mercantil que fundamentalmente actuaba como impresora[72], a transformarse en la editorial oficial del PC chileno, siendo el núcleo central de todo su activismo impreso. Mientras que, como veremos en el capítulo IV, la entidad mexicana, nacida en un pequeño bodegón instalado al interior de un mercado, continuó manteniendo su autonomía relativa, hasta la muerte de uno de sus fundadores (Daniel Navarro) en 1939.[73]

El caso de la Editorial Antares ha sido estudiado por el historiador Manuel Loyola, quien ha recuperado parte importante de su historia. Quisiera en este aspecto destacar, como propone este autor, la imposibilidad de entender Antares, sin situarla en una red de iniciativas que aportaron en la "[...] consolidación de una comunidad discursiva para prácticamente todo el siglo XX".[74] Ediciones Mundo Obrero, Editorial Documentos, Editorial Problemas, Editorial Lucha de Clases, Ediciones de la Federación de Maestros, son sólo algunas de las iniciativas que compartieron con Antares. Y con compartir me refiero a establecer vínculos asociados a un mismo proyecto político. Por ejemplo, la última mencionada publicó *Cuestiones fundamentales del marxismo* de Jorge Plejanov[75], recuperando, al igual que lo hizo Antares, la tipografía y el diseño que posiblemente venía con la traducción original realizada por Ediciones Europa-América.

Este mismo texto, nuevamente respetando las líneas de diseño y formato, fue publicado por Ediciones Frente Cultural en México.[76] Ésta, a su vez, se vinculaba en su trabajo cotidiano con Editorial Popular, Ediciones de la LEAR, Editorial Marxista Leninista, Editorial Cimientos, Integrales, entre otras. Este modelo, que veía la publicación de libros y folletos como una actividad de extensión de los órganos de la prensa partidaria, predominó en América hasta finales de la década de 1930, cuando los partidos comenzaron a optar rápidamente por esquemas editoriales centralizados.[77] Lo relevante de la dinámica propuesta es que destacaba tres líneas básicas de actuación de los partidos comunistas locales, la vocación de frente único, la necesidad de crear en cada centro organizativo sus propios medios de comunicación y la idea de tener satélites organizativos que no fueran "tan rojos".

Esto por ejemplo explica la importancia que tuvieron experiencias como la Asociación de Intelectuales, Artistas, Periodistas y Escritores (AIAPE) en Buenos Aires, fundada hacia junio de 1935 o la Liga de Escritores y Artistas Revolucionarios (LEAR) creada en México un par de años antes.[78] Ambos fueron también espacios activos en el plano editorial, no sólo tuvieron un medio de difusión regular, *Unidad. Por la defensa de la cultura* y *Frente a Frente* respectivamente, y una estrecha vinculación al arte gráfico de vanguardia, sino que además se embarcaron en la creación de sus respectivas empresas editoriales.[79] Según James Cane, la Editorial de la AIAPE fue un espacio reconocido políticamente, especialmente por su labor en la divulgación de textos antifascistas.[80] De hecho, esta iniciativa estableció lazos muy cercanos con la editorial de la Federación de Organismos de Ayuda a la República Española, la cual también creó una empresa especializada, llamada Ediciones FOARE.[81]

Este tipo apoyo tanto a nivel local como internacional, junto con la dispersión de las ediciones comunistas, poco a poco fue ayudando en la consolidación de públicos lectores diferenciados, de mecanismos de distribución amplios, al igual que fortaleció la capacidad de las iniciativas para destinar recursos a sus propias traducciones. De todas maneras, no hay que olvidar que el desarrollo de las editoriales comunistas siempre estuvo supeditado a la tensión existente entre las necesidades partidistas locales y las directrices emanadas desde la Internacional. De ese modo, en muchas ocasiones el espacio que tuvieron las iniciativas locales fue restringido, restándoles, especialmente, posibilidades de explorar alternativas y desplegar toda su creatividad, en un momento donde la industria editorial latinoamericana comenzaba a dar muestras de avances significativos. Veamos, por ejemplo, sólo como la punta del iceberg, las similitudes entre los logos de Ediciones Nueva América en Chile y Ediciones Europa y América. Las redes cominternistas permitieron que los proyectos encontraran medios para subsistir, pero evidentemente significaron también una serie de limitaciones y compromisos ineludibles.

En este sentido debemos destacar que el resultado final que posibilitó estos vínculos obedeció al interés que pusieron los actores implicados, a sus conocimientos prácticos, a sus grados de profesionalización y también a su disposición frente a los riesgos comerciales. De ese modo, no se puede realizar una historia del esfuerzo editorial comunista en América Latina y en México sin contemplar las iniciativas de cientos de sujetos, militantes, activistas, simpatizantes o simples funcionarios. Este es el tema del siguiente apartado.

Imagen 1 Logo Ediciones Nueva   Imagen 2 Logo Ediciones Europa y
América (1939).   América (1930-1940).

Los sujetos que intervinieron en el proceso

Las investigaciones sobre el mundo del libro y la lectura en América Latina
coinciden en que durante la década de 1930 se produjeron procesos de profesionalización del trabajo editorial, que complejizaron tanto la industria en
general, como las labores que se llevaban a cabo en su interior. Más allá de la
necesidad de matizar estas aseveraciones dependiendo del país donde nos si-
tuemos, es indudable que el periodo estuvo marcado por un aumento sostenido en la cantidad y calidad de tirajes, por la redefinición del papel del editor
y por la necesidad de situar al libro en la nueva sociedad de masas que se abría
paso a través del continente.

Libreros, escritores, editores, traductores, bibliotecarios, diseñadores, dibujantes, tipógrafos, distribuidores, impresores, cajistas, corrector, prensistas,
encuadernadores, linotipistas, entre otros trabajadores, se vieron envueltos en
estos procesos. Lamentablemente, en muy pocos casos podemos encontrar los
nombres propios de estos sujetos.[82] Sin embargo, nuevamente recurriendo al
diccionario biográfico de Víctor y Lazar Jeifets podemos abrir una pequeña
ventana a aquellos militantes, funcionarios y simpatizantes, que desarrollaron
actividades en este ámbito. En sus páginas son mencionados 18 tipógrafos, 39
linotipistas, 68 traductores, al menos 85 personas participaron como escritores, otros 125 como editores, 15 bibliotecarios, 4 correctores.[83] Por supuesto,
estas cifras son un reflejo de las dificultades de todos los historiadores para

penetrar más allá de las capas dirigenciales, y sólo pueden ser tomadas como una referencia. Sin embargo, nos sirven para ver que las formas de adscripción partidista pasaban en buena medida por el manejo de habilidades relacionadas con el mundo del impreso y las comunicaciones.

También me parece interesante el número de traductores que se relacionaron con la Comintern, ya que grafica la importancia de este aspecto para el organismo. El primero de los biografiados por Víctor y Lazar Jeifets realizó trabajos de traducción. Por ejemplo, León Piatigorski fue uno de los traductores al servicio de la Internacional. Había nacido en Brasil, pero su activismo comunista provocó su expulsión a Europa. Se integró a la Asociación General de Estudiantes Latinoamericanos de París y después vivió un tiempo en España. Desde 1934 trabajó en la Editorial de Obreros Extranjeros, donde tradujo las obras de Stalin, *Marxismo y la cuestión nacional*, *Fundamentos del leninismo* y *Sobre las cuestiones del leninismo*[84], las cuales podemos encontrar reproducidas por distintas editoras a lo largo del continente.

Este caso pone en evidencia la importancia que tuvo el exilio para el establecimiento de las empresas editoriales comunistas en América Latina y en México. En primer lugar, la condición de persecución y sacrificio generaba que los militantes emigrados adquirieran una condición de heroicidad que se extendía a sus propios discursos y prácticas. Estos personajes han sido denominados emigrados proselitistas o exiliados seriales, según sigamos a Martín Bergel o a Luis Roniger, respectivamente. De todas formas, la distancia generaba un lugar de enunciación privilegiado, que en muchas ocasiones estos sujetos utilizaron para realizar amplias interpretaciones respecto a sus países, las cuales difícilmente podrían haber hecho inmersos en su contexto local. El boliviano Tristán Marof en 1938 escribió un libro tajante, *La verdad socialista en Bolivia*, texto que fue divulgado por sus editores como el resultado de largos años de sufrimientos fuera del país.[85] Pero el exilio también tuvo un cariz práctico, no sólo fue un lugar de enunciación. Quizás los casos más conocidos durante este periodo corresponden a los apristas vinculados al mundo editorial chileno, especialmente a la editorial Ercilla. Aunque no adscribía a su programa político, los emigrados peruanos encontraron en dicha empresa tanto un espacio laboral como un estrado desde cual difundir sus ideas.[86]

En la década de 1930, quizás el país que más beneficiado se vio por el flujo de emigrados fue México. La presencia de venezolanos, peruanos, cubanos, argentinos, centroamericanos y posteriormente de españoles, en este espacio editorial, sirvió para profundizar y compartir los conocimientos sobre mar-

xismo, trotskismo, nacionalismo, fascismo, entre otros *ismos*, que tenían los
académicos y los militantes de toda Hispanoamérica. Esto también dotó a
las iniciativas mexicanas de una ventaja al momento de insertarse en el continente. No hay que olvidar que las necesidades de traducción no sólo se es-
tablecen de un idioma a otro, sino que incluso entre hablantes de una misma
lengua se requiere la interpretación de contextos, de usos políticos, de mecanismos culturales.[87]

Uno de los intelectuales latinoamericanos marxistas más relevantes que
arribó a dicho país fue Aníbal Ponce. Su labor en el plano de la difusión y en
los debates sobre la traducción latinoamericana del marxismo fue incansable
hasta su trágico deceso en 1938. Esto puede constatarse no sólo a través de las
innumerables muestras de pesar tras su accidente automovilístico[88], sino en el
dinamismo que traspasó a la labor editorial de la izquierda mexicana. A su llegada, sus obras empezaron a publicarse o reeditarse en México, y una parte importante de la producción comunista comenzó a citarlo a pie de página. Su
obra *Educación y lucha de clases* fue durante años uno de los *best sellers* más
importantes de las ciencias sociales en el país.[89] Incluso, en otros casos, se usó directamente su figura como símbolo de autoridad para difundir algunos textos.[90]

Algunos militantes con experiencias previas como exiliados en dicho país,
aprovecharon sus contactos para impulsar nuevos o incipientes proyectos. Las
idas y vueltas de los emigrados a lo largo del continente fueron recursivas y
podían poner a los sujetos en posiciones diversas.[91] Cuando nos detengamos
en las iniciativas mexicanas podremos ver con más detalles esta situación.

Éxito comercial

El historiador Iván Molina Jiménez ha discutido la tensión que existió entre
las publicaciones comunistas costarricenses y su inserción en un mercado que
operaba bajo lógicas estrictamente capitalistas. Éste es uno de los aspectos
clave para comprender las limitaciones de los distintos proyectos editoriales
que se promovieron desde el comunismo. A su juicio, las dinámicas empresariales necesarias para "captar, administrar e invertir fondos", se combinaron
con estrategias no comerciales en las cuales los militantes se encargaron de distribuir los productos y de buscar nuevas fuentes de ingresos. A esto se agregó
la realización de concursos y competencias para premiar a los militantes, célula o sección que más promoviera las publicaciones partidistas.[92] Detrás de
esto se encontraba la identificación entre los involucrados y la organización.[93]

El éxito económico de los proyectos editoriales del Partido Comunista costarricense comenzó en la segunda mitad de la década de 1930. "Desde un inicio, los comunistas empezaron a vender libros y folletos importados (en agosto de 1944 tenían existencias de estos artículos por la considerable suma de 1.200 dólares) y pronto empezaron a publicar por su cuenta materiales de tal índole"[94], explica Molina Jiménez. De hecho, en medio de este proceso se desarrolló un debate importante cuando el órgano del partido, *Trabajo*, decidió comenzar a vender publicidad. Frente a quienes criticaban la medida por dejar el periódico a merced de los anunciantes, la administración esgrimió problemas económicos y falta de compromiso de parte de los militantes quienes no compraban ni aportaban lo suficiente. Molina Jiménez es enfático en desacreditar estos argumentos, añadiendo que el objetivo era precisamente obtener los recursos para que el periódico se transformara en bisemanario. Pero más importante, "[...]la apertura a la publicidad, si bien respondió a motivos financieros, también contribuyó al esfuerzo del BOC[95] por dejar atrás su ultraizquierdismo inicial y ubicarse en una posición de centroizquierda, atractiva para votantes insatisfechos (aunque no comunistas) y afín con la política de frente popular promocionada por el Comintern".[96]

La misma relación entre directrices políticas y apertura empresarial podemos verla a través de distintos ejemplos a lo largo del continente. Ya Mariátegui a fines de la década de 1920, en su propio proyecto editorial había comenzado a jugar con la necesidad de financiar la revista *Amauta* a través de un periódico informativo rentable y desligado de los exclusivos requerimientos partidistas. De igual modo, la Editorial Claridad en Argentina, no perteneciente al PC argentino pero cercana en temas sociales, incluía en sus colecciones no sólo libros sobre asuntos políticos, sino que también apuntaba a los *best sellers* ligados a la sexualidad y lo emotivo.[97]

En Chile, Editorial Antares sin lugar a duda tuvo un crecimiento exponencial de su catálogo dadas las condiciones políticas que enfrentó en la segunda mitad de la década. Su relación con el Partido Comunista de Chile pasó de ser una mera impresora independiente, a conformar parte de un mismo proyecto comercial a través de una sociedad anónima. Después de que el PC entregó todos sus materiales y equipos de impresión a la empresa, estableció "[...] que para garantir políticamente este aporte del Partido, estos órganos de publicidad deberán reflejar la orientación política dada por el comité Central y aplicada por los CC. RR. [comités regionales] respectivos, sin que por este motivo la sociedad pierda el carácter comercial con que ha sido formada".[98] A los dirigentes comunistas, les interesaba por un lado fortalecer su política mediática de apoyo al Frente Popular, pero de ningún modo pretendían perder el espacio comercial que había logrado desarrollar Antares.

Alejandro Dujovne, para el caso del libro judío en Argentina, propone que su éxito comercial se debió en buena medida a la expansión del público alfabetizado, algo que no fue homogéneo en América Latina, y también debido al "[...] bajo precio y las estrategias de venta, similares a las de las revistas y el periódico, que los tornaban accesibles a los sectores populares".[99] No por ser editoriales vinculadas al comunismo dejaban de apuntar a los espacios comunes de venta de libros. Ya vimos cómo estas iniciativas se ubicaban cerca de las universidades o en las calles asociadas tradicionalmente a las librerías, y cómo además vendían todo tipo de publicaciones sin limitarse por barreras ideológicas. En otras ocasiones no dudaron en poner stands en alguna de las primeras ferias que comenzaban a organizarse a lo largo del continente. Por ejemplo, en Chile, Luis Corvalán recuerda que trabajó como vendedor de la Editorial Antares en una feria que se organizó en la Alameda, entre las calles Estado y Ahumada en 1937. En aquellos años, "Antares —escribe— tenía de editorial apenas el nombre. Podían contarse con los dedos de la mano los libros que había publicado. Sin embargo, entre ellos, dos eran de mucha venta. Se trataba de una selección de poesías de García Lorca y de "¡NO PASARÁN!", de Upton Sinclair, que constituía todo un alegato en favor de los republicanos españoles. Se vendían mucho".[100] Esta situación, donde un par de libros que se venden muy bien permiten sobrevivir a las editoriales pequeñas, es hasta nuestros días una de las variables importantes de la industria y nos puede ayudar a relativizar el siempre esquivo o momentáneo éxito comercial de estas editoriales.

Las lecturas posibles

Pablo Stefanoni en su libro sobre los intelectuales bolivianos del primer tercio del siglo XX critica a quienes han buscado establecer si Marx se leyó de manera correcta o incorrecta en América Latina. A su juicio es necesario desplazar nuestras preguntas hacia cómo lo leyeron, por qué lo leyeron de ese modo y finalmente cómo usaron esas ideas.[101] En el caso de este capítulo, me pareció necesario dotar a esas lecturas de una materialidad concreta, el libro o el folleto, que nos permita un punto de partida sólido para poder enfrentar dichos cuestionamientos.

Para los historiadores Olga Ulianova y Alfredo Riquelme, quienes se dieron la tarea de recuperar documentos confidenciales desde los archivos rusos, la preocupación de la dirigencia comunista por la lectura fue capaz de crear una subcultura obrera ilustrada, la cual estuvo alineada al discurso único oficial.[102] Aunque la recurrencia de las quejas o los problemas al interior de las distintas agrupaciones, debería conducirnos a una problematización del comunismo latinoamericano como una *doctrina de libro*, en lugar de aceptar tan rápidamente que el objetivo de las autoridades partidistas se cumplió al pie de la letra.

Uno de los que planteó en su momento la idea de que las lecturas realizadas por los comunistas fueron monolíticas y dirigidas desde arriba fue el historiador venezolano Manuel Caballero. A su juicio: "Cuando el militante marxista de los años veinte y treinta hurgaba en su escuálida biblioteca, entonces, amén de las grandes obras de los clásicos que, aparte del Manifiesto eran seguramente poco accesibles, se topaba mayormente con obras de Lenin y de Bujarin. La ortodoxia prefería que fuesen esas lecturas, pues la iglesia estaliniana en formación desconfiaba ya del libre examen".[103] Hemos visto a lo largo de estas páginas algunos elementos que nos ayudan a matizar esta aseveración. Pero uno de los aspectos que quisiera destacar es que pese a los esfuerzos de la "ortodoxia", el acercamiento de los militantes a los impresos comunistas fue mucho más sinuoso de lo que propuso la jerarquía de la Comintern.

En sus memorias, el paraguayo Mario Halley Mora, recuerda cómo fueron sus primeros pasos en las lecturas de izquierda: "[Don Felix, de oficio zapatero] Tenía libros sobre sus aficiones políticas y un gran retrato de Lenin en la pared superior de su pequeño taller. Era hombre de poca cultura aunque de muchos pensamientos profundos, devoto de la palabra escrita y un soñador que anhelaba la Revolución mundial".[104] De niño, Halley Mora solía ir al taller del zapatero y conversar sobre los temas que apasionaban al artesano militante. Así comenzó su relación con la política y su gusto por los libros. Aunque el paraguayo reconoce que en esas fechas prefería ir al taller a ver las herramientas. Por supuesto, los libros que tenía el zapatero anarquista, pero con un retrato de Lenin, obedecían más bien a sus escasos recursos y el difícil acceso, por lo que podía juntar textos socialistas, anarquistas o comunistas, sin que las diferencias doctrinarias le importaran.

En una entrevista recogida en el libro *Los artesanos libertarios y la ética del trabajo*, de Zulema Lehm Ardaya y Silvia Rivera Cusicanqui, aparece el testimonio de José Clavijo, denominado por las autoras como "el propagandista".

Clavijo fue militante anarquista desde finales de la década de 1920 y recuerda cómo comenzó su proceso de formación política: "Para informarme sobre las cuestiones doctrinarias, yo no recurrí a la mendicidad de ningún intelectual. Yo por mi cuenta, pudiendo sin poder —creo que me costó un mes— redacté una carta para *La Protesta* de Argentina".[105] Desde dicho periódico le mandaron libros, folletos y revistas, los cuales comenzó a distribuir entre sus compañeros. Al poco tiempo, Clavijo se convirtió en un nexo entre las librerías Atenea y La Paz, que traían libros desde Argentina y España, y el resto de los militantes. También organizó pequeños grupos de lectura, y finalmente aprendió a escribir a máquina para poder divulgar la propaganda de manera más eficaz.[106]

Aunque este testimonio no coincide ideológicamente con los militantes comunistas, en muchos aspectos el acercamiento a la lectura doctrinaria fue similar. La publicidad de Ediciones Frente Cultural y de su casa matriz, la Librería Navarro, en México, da cuenta de que muchas veces la relación entre los militantes de base y los libros no fue un proceso de arriba hacia abajo, sino más bien mediado por innumerables actores. Como muy bien señala Clavijo, en la mayoría de las ocasiones fueron los mismos militantes los que recurrieron de manera autónoma a las librerías y editoriales para solicitar lo que querían leer. Por supuesto, en muchos casos el encuentro exitoso entre la oferta y la demanda dependió de una serie de factores que los editores y libreros trataron de manejar a su favor.

La *Cartilla Proletaria*, recuperada por Guillermo Lora en su historia sobre el movimiento obrero boliviano, nos presenta otra clave para analizar el alcance que los textos comunistas pudieron llegar a tener. El folleto de Mariano Thantha, escrito en castellano, estaba no sólo dirigido a aimaras, quechuas, proletarios, campesinos, estudiantes, sino también a los analfabetos. El autor reconoce que un amplio sector de Bolivia no puede quedar excluido del aprendizaje del marxismo sólo por el hecho de no saber leer. De ese modo, al dedicarle su trabajo a los analfabetos también le pide a los sectores letrados del movimiento obrero que se esfuercen por explicar el contenido de los textos a los camaradas que no saben leer.[107] Este no era un problema reducido a Bolivia, por lo que la lectura colectiva era parte de las pretensiones de la mayoría de los esfuerzos, al menos en una primera etapa.

En el proceso de formación de las editoriales, debemos contemplar que el público lector se encontraba también en una misma fase de crecimiento, que va desde personas que se demoraban un mes en escribir una carta hasta propagandistas expertos en dactilografía. Este proceso recursivo entre la editorial y los lectores es clave para comprender los desafíos, problemas y aprendizajes que se fueron generando a ambos lados de la ecuación. Por eso, si a principios de la década encontramos folletos mal armados, libros sin guillotinar y hacia fines de la década una producción de libros ilustrados, en buen papel y que superan las 300 páginas, debemos contemplar que indudablemente el público lector también atravesó un periodo de incremento tanto en sus expectativas como en sus habilidades.

Las editoriales comunistas dentro de su función difusora dieron una importancia vital a los aspectos pedagógicos que debían cumplir frente a las grandes masas de campesinos y trabajadores urbanos. En pocas ocasiones se dedicaron a elaborar textos de orden académico y la simplificación fue uno de los principios básicos para explicar eficazmente el triunfo final del proletariado y el ocaso de la explotación capitalista. Sin embargo, este tipo de reducciones muchas veces se complementaba con la riqueza de la experiencia cotidiana de los activistas y militantes. Luis Corvalán, uno de los líderes del PC chileno durante el siglo XX, recuerda la distancia que existía entre la situación política concreta y las líneas emanadas desde la Comintern:

> Circulaba en nuestras filas un folleto de Arnold Losovski, dirigente de la Internacional Sindical Roja. Se llamaba *De la huelga a la toma del poder*. La tesis que desarrollaba Losovski era la siguiente: en determinadas condiciones, una huelga cualquiera podía convertirse en el primer eslabón de una cadena de huelgas, en punto de partida de un movimiento revolucionario que podría conducir a la toma del poder político por los trabajadores. Dicha tesis la tomábamos al pie de la letra. ¿Cómo no íbamos a considerar, pues, importante la tarea que se nos había dado? Pero ¿qué hacer, cómo operar si entre los tranviarios no había ni un solo comunista?[108]

Acá también podemos percibir otra situación relevante, más allá de la creatividad que debían poner los militantes al momento de ejercer lo que proponía la doctrina o la línea recibida desde arriba. Me refiero particularmente a la autonomía que adquieren los textos una vez que se ponen en circulación. En este caso en particular, el texto de Losovsky era un escrito inmerso en las lógicas del *tercer periodo*, con una propuesta política que excluía cualquier tipo de alianza con sectores no comunistas. Las estrategias de frente popular establecidas desde 1935, habían dejado obsoletas dichas posturas. Sin embargo, *De la huelga a la toma del poder* continuaba formando y delimitando las posibilidades de acción de los militantes comunistas. Esto es relevante, pues nos exige al momento de analizar la penetración de las doctrinas e ideas, contemplar que los quiebres políticos no necesariamente se reflejan de inmediato ni de manera uniforme entre los sujetos implicados. Así, Losovsky, pese a caer en desgracia para las autoridades de la URSS, como trágicamente tantos otros, continuó siendo un referente vital entre sindicalistas y obreros dispuestos a lanzarse a la huelga en pos de la conquista del poder.

Esta situación, en la cual el emisor deja de controlar su propio mensaje y éste pasa a ser parte de un repertorio controlado por otros actores del proceso comunicativo, de igual modo nos advierte sobre la eficacia que pudieron tener en este ámbito las purgas y proscripciones de determinados autores. No es necesario recorrer la historia del estalinismo durante la década de los treinta para confirmar que autores que eran considerados canónicos de un día para otro se transformaron en enemigos de la revolución. Sin embargo, lo relevante es matizar el indudable impacto que esto tuvo en la conformación de los catálogos editoriales.

Por supuesto, en la recepción de las obras impulsadas por las editoriales comunistas es necesario preguntarse por lo que sucedía en el lector cuando el sujeto enunciante no obedecía a una persona, sino que era el "Partido". No se trata de pensar en una entidad inefable, infalible y monolítica, sino en los mecanismos que le permitían encarnar una voz colectiva, por lo tanto, mayoritaria y dotada de autoridad interpretativa. Como muy bien señala, Hernán Ibarra, esto "[...] era todo un proceso de aprendizaje de los militantes y adherentes locales que trataban de establecer, en un ambiente dado con sus peculiaridades nacionales, formulaciones que suponen un modo de recepción y adaptación de pautas y normas para generar un tipo de organización política".[109] Esta situación exigía por parte de los lectores la capacidad de remitirse a un lenguaje compartido, independientemente de que los textos se publicaran en Montevideo, Santiago o México. Como en parte ya vimos, esta era la base de la definición de ejercicio político de traducir, pues en una doctrina que se planteaba universal, la traducción a lo local debía mantener la coherencia interna de los postulados. Cualquier falla en esta traslación obedecía a problemas de interpretación y no a la imposibilidad de llevar lo general a lo particular.

Para concluir, volvamos sobre un tema mencionado unas páginas más arriba. Me refiero específicamente a la definición del comunismo como una *doctrina del libro*. La centralidad de las publicaciones como espacio de sociabilidad, de formación, como práctica política, incluso como tarea de los militantes, fue evidente. Pero aquí quizás convenga hacer dos matices. En primer lugar, esto no fue una condicionante exclusiva de los militantes comunistas, sino una forma de acercamiento a la política desde una perspectiva mucho más amplia. Por ejemplo, Gabriela Mistral, en su visita a México, propuso "[...] mejor será que la doctrina le llegue al obrero por el libro que por el leader, aún por el libro extremista, que tiene en el mismo anaquel su réplica".[110] La cultura de lo impreso, con su poder simbólico, impregnó buena parte de la vida política de los militantes, desde la extrema derecha hasta los radicales izquierdistas.

En segundo lugar, aunque estas líneas buscaron enfocarse en el libro y las editoriales, es necesario plantear que la cultura impresa estuvo siempre asociada a otras manifestaciones, donde incluso la oralidad tenía un peso trascendental. La presentación de obras de teatro, el discurso público, el uso de canciones, e incluso la radiofonía, fueron herramientas indispensables para la propagada comunista. Pero todo esto se relacionó de manera estrecha, con el objetivo de intentar construir un proyecto político coherente. Los editores y libreros fueron conscientes de este tipo de vínculos fluidos entre las diferentes manifestaciones de la nueva sociedad de masas. Por este motivo cuando la Editorial Antares en Chile realizó un concurso de letras, la mayoría de los participantes eligió melodías mexicanas sobre las cuales escribir. Así la canción *La cucaracha* sirvió para que un autor, denostando al candidato presidencial de la derecha Gustavo Ross, escribiera:

La Gustavacha, la Gustavacha,
ya no puede caminar,
porque lo impide, porque lo impide
nuestro Frente Popular[111]

Esta recuperación de canciones mexicanas no fue una situación extraña para los organizadores del concurso. Al contrario, durante este periodo la penetración de algunas de sus muestras culturales, como la música ranchera o el cine, habían comenzado a sentirse fuertemente en el resto del continente. De igual modo, en algunos casos se acusó al cardenismo de ser un catalizador de los esfuerzos comunistas a nivel latinoamericano.[112]

Años después, algunos de los dirigentes de la izquierda chilena recordaron que a finales de la década de 1930 leyeron las obras de Engels, de Plejanov, de Marx, de John Lewis, de Guterman y de Henri Lefebvre, publicadas por editoriales mexicanas. El líder de la Unidad Popular chilena, Clodomiro Almeyda, explicaba esta situación gracias a la apertura que Cárdenas había propiciado: "Como es natural, ese clima intelectual se tradujo en una fiesta editorial de libros marxistas que se esparcieron por todo el continente y que pronto inundaron las librerías chilenas".[113] Las palabras del chileno concluyen destacando que una de las particularidades de esta difusión, era que se podían encontrar obras de las distintas tendencias que poseía el marxismo en aquella época, incluyendo trotskistas, consejistas, humanistas y otras variables.

Si volvemos nuestra mirada a la lista de libros presentes en el ya citado plan de estudios realizado por el Partido Comunista de Chile en 1933 (ver Anexo No. 1), el contraste es evidente. En ese documento ningún texto mexicano apareció recomendado como lectura formativa. A fines de la década, la situación era diametralmente opuesta y México se había transformado en uno de los principales editores de marxismo en América Latina. Ya hemos esbozado algunas líneas al respecto, la caída de la producción en España debido a la guerra civil, el deterioro de la presencia argentina por causa de la década infame, entre otras posibilidades. Sin embargo, no sólo hubo elementos exteriores que permitieron este cambio en las dinámicas editoriales. Es ahora el momento de analizar aquellos derroteros locales que impulsaron a México a alcanzar este sitial destacado en la producción y distribución del libro comunista.

CAPÍTULO II

Los años de la represión y el clandestinaje

"Un papel destacado en el aparato de *El Machete* ilegal lo jugaron los camaradas Juan González, ferrocarrilero [...] y Vicente García, de origen zapatero [...] Ambos permanecían encerrados, a veces durante semanas enteras, en la casa donde estaba instalada La Aurora [nombre que le daban a la imprenta]".[1]

A LGUNOS HISTORIADORES ESPECIALISTAS EN el cardenismo han planteado de manera tentativa que el periodo de persecución en contra del comunismo en México (1929-1934), contradictoriamente, estuvo también marcado por la revitalización del marxismo y el surgimiento de proyectos editoriales que tendrían un impacto importante durante la etapa posterior. Este tipo de apreciaciones han sido realizadas teleológicamente, o sea, investigadores especializados en los periodos posteriores han tratado de explicar la vivacidad editorial del comunismo durante el gobierno de Lázaro Cárdenas, adjudicándole un peso originario a los años inmediatamente previos. El presente capítulo busca recorrer la experiencia editorial del PCM entre 1930 y 1934, para analizar las claves de este proceso y desentrañar hasta qué punto las condiciones de persecución ayudaron o dificultaron a los militantes a pergeñar un espacio editorial autónomo y creativo, el cual a su vez les posibilitó un primer acercamiento al marxismo teórico.

La experiencia editorial del comunismo mexicano durante la primera mitad del siglo XX, ha sido analizada especialmente desde la prensa periódica y en particular, desde *El Machete*. En este aspecto, Ricardo Melgar Bao llega a plantear que, "Sin lugar a dudas, para los comunistas mexicanos, el periódico ocupaba el lugar central del proyecto educativo y político".[2] Pero incluso en el caso del *El Machete* o el filoso, como lo conocían sus lectores, el análisis histo-

riográfico no se ha detenido en los procesos editoriales, salvo para el periodo
épico de la clandestinidad.[3] En general, se ha analizado el contenido de esta
publicación más que los procesos que la posibilitaron.[4] Así, sabemos cuándo
aparece Julio Antonio Mella escribiendo algún artículo,[5] pero desconocemos
cuál era la labor en el periódico del exiliado chileno y tipógrafo, Luis V. Cruz,
que le costó la aplicación del Artículo 33 Constitucional en 1929. Profundizar en el análisis de las prácticas editoriales puede ayudarnos a contraponer
la historia oficial del PCM, de sus cuadros dirigentes y de sus políticas centralistas, para observar las vicisitudes de un proceso en construcción, con sus
problemas, sus ambigüedades, con sujetos desconocidos pero que enfrentaron cotidianamente el desafío que significaba hacer la revolución proletaria
en México.

Para abordar el periodo en cuestión, se retomará preferentemente como
eje articulador la producción editorial del comunismo relacionada con los
impresos más efímeros que se podían elaborar, pero que a la vez tenían una
presencia inmanente en las actividades y movilizaciones del partido. Me refiero particularmente a los panfletos, afiches y volantes. Este tipo de producción editorial ha quedado por lo general fuera de los marcos de análisis de los
investigadores, por lo que recuperarlo no sólo es una propuesta metodológica,
sino también una forma de reinsertar en la memoria histórica el sinnúmero de
esfuerzos individuales y colectivos detrás de cada texto.

En este sentido, conviene también reiterar que muchos de los documentos
que permiten reconstruir la historia del comunismo, no sólo en México, pro-
vienen de los archivos de los organismos represivos. En este caso los agentes
del Departamento Confidencial de la Secretaría de Gobernación constantemente recopilaron materiales impresos para respaldar sus informes. Estos papeles dan cuenta de la variabilidad que podían llegar a tener los formatos, y de
igual modo, nos advierten de la precariedad de los esfuerzos militantes. De todas maneras, es llamativa la escasa presencia entre los expedientes de la prensa
periódica del PCM. Los funcionarios rara vez lograron dar con *El Machete*,
lo que podría deberse a la exitosa red de distribución clandestina, aunque los
folletos, los volantes y los afiches presentes en las carpetas del Departamento
Confidencial cuestionan esta interpretación. Si los agentes fueron capaces
de decomisar este tipo de material, ¿por qué no lograron hacerlo con *"el filoso"*? Podemos ensayar varias respuestas posibles, pero me inclino a pensar
que la presencia de esta publicación fue minoritaria en relación con la cantidad de otros tipos de materiales impresos. Precisamente por esta situación

los militantes solieron atesorar sus ejemplares como un verdadero signo de distinción. Sin embargo, la posterior deformación historiográfica, la facilidad de recurrir a la edición facsimilar de *El Machete Ilegal*,[6] ha hecho perder de vista la presencia de otras publicaciones, especialmente aquellas impulsadas por los organismos locales, o incluso los propios folletos o libros elaborados desde el Comité Central.[7] Esto no le resta importancia al periódico en orden a reconstruir la labor editorial del comunismo, sino que me parece, retomar otras variables contribuye a complejizar el escenario y a percibir la diversidad de labores que los militantes desarrollaron.

Por otra parte, la escasez de archivos propios del PCM dificulta establecer hasta qué punto esta interpretación resulta congruente con las dinámicas propias del comunismo mexicano durante la década de 1930. Pero si continuamos con la exploración de las fuentes policiales podemos constatar la relevancia de los impresos locales y especialmente la vitalidad de estos esfuerzos a lo largo del país. Para poder avanzar en este camino es necesario detenerse en una situación que no se puede evadir, sin el riesgo de caer en una interpretación fallida.

Edición y clandestinidad

La oleada represiva en contra del Partido Comunista de México comenzó a afectar directamente a sus publicaciones en agosto de 1929. En ese momento, fueron saqueadas las oficinas de *El Machete*, arrestados sus colaboradores y expulsados del país los militantes extranjeros que laboraban en las prensas del partido.[8] El exiliado chileno Luis V. Cruz, un antiguo tipógrafo de la zona salitrera, fue puesto en la frontera con Guatemala, mediante la aplicación del Artículo 33 Constitucional. Otros, como el venezolano Salvador de la Plaza, habían salido del país unos meses antes, precisamente para evitar la violencia estatal. La mayor parte del trabajo editorial comunista se movió hacia los países cercanos, especialmente a Estados Unidos, aunque, como estrategia defensiva, se estableció que los impresos continuaran apareciendo como publicados en México. Según De la Plaza era necesario salir del país hasta que las cosas se calmaran y en lo posible hacerlo en silencio, porque no se sabía qué podía deparar el futuro para México ni para los revolucionarios.[9]

De todas maneras, antes de irse, algunos de estos emigrados lograron dar un último impulso al trabajo editorial del comunismo en México. De ese modo, como ya vimos, uno de los primeros libros de Lenin que se editó en el país, *El imperialismo, última etapa del capitalismo*, por la Editorial Marxista,[10] se debió al esfuerzo de Jorge Paz, más conocido como Luis Hipólito Etchebéhère, un emigrado argentino cercano al trotskismo.[11] Aunque fue expulsado de México el 30 de diciembre de 1929 en el vapor Monterrey hacia Nueva York, el manuscrito logró llegar a la imprenta.[12] Este libro comenzaba con la presentación de los objetivos de la empresa editorial, entre los cuales encontramos: difundir para el público mexicano los principales textos del marxismo, pues sólo se contaba con ediciones españolas, que no estaban adaptadas al medio local.[13] A juicio del director, Francisco Cervantes López, uno de los fundadores del Partido Comunista Mexicano en 1919, se requería llenar un vacío ideológico largamente sentido, lo que "[...] nos indujo a empezar nuestra tarea dando a las prensas uno de los mejores estudios de Nicolás Lenin, sobre un tema de mucha actualidad, que tradujo especialmente para México nuestro querido camarada argentino Jorge Paz y que por primera vez se edita en español y en la América Latina".[14] Pero si las primeras palabras eran condescendientes y laudatorias, el prólogo de Jorge Paz era un arma filosa en contra de todos los que se pusieran en frente, algo mucho más cercano a las formas en las que se solía utilizar la prensa periódica comunista. Por mencionar sólo algunos ejemplos, a Vicente Lombardo Toledano, líder sindical, el argentino lo llamaba "el idiota histórico de nuestro país", a la Alianza de Artes Gráficas de México la acusaba de ignorante, y aún más acido, "[...] el proletariado mexicano es el menos capacitado del mundo, en relación a su cantidad, en cuanto a su ideología revolucionaria e internacionalista se refiere".[15] La evaluación del mundo editorial que realizó el argentino era aún más funesta, destacando que en la literatura socialista no se veía tanta "estupidez impresa cuanta se ve aquí, entre nosotros... el oportunismo disfrazado de tradición azteca".[16] Su evaluación final era que el proletariado latinoamericano necesitaba mucho Lenin y aún más marxismo.

Ahora bien, comenzar a explorar la represión desde la perspectiva de los emigrados que debieron salir de México no es casual. Al contrario, como ya vimos, las dinámicas de la producción editorial fueron regionales, por lo que al afectar las redes e intercambios de los militantes latinoamericanos y estadounidenses, las autoridades dieron un golpe profundo a las capacidades que comenzaba a desarrollar el PCM. A pesar de la negativa evaluación que hacían los militantes poco a poco la actividad editorial, había comenzado a producir impresos y no fue casualidad que la imprenta del partido fuera el primer lugar atacado por la violencia estatal.

A principios de 1930 la ilegalidad golpeó directamente al partido y a la Federación Juvenil Comunista de México (FJCM). En los casos de la Confederación Sindical Unitaria de México (CSUM) y del Bloque de Obreros y Campesinos, el propio PCM prefería hablar de cierta "semilegalidad". Mientras que las demás agrupaciones periféricas mantuvieron una "legalidad restringida", entre ellas, la Liga Antimperialista de las Américas (LADLA) y la sección mexicana del Socorro Rojo Internacional. Este escalonamiento de la represión permitió a los militantes encontrar un pequeño espacio para su accionar.

La sección mexicana del Socorro Rojo Internacional fue quizás la organización más activa en este ámbito. De hecho, continuó funcionando pese a la persecución y entre sus primeras solicitudes al gobierno se encontraba: "Que no sea suprimida la prensa de los obreros y campesinos por lo que pedimos la apertura de las oficinas de *El Machete, Espartaco, Defensa Proletaria* y demás prensa revolucionaria".[17] En este caso, la petición realizada desde Nuevo León comenzaba por este ítem, para continuar después con la apertura de las oficinas del PCM y la liberación de los presos.

Junto con el cierre de las publicaciones y la requisición de las imprentas, también el gobierno restringió el uso del correo. Desde los espacios locales, el quiebre de las comunicaciones fue resentido con un énfasis especial, impidiendo cualquier reacción organizada frente a la represión estatal. En muchas ocasiones, a los militantes no les quedaba otra alternativa que informarse mediante los "periódicos burgueses" o con mucho atraso, como reconocían las mismas circulares del partido.[18] Pero por otra parte este proceso traumático significó algo positivo para la organización, pues dotó a las entidades repartidas por la república de una libertad que el *centralismo democrático* del PCM había limitado. De ese modo, tuvieron que ser capaces de buscar modos creativos de continuar sus labores partidistas, lo que, como veremos, generó más de algún problema.

Las peticiones del Socorro Rojo no fueron escuchadas, y al contrario, después del fallido atentado del 5 de febrero de 1930, en contra del recién asumido presidente Pascual Ortiz Rubio, la situación se agudizó aún más. Mientras se culpaba a los comunistas de un complot para asesinar al primer magistrado, las redadas policiales se extendieron más allá de la ciudad de México. El celo represivo llevó a los agentes estatales desde las grandes ciudades a las zonas rurales donde el partido había comenzado a penetrar de manera incipiente. Por ejemplo, en Río Rico, una pequeña localidad fronteriza en el

Estado de Tamaulipas, se arrestó el 12 de febrero de 1930 a una pequeña célula de militantes. En su poder encontraron una carta dirigida a Valentín S. Campa, en ese momento dirigente de la Confederación Sindical Unitaria de México y además, un ejemplar de *La Correspondencia Sudamericana*, el órgano del Buró Sudamericano de la Internacional Comunista.[19]

Este caso es relevante para observar algunos elementos relacionados con la actividad editorial del PCM. A diferencia de otras partes de América Latina, donde los procesos represivos envolvieron la quema masiva de libros y la requisición de librerías completas,[20] la actividad policial evidencia el escaso desarrollo que tenía el comunismo local. Unas cartas y una revista extranjera parecen un botín demasiado pequeño para que los agentes de la Secretaría de Gobernación se molestaran en apresar a los implicados. En otra ocasión, junto a una veintena de militantes detenidos se encontraron cinco folletos y un libro de actas.[21] Incluso, estas situaciones podían demostrar la también precaria organización del Departamento Confidencial. Así, cuando la Unión Sindical de Empleados de Restaurantes y Similares de Matamoros, Tamaulipas, pidió que le devolvieran los libros y folletos que fueron decomisados de sus oficinas durante una redada anticomunista, los agentes se pasaron la responsabilidad entre ellos, pues no existían antecedentes del caso.[22]

Volviendo al procedimiento realizado en Río Rico, la preocupación policial por un pequeño poblado en el norte del país, nos alerta sobre otro elemento relevante que suele pasar desapercibido al momento de analizar el mundo editorial del PCM. Me refiero, como veremos más adelante, a la necesidad de prestar mayor atención a la porosidad fronteriza y a la colaboración entre los comunistas de México y Estados Unidos.

La represión gubernamental generó un proceso de solidaridad al menos inicialmente discursivo por parte de algunas agrupaciones obreras no pertenecientes al comunismo, el cual afectó entre otras a la Unión de Obreros de Artes Gráficas e incluso a la Unión Linotipográfica de la República Mexicana, marcada por un tradicional anticomunismo anarcosindicalista.[23] Ambas organizaciones participaban en la oficialista Confederación Regional Obrera de México (CROM), aunque en el corto plazo dejarían el cobijo de esta multigremial.[24] Este par de asociaciones, que controlaba imprentas, linotipos y tenía acceso al siempre escaso papel, no sólo comenzó en ese momento a destinar dinero constantemente al Socorro Rojo, sino que facilitó medios para imprimir proclamas y manifiestos a favor de los perseguidos.[25] Esto fue clave para que empezaran a aparecer los primeros volantes y manifiestos en los que se rechazaba la violencia estatal.

Sólo en abril de 1930, el PCM y en especial sus organismos periféricos, el Socorro Rojo y la CSUM, lograron lanzar a la opinión pública una campaña más o menos organizada en rechazo de las acciones del gobierno de Ortiz Rubio. Se imprimieron volantes, manifiestos, se sacaron números especiales de *El Machete* y de *Soviet*, el órgano de la local del DF, entre otros elementos impresos. *El filoso* fue distribuido la primera semana de abril, advirtiendo de las dificultades que había tenido para organizar su impresión y burlar a los agentes gubernamentales.[26] Pero también mencionando que había tenido que cambiar algunas noticias a última hora debido a su importancia. Esto se refería especialmente a las modificaciones que se habían dado en el escenario político. La periodicidad de *El Machete* era un problema en el voluble contexto represivo. Sus páginas estaban orientadas tanto a informar, como a organizar acciones futuras. Sin embargo, las premuras de la clandestinidad exigían otro tipo de tratamiento noticioso, la imposibilidad de anunciar eventos y nuevas formas de enfrentar los procesos técnicos de producción y distribución, por lo que los integrantes del periódico tuvieron que comenzar a aprender cuál debía ser su estrategia para lograr comunicar eficientemente.

En estos primeros meses era evidente que las noticias llegaban tarde o que apenas podían completar los antecedentes necesarios para orientar a los lectores. Los manifiestos, volantes y otras publicaciones comenzaron a jugar una función relevante para cumplir con el esfuerzo comunicacional del PCM. Incluso, con este objetivo surgió el *Boletín de El Machete*, cuya elaboración era más rápida, pero con mucha menos calidad que la de *El filoso*. En el caso de *El Riel*, órgano de los trabajadores ferrocarrileros, en este mismo sentido, se debió crear *El Rielero*. Mientras que el Bloque Obrero y Campesino transformó su publicación *Bandera Roja*, en el *Boletín de Bandera Roja*.[27] En este caso, encontramos una explicación sobre el proceso. A juicio de sus impulsores, junto con la necesidad de reorganización que la violencia gubernamental generaba, tanto política como económica, "[...] sería imposible publicar el periódico impreso. Y como el trabajo de propaganda en pro de la nueva organización requiere, de todos modos, un órgano de publicidad y de contacto constate [...] se ha resuelto publicar este *Boletín de Bandera Roja*".[28] La nueva publicación de 10 páginas costaba 5 centavos, estaba hecha a través de un mimeógrafo y recomendaba a sus lectores pasarla a algún compañero una vez leída para evitar cualquier desperdicio. Para transparentar aún más su necesidad de recursos, al final de la publicación apareció un desglose de sus costos. Los mil 500 ejemplares publicados significaban un gasto de 4 pesos en esténcil, 12 en papel, 2.10 en tinta para el mimeógrafo. El costo más alto se lo llevaba el correo, 20 pesos en total. De ese modo, cada tiraje implicaba un desembolso cercano a los 40 pesos, los que esperaban recaudar mediante la venta, pero también con el apoyo de donaciones y colectas. Estas cifras y medios de subsistencia debieron ser similares para todos los proyectos editoriales vinculados al PCM en medio de esta crisis.

Rápidamente, las evaluaciones de la coyuntura tendieron a ser menos halagüeñas sobre la duración de la ola represiva y comenzaron a sobrepasar los simples discursos propagandistas. *El Machete* sacó, en contra de su estilo, un inserto de dos páginas titulado "Lo que significa el gobierno de Ortiz Rubio".[29] Este manifiesto se había elaborado originalmente el 25 de febrero y se encargaba de atacar a todos quienes no formaban parte del comunismo, incluyendo a la Oposición de Izquierda. Por otra parte, en *Soviet* se hizo un detallado análisis de la familia revolucionaria, tratando de diferenciar a ciertos integrantes del gobierno que tenían simpatías por la izquierda. De alguna manera se pretendía presionarlos para que tomaran acciones en lo que estaba sucediendo, aunque también se reconocía su escaso margen de maniobra. "Todos ellos pasan a ocupar puestos de tercera fila, como reservas de la contra-revolución, por si más tarde hay necesidad de desempacar nuevamente los viejos y por ahora inútiles fonógrafos del obrerismo y el agrarismo", explicaba *Soviet*. Estas búsquedas de apoyos tuvieron pocos resultados prácticos. Por ejemplo, los Talleres Gráficos de *El Nacional Revolucionario*, el diario del partido en el poder, realizaron algunos trabajos para las organizaciones comunistas, aunque sin plasmar directamente su rechazo a la represión.[30] Sin embargo, estos pequeños logros pusieron en entredicho la estrategia general del PCM de clase contra clase, muy presente en *El Machete*, por lo que en muchos casos significó el cuestionamiento o incluso la expulsión de los militantes implicados en este tipo de acciones de acercamiento. De ese modo, mientras el comunismo se veía presionado desde el exterior por el gobierno, sus propias dinámicas internas de rechazo a cualquier alianza con sectores pequeñoburgueses le quitaban capacidad de respuesta política. Los espacios locales, incluso aquellos de la ciudad de México como *Soviet*, trataron de moverse entre ambas coordenadas para evitar que la arremetida gubernamental tuviera aún peores efectos en la organización.

Para preparar la manifestación del día del trabajador, el PCM publicó una hoja suelta titulada "Lemas de la manifestación revolucionaria", una guía completa de las frases que debían contener los carteles y lienzos para dicha conmemoración. Las recomendaciones iban desde el apoyo a la URSS hasta invitaciones para que jóvenes, desempleados y mujeres entraran a las filas comunistas, pasando especialmente por vivas a "El Mahete [sic]".[31] Estos lemas coinciden con los pintados y escritos en la veintena de pancartas decomisadas por la policía a los más de cien participantes en la convocatoria del PCM. Un tema especial entre las frases consistía en un llamado a los miembros de las fuerzas represivas, para que comprendieran que también eran trabajadores explotados, por lo que "[...] los garrotes de los policías, los rifles de los soldados y gendarmes, las hachas y las bombas de los bomberos no deben ser usadas contra los trabajadores, sino contra los bandidos burgueses".[32] El Comité Central de la Federación Juvenil Comunista intentaba a través de esta propaganda impresa suavizar la reacción de los agentes estatales, debido a que el Departamento del Distrito Federal no había autorizado la manifestación. Y para peor, el volante había sido repartido por miembros del Socorro Rojo en la Fábrica Nacional de Armas y entre otros grupos de trabajadores.[33]

Sin embargo, pese a todas estas previsiones, la manifestación del 1 de mayo significó una nueva oleada de arrestos.[34] El esfuerzo de los policías podemos verlo nuevamente en los volantes y cartas del Socorro Rojo Internacional[35], pero tal vez es interesante detenerse en un caso judicial que enfrentaron un par de jóvenes dedicados a la labor de distribución, para comprender los giros que comenzaba a presentar el trabajo clandestino. En un informe social preparado por el Tribunal para menores del Distrito Federal se describen las actividades que realizó Fernando Luna Gómez de 13 años para la "causa comunista". Los captores no distinguieron entre el PCM y los militantes de la Oposición de Izquierda, para quienes trabajó Luna Gómez.[36] En general, los métodos prácticos no divergieron de manera importante entre estas facciones al menos en esta primera etapa de distanciamiento y de persecución policial. El joven relató a sus interrogadores que mientras jugaba a las canicas en el mercado de San Cosme se le acercó un hombre, que resultó ser Rosalío Negrete (Russell Blackwell[37]), y le ofreció un trabajo en la calle del Libre Pensador. "Una vez allí —relata—, lo dedicó a pegar fajillas de diversos folletos, los que eran enviados por correo. También le entregaba cantidades de anuncios que el menor tenía encomendados no dejar que nadie los leyera y los que eran repartidos en algunas casas de las calles de Jesús Carranza en la Col. del Valle y por No-

noalco [...] se trataba del *Boletín de la Oposición Comunista*".[38] Por esta labor recibía 50 centavos cada cuatro o cinco días, además de alojamiento y comida. Después de estar una semana en Libre Pensador se cambiaron, posiblemente como medida de seguridad, a Cuitláhuac número 14, donde conoció a otro joven llamado Gilberto Calderón, aprendiz de carpintero, que también se dedicaba a la misma labor. Según los antecedentes del tribunal, Negrete comúnmente utilizaba a niños para este tipo de trabajos y era conocido como "[...] un activo seductor de muchachos callejeros cuyos servicios aprovechaba después para la propaganda comunista".[39] En el caso de Luna, uno de los ofrecimientos había sido la posibilidad de ayudarlo a emigrar a Estados Unidos, algo que lo protegería de las golpizas que solía darle su padre alcohólico. A los 15 días de trabajar con Negrete la policía hizo una redada, lo arrestó y después de un tiempo lo devolvió a su hogar.

En este caso, podemos ver por una parte la precariedad del trabajo de distribución barrial de la propaganda comunista. Pero, por otro lado, también es posible observar las dinámicas de seguridad que iba adquiriendo esta labor. Recurrir a niños desconocidos, sin vínculos militantes, podía ser una explotación poco afable, pero sin lugar a duda garantizaba que los procesos se mantuvieran estrictamente compartimentados. En las declaraciones de los "chiquillos" no hay rastros de delación, ni siquiera de conocimiento de otros sujetos y menos sobre cómo se producían los folletos o boletines repartidos.[40] Este tipo de apelación a actores *poco visibles* para las autoridades policiales envolvió especialmente a mujeres, quienes lograron sortear con mayor facilidad la vigilancia gracias al machismo imperante que las descartaba como sujetos políticos. Benita Galeana por ejemplo vendía *El Machete* y otras publicaciones en San Juan Letrán, en el Mercado Hidalgo[41], después en las fábricas La Carolina y la Ánfora, y aunque muchas veces la llevaron detenida, difícilmente corría la misma suerte que los compañeros detenidos.[42]

Pero la seguridad nunca era suficiente y los presos continuaban aumentando. El Socorro Rojo mantuvo su campaña de envío de cartas al Presidente y al jefe de la policía solicitando la libertad de los compañeros detenidos. En general, las cartas, volantes y manifiestos apelaban al Artículo 123 Constitucional, que garantizaba la libertad de los trabajadores para organizarse y expresar públicamente su descontento. Clemente Jiménez, desde el puerto de Veracruz, en una carta de manifiesta y excepcional originalidad, mencionó también los artículos 28 y 37[43], además de un fragmento de un discurso del mismo Pascual Ortiz Rubio. Recurriendo a la prensa local, Jiménez acusaba la violencia de los policías que "[...] hasta se atrevieron a catear todas las imprentas, buscando propagandas comunistas".[44] En el fragmento referido por el veracruzano, el presidente de México, había declarado que: "Preferiría que los servidores públicos sufrieran la molestia de censuras injustas y apasionadas de los periódicos, antes que se tomen medidas que acallen la voz de la prensa o que menoscaben en lo más mínimo la libertad de pensamiento".[45] El periódico *El dictamen* de Veracruz había recogido esta alocución para acusar a los funcionarios locales de no respetar las *buenas intenciones* de Ortiz Rubio. Esta estrategia de inculpar a las autoridades estatales, exculpando las responsabilidades federales, tiene una larga datación en la historia mexicana, así como también una eficacia muy poco comprobada.

En este proceso de cuestionamiento en contra de la represión también se destacaron los problemas de la libertad de expresión y la censura que recaía sobre algunos libros. Aunque en la mayoría de los casos, los textos prohibidos no se relacionaban con el comunismo, sino con aquellos elaborados por los sectores cristeros. *La verdad sobre México* editado en Barcelona o la revista *México libre* publicada en Los Ángeles, California, son sólo un par de ejemplos de esta situación, cuya principal característica era el uso de prensas foráneas fuera del control estatal mexicano.

Esto no era casualidad. Este lento proceso de resistencia en contra de las condiciones impuestas por el Maximato, dominado desde las sombras por el Jefe Máximo de Revolución Plutarco Elías Calles, implicó la activación de algunos mecanismos de difusión que recurrían a la porosidad de la frontera, tal y como lo han desarrollado los proscritos mexicanos en la historia del país.[46] En un oficio de la Dirección General de Correos se daba cuenta de esta situación: "Procedentes de los Estados Unidos se están recibiendo pequeños paquetes conteniendo hojas impresas, que bajo aspecto de propaganda socialista, no son sino instrumentos con los que se pretende hacer labor sediciosa en contra de la paz y el orden público en nuestro país".[47] Los encabezados de estas hojas sueltas eran sencillos, como "A los trabajadores de todo el mundo" o "Circular No. X a los trabajadores de México", y sus pies de imprenta solían mencionar como lugar de edición "México, DF", aunque su procedencia fuera otra. Este artilugio, como ya vimos, evitaba las sospechas de los agentes policiales y en algunos casos los ponía a investigar infructuosamente a las imprentas de la ciudad.[48] En el sentido contrario, desde *El Machete* se logró publicar una recopilación de textos de Lenin, con el pie de imprenta señalando como lugar de origen del texto l'Imprimerie Union, en el número 13 de la Rue

Méchain en París. Para mayor desorientación de los aparatos de seguridad gubernamentales, la dirección correspondía efectivamente a una editorial, aunque por sus oficinas nunca pasó dicho libro.[49]

La frontera era porosa, pero no sólo en dirección hacia México. *El Machete* era considerado entre los obreros residentes en Estados Unidos como "[...] el pan espiritual, ya que éste es el único que nos informa sobre la situación de los trabajadores de México".[50] De ese modo, las relaciones e intercambios, aunque monetariamente desequilibrados, fortalecían el trabajo comunista a ambos lados de la línea divisoria. Esto era seguido de cerca por los cónsules fronterizos, quienes informaban sobre los movimientos sospechosos y los implicados en la propaganda. Daniel R. Ortega, Antonio Bustos y E. Morán, por ejemplo, eran inculpados por el cónsul en San Antonio, aunque pedía que se tuviera más cuidado con los estadounidenses, Jacobo Shaffer, Emmanuel Epstein y Salomon Lipshitz, quienes cruzaban constantemente la frontera vendiendo ropa barata y además, portando la propaganda comunista.[51] Shaffer, quien estuvo preso en Estados Unidos varias veces por su militancia, trabajó especialmente entre los ferrocarrileros y en un informe señaló que habían sido capaces de internar a México "[...] más de cincuenta y siete agentes comunistas, desconocidos para nuestras autoridades".[52] Obviamente, este tipo de informes hay que tomarlos más bien como *verosímiles* para comprender la atmósfera de histeria anticomunista, en lugar de considerarlos datos realmente acontecidos.

Al contrario, la efectividad del trabajo clandestino demoró un tiempo en aceitarse. Los documentos disponibles en el Archivo del Departamento Confidencial evidencian que para este primer momento los servicios represivos lograron tener un relativo éxito. "Muchas cartas me vinieron abiertas, no sólo de Tampico, sino de la Baja California también. De todas esas cartas abiertas di aviso a los remitentes para su conocimiento. En el correo de Villa Cecilia, cambiaron el sobre de una carta de M. del Río; pues desconocí el sobre y la letra y escrito el sobre en tinta verde",[53] explica un militante radicado en San Francisco, California, a otro domiciliado en la Colonia Roma, en la ciudad de México. Como demuestra este caso, el éxito y el profesionalismo eran solamente relativos, en la medida que los agentes ni siquiera podían cubrir las huellas de su intervención. Por otra parte, no hay que olvidar que en un ambiente de persecución, las sospechas tienden a esparcirse más allá del control de sus propios gestores. J. M. Escalante, agente del Departamento Confidencial de la Secretaría de Gobernación informaba que la propaganda del PCM crecía en Veracruz, Durango y Coahuila y se expandía lentamente a Puebla.

Pero esto no pareció importarle a su superior. Lo que le llamó la atención, haciendo anotaciones a un costado del informe, fue la siguiente frase: "Se tienen noticias además, de que Agentes Confidenciales de Gobernación, son de filiación comunista y ayudan al citado Partido".[54] No hay más antecedentes al respecto, pero por la propia conformación del aparato de seguridad, difícilmente se incorporaron comunistas a su organigrama, aunque algunos de sus integrantes como José de la Luz Mena, profesor racionalista, habían tenido cercanía con el movimiento anarquista a comienzos del siglo XX.

De todas maneras, los procesos represivos llevan generalmente a una reconfiguración ideológica de los implicados. Para los comunistas, no sólo se trata de explicar la derrota política, sino de buscar nuevos métodos de trabajo para lograr superar la situación. Pero esto no era algo que pudiera mantenerse bajo control de la dirigencia. Mientras el oportunismo crecía según el Comité Central, los traidores no eran otra cosa que militantes que preferían no meterse en problemas. En el ámbito local, las decisiones se iban tomando a partir de las pocas alternativas que se presentaban y muchas veces no había más remedio que buscar alianzas con sectores que antes se habían rechazado. En Villa Cecilia, Tamaulipas, por ejemplo, se refundó *El preso social*, un periódico que al igual que la revista homónima que funcionaba en Buenos Aires, recurría a un nuevo concepto de preso para darle sentido a la publicación. Se trataba de personas detenidas por desarrollar una lucha en contra de las desigualdades sociales, un punto medio entre lo político y lo delincuencial. Lo interesante de este esfuerzo es que estuvo organizado por algunos sectores anarquistas, antiguos militantes del Partido Liberal Mexicano y también por grupos vinculados al partido comunista local. Este tipo de conciliaciones se desarrollaba sobre la base de que: "No es contra una idea importada contra lo que se pronuncia el gobierno de México. ¡Mentira! Es contra la libertad toda. Los hechos hablan claramente. La mordaza no solo reina para aquellos que son comunistas a lo ruso, sino para todo el que no quiere unirse al carro tiránico del régimen político".[55] La represión afectaba a anarquistas, en sus distintas vertientes, comunistas, trotskistas, casi por igual.[56]

Pero desde el centro político del PCM, este tipo de situaciones no correspondían con la línea que debían seguir sus miembros. Los dirigentes en la ciudad de México cada vez estaban más recelosos de las actividades de las locales y aprovechaban cualquier error para recalcar que sus designios debían seguirse sagradamente. "Aprovechamos la oportunidad —escribió Hernán Laborde en una circular interna— para señalar la imprevisión que adolecen los camaradas de nuestras locales, de no obedecer las instrucciones del C.C. sobre los archivos, direcciones, etc., desobediencia que conduce a hechos tan lamentables como el que nos ocupa".[57] El problema que destacaba el Secretario General del PCM era que después del arresto de Vicente Huerta en Ciudad Victoria, la policía cateó su casa y encontró el archivo con las direcciones secretas para la correspondencia. La estructura de comunicación tambaleaba y peor aún para Laborde, sin estas conexiones era muy probable que la autonomía de las locales continuara creciendo.

Para evitar este tipo de problemas era necesario ajustar la toma de decisiones en el cambiante contexto, y para ello el partido trató de recabar la mayor información posible. Con esta finalidad imprimió una serie de circulares destinadas a sus militantes y a los organismos periféricos, en las cuales se instruía a cada espacio local para que enviaran los datos relevantes. Se buscaba saber especialmente el número de militantes y sus distintas experiencias sindicales, especialmente si eran parte de la CROM, de la CGT o de la CSUM. Se reconocía implícitamente que los miembros del partido no necesariamente estaban adscritos a la central obrera vinculada al PCM, la CSUM, y al mismo tiempo se destacaba que este error político debía llegar a su fin y de una vez por todas los militantes debían "proletarizarse", pese al contexto represivo.

En este momento complejo para la vida del PCM, se produjo otro golpe importante para sus cuadros: el quiebre con Augusto C. Sandino. Como ya vimos, desde su levantamiento en contra de la invasión estadounidense a Nicaragua, el líder guerrillero se había transformado en un ícono de la propaganda de la Internacional Comunista. Su antiimperialismo era considerado un ejemplo para los pueblos latinoamericanos y mientras las campañas de solidaridad recaudaban fondos, también ayudaban al PCM a adquirir nuevas simpatías. El Comité Manos Fuera de Nicaragua (Mafuenic) y la Liga Antimperialista de las Américas abrevaron de esta situación y extendieron su campo de acción a lo largo y ancho de todo México. El problema se produjo cuando el guerrillero salió de las montañas nicaragüenses y los dirigentes comunistas tuvieron que relacionarse con el hombre de carne y hueso, y no con el héroe mítico. El primer choque para los militantes mexicanos fue verlo llegar al país, con esmoquin y zapatos de charol, invitado por el entonces presidente Pascual Ortiz Rubio. Para mayo de 1930, el PCM acusaba a Sandino de traición y una amplia gama de otras diatribas altisonantes, dedicándole incluso una edición extraordinaria de *El Machete*. Y aunque la Internacional no rompió con el nicaragüense, muchos de los logros propagandísticos del PCM se derrumbaron

Imagen 3 Hernán Laborde y algunos militantes muestran un ejemplar de *El Machete* y *Mundo Obrero*. Esto evidencia el orgullo por las publicaciones. Archivo General de la Nación, Fondo Díaz, Delgado y García. Caja 59/2. Milicianos españoles.

junto con este quiebre político. La estricta bolchevización no dejaba espacio para un militante liberal, por más antiimperialista que fuera.[58]

Al contrario, la épica del sacrificio comenzó a adquirir un peso mucho mayor al momento de definir lo que significaba ser comunista. Por este motivo, el viaje de Sandino a las tranquilas tierras de Yucatán, a esperar una cita con el Presidente de la República, contrastaba con la realidad que atravesaban muchos de los integrantes del PCM, por no mencionar a quienes estaban en las cárceles o habían resultado heridos en alguna refriega con la policía.

De hecho, los militantes comunistas arrestados podían seguir dos caminos que los condujeron en general a una mayor politización. Por un lado, algunos fueron remitidos desde algún estado hacia los espacios de reclusión de la ciudad de México, y por otra parte, hubo quienes fueron enviados directamente a las Islas Marías. La mayoría de quienes pasaron por las cárceles del DF, volvieron a sus lugares de origen convencidos de la necesidad de desarrollar mayor activismo y en muchos casos con los materiales suficientes para comenzar una nueva etapa de agitación antigubernamental. Las autoridades locales solían quejarse frente a Gobernación por la nueva coyuntura que abría la experiencia carcelaria para los otrora "manejables" militantes. El presidente municipal de Matamoros, en el estado de Coahuila, escribió al gobernador a fines de mayo de 1930 y éste a su vez transcribió el mensaje al Secretario de Gobernación, solicitando instrucciones sobre los militantes comunistas que habían estado presos, pues "[...] han continuado desde su llegada a ésta en su tesón de pregonar abierta y públicamente sus predicas disolventes, usando a su manera toda serie de actos de violencia y de insultos hacia las autoridades en lo general".[59] Este grupo había estado en la penitenciaría del DF durante marzo por organizar actos públicos contra el gobierno nacional y local, y en ese momento el jefe de policía de Matamoros, Coahuila, decía que tenían "[...] el cargo que nunca podrán sacudir de ser elementos a todas luces disolventes".[60] El 20 de marzo, el presidente municipal, Tomás Rodríguez de la Fuente, esta vez en un escrito dirigido a un juez de la capital mexicana, explicaba por qué este grupo era un peligro para la tranquilidad de la zona. Los arrestados, junto a J. Asunción Hernández, quien también usaba el alías de Carlos Contreras[61] y visitaba la ciudad regularmente para hacer trabajo proselitista, se habían integrado a las filas de los agraristas. El problema era que estos agraristas habían sido la base de las Defensas Ejidales de la Región Lagunera, por lo que tenían en su poder armas y municiones, entregadas por el propio gobierno. Y cuando éste decidió disolverlas, en lugar de entregar las armas, por influencia de Hernández, se marcharon a los cerros comarcanos. Desde este centro de operaciones los comunistas habían expandido su influencia en la zona, y habían pretendido demostrarla a principios de marzo cuando las autoridades los arrestaron.[62] Por supuesto, el presidente municipal no mencionaba las condiciones económicas y sociales por las que atravesaban los obreros agrícolas de la zona, ni que sólo estaban pidiendo un aumento de salario, que además no continuara la carestía de la vida, una jornada laboral de 8 horas y la entrega de tierra a los campesinos. En estas peticiones coincidían las aspiraciones de obreros agrícolas y campesinos, lo que podía representar una mezcla complicada para los hacendados de la región.

Una vez de regreso, estos activistas se dedicaron a repartir entre los obreros y campesinos de Matamoros y otras zonas de la Laguna, algunos volantes confeccionados en la ciudad de México para la manifestación del 1° de mayo. Y aunque estos materiales tenían un atraso prácticamente de un mes y se relacionaban con la vida cotidiana del pueblo norteño, no dejaban de preocupar al presidente municipal. La respuesta oficial no se encuentra en el archivo, pero en las páginas de *El Machete* se denunció la matanza de 17 militantes durante un mitin no autorizado a fines de junio de 1930.[63] *El Siglo de Torreón* elevó la cifra de muertos a 20 muertos y 8 lesionados, aunque en lugar de utilizar la palabra *matanza* optó por la versión gubernamental, *zafarrancho*. Este evento se convirtió rápidamente en un emblema de la dignidad de los militantes frente a la violencia ejercida por el gobierno y al contrario de lo que las autoridades locales buscaban, este no fue el fin del activismo comunista en la zona.[64] La legitimidad del PCM lo hizo cada vez ir ganando más espacio entre los campesinos y trabajadores urbanos.[65]

Por otra parte, la experiencia de quienes llegaron a las Islas Marías fue un tanto diferente a la recién comentada.[66] Este episodio ha suscitado relatos literarios como *Los muros de agua* de José Revueltas, investigaciones historiográficas como la de Diego Pulido Esteva e incluso amplios debates en torno a sus directores, como el general Francisco J. Múgica.[67] Este extenso repertorio es un capítulo aparte en la historia carcelaria mexicana, y para el caso de este trabajo, quizás baste mencionar algunos detalles de este encierro que ayudaron a que esta situación fuera más formativa que represiva. Entre 1928 y 1933 el director del penal fue el Gral. Francisco J. Múgica, quien, enemistado con el Maximato, creía que no había razones para que los militantes comunistas se encontraran presos. Por esta razón no sólo permitió que desarrollaran clases de marxismo a los demás reclusos, sino que puso la biblioteca del recinto a disposición de Rosendo Gómez Lorenzo, alias *El capitán sangre fría*, uno de los militantes comunistas más vinculado a los procesos editoriales.[68] El encierro resultó para la mayoría una escuela de cuadros.[69]

Aunque tampoco hay que sobredimensionar el efecto positivo de este extrañamiento. Para junio de 1930, la situación del PCM parecía cada vez más lúgubre. El Socorro Rojo para tratar de levantar el ánimo de sus integrantes les recordaba que en su origen los bolcheviques no eran más que tres militantes perseguidos. La novela *El escuadrón de hierro* que recuperaba esta idea, escrita por un obrero ferroviario mexicano, se transformó en un libro de cabecera para los militantes[70], que según algunos historiadores especialistas habían pasado de 1500 a mediados de 1929 a sólo 500 en julio del siguiente año.[71] Aunque sobre las cifras no hay certezas, podemos explorar la carta de un integrante del SRI para comprender las disyuntivas por las que atravesaban muchos militantes. "Habiéndome solicitado los agentes del Socorro Rojo para que me adhiriera a su agrupación, he admitido, creyendo que el Socorro iría de acuerdo con el gobierno; pero viendo que trata de protestar en con-

tra, así como las persecuciones en contra de los agentes de éste, veo que cuyas
agrupaciones son nocivas para el sistema de gobierno de nuestra patria",[72] explicaba Juan Díaz, desde la congregación de Buenavista, en el municipio de
Hualahuises, ubicado en el estado de Nuevo León. En su carta, dedicada al
Secretario de Gobernación Emilio Portes Gil, Díaz reconocía que prefería
dedicarse a sus labores agrícolas pacíficamente e incluso se ofrecía para participar en las campañas antialcohólicas propiciadas por el gobierno. Aunque no
era exactamente un militante del PCM, la situación que estos enfrentaron fue
muy parecida. Se conjugaban en su caso, el desconocimiento práctico de los
alcances concretos de pertenecer a estas agrupaciones, la falta de formación
ideológica partidista y las condiciones represivas que muchos preferían evitar.

Pese a este contexto, los militantes más comprometidos intentaban continuar con el activismo a toda costa y eso sí, cada vez mejor preparados. Para
una manifestación en apoyo a los presos detenidos el 1 de mayo se solicitaba a
las locales previamente lanzar "[...] manifiestos y volantes, englobando en su
contenido los motivos de protesta que figuran en nuestro artículo 'Una protesta nacional', aparecido en el primer número de *A la defensa* (página 6)".[73]
El esfuerzo editorial y propagandístico cada vez dejaba menos cosas al azar,
por lo que se solicitaba a los organizadores resguardar no sólo a los oradores y
participantes, sino impedir que los carteles y pancartas cayeran en manos de
la policía. La circular donde se proponían las actividades era rigurosa en sus
lineamientos, e incluso pedía una evaluación sobre su contenido para afinar
sus propuestas.

El PCM había decidido participar en las elecciones para senadores y diputados federales de julio de 1930, por lo que se debían tomar mayores previsiones para evitar que la represión siguiera mermando las filas del partido.
Esto parece un despropósito en el contexto de persecución (y finalmente fue
impedido por las autoridades electorales[74]), pero involucraba una forma de
llevar al primer plano de la discusión nacional la persecución desencadenada
en su contra y también servía para cohesionar a los militantes en torno a objetivos de corto plazo. En la propaganda que se alcanzó a distribuir, junto a los
nombres de los candidatos aparecía entre paréntesis la palabra "preso", además
cada volante, cartel o afiche, se enfocaba más en la libertad de los detenidos,
que en la concurrencia a las urnas. La ya mencionada matanza de Matamoros
a fines de junio, sin embargo, volvió a anunciar a los dirigentes que la oleada
represiva no era un asunto antojadizo y que la ilegalidad del partido no debía
ser considerada a la ligera.

La estrategia de propaganda comparó los sucesos de Matamoros, con la matanza de Río Blanco en 1907, la cual había iniciado el ciclo revolucionario que sacó del poder a Porfirio Díaz. *El Machete* lo destacó en primera plana, pero también se imprimieron miles de manifiestos en los que se acusaba al gobierno municipal, al gobernador de Coahuila, Nazario Ortiz Garza y al Presidente Ortiz Rubio, de practicar un nuevo mecanismo represivo: "el asesinato en masa".[75] Incluso, algunos de los difuntos habían sido rematados a sangre fría por el jefe de la policía del municipio. La centralidad que adquirió la denuncia de estos hechos provocó que los militantes de Matamoros ya no tuvieran que ir personalmente a la ciudad de México a buscar propaganda atrasada. Ahora recibían por correo abundante material, aunque esto significaba que las autoridades estatales podían hacer decomisos más importantes y continuar alertas frente a la situación.[76]

Con este proceso se cerraba el primer ciclo represivo (Matamoros fue considerada la mayor matanza de comunistas en la historia mexicana) y se instauraba una tregua transitoria que permitiría a cada uno de los sectores ir afinando sus métodos y formas de acción. Aunque la violencia anticomunista no había acabado, habría que esperar un par de años para que se repitieran incidentes como los producidos en el primer semestre de 1930.

Pero que la violencia se mantuviera en un plano menos visible, no significaba que algunos niveles de represión no continuaran extendiéndose por el país y a través de la sociedad. El anticomunismo fue utilizado por sectores sindicales proclives al gobierno para deshacerse de los dirigentes opositores. De igual modo, mezclado con ribetes de xenofobia, pequeñas querellas personales aprovechaban la oleada represiva y pedían la aplicación del Artículo 33 Constitucional a "peligrosos" extranjeros comunistas. No fueron extrañas las acusaciones contra vecinos malavenidos, las denuncias a estudiantes extranjeros que le había quitado la novia a alguien[77], u otras inculpaciones que buscaban expulsar a un jefe español demasiado exigente.[78] Este uso de la constitución rara vez llegaba a convertirse en realidad, pero involucraba tiempo que debían destinar los agentes de Gobernación para investigar. Lo relevante de estos casos es que manifiestan la extensión social que llegó a alcanzar el proceso represivo, generando que los principales medios de control fueran las denuncias de los propios habitantes de las ciudades o de los sectores rurales.

Desde Acayucan, Veracruz, un grupo de vecinos (Antonio Aguirre, Cenobio Torres y Antonio Parra) escribió directamente al Presidente de la República para notificar las actividades de un grupo de militantes comunistas. Estos "patrióticos habitantes" habían tomado la determinación de hacerlo, debido a las propias declaraciones del ejecutivo que invitaban a no tolerar la intervención del comunismo *extranjero* en México. Según los acusadores, Alonso Domínguez, un estudiante del DF y miembro dirigente del PCM, había llegado a la localidad para realizar propaganda y organizar a los ejidatarios. Su base de operaciones eran Ixhuapan y Comején, pequeños caseríos del municipio y, supuestamente, había logrado convocar a varios campesinos e incluso a algunos miembros de las comunidades colindantes. "Todas esas gentes van armadas con máuseres, carabinas 30-30 y de cartuchos",[79] explicaban los quejosos.

La acusación podía tener algo de verosimilitud para las autoridades radicadas en la ciudad de México. Veracruz había sido uno de los principales reductos del PCM durante la década de 1920, especialmente a través de su alianza con las ligas campesinas dirigidas por Úrsulo Galván.[80] Sin embargo, para 1930 dicha asociación se había quebrado y los agraristas cada vez se encontraban más lejos del partido. De todas maneras, la Secretaría de Gobernación decidió investigar el asunto y pidió informes a las autoridades locales. La respuesta llegó casi un mes después y era tajante: "Es mentira que en esta región se esté propagando la doctrina comunista a que se hace mención y yo sería el primero en evitar por los medios legales tales procedimientos".[81] Con estas palabras el presidente municipal de Acayucan rechazaba la acusación y de paso también añadía que los firmantes no existían, por lo que debía considerarse una carta anónima cuyo único objetivo era desprestigiar a los comités agrarios de la zona, que continuaban solicitando tierras de cultivo. Finalmente pedía a Gobernación que le mandaran el original de la acusación para dar con los culpables. "Considero fácil hacer esa investigación, en vista de que en esta ciudad existe un reducido número de máquinas de escribir y fácil es encontrar el tipo y letra si es posible"[82], concluía.

Los usos sociales del anticomunismo, un tema que veremos con detalles más adelante, llegaban a las pequeñas disputas locales y de paso nos sirven para vislumbrar la precariedad que había en estos lugares para generar su propia propaganda. Si en la ciudad de Acayucan, cabecera municipal con varios miles de habitantes, había pocas máquinas de escribir, en los pequeños poblados, como Ixhuapan y Comején, las posibilidades de propaganda se reducían al contacto de voz en voz.[83] Por este motivo, la presencia de libros, folletos u hojas sueltas impresas llamaban la atención de las autoridades de inmediato y eran un jugoso botín para presidentes municipales dispuestos a congraciarse con sus superiores.

Algunos espacios oficiales que habían operado veladamente en contra de las prácticas comunistas podían ahora hacer alarde público de sus medidas represivas. Cuando un militante de la FJC fue a depositar en el correo de la colonia Peralvillo unos paquetes con el periódico *Espartaco*, "uno de los empleados subalternos, sin ningún recato, abrió bruscamente uno de los paquetes observando que se trataba de propaganda comunista; inmediatamente se encaminó al teléfono, solicitando con urgencia comunicación con la Jefatura de Policía".[84] El militante salió rápidamente del lugar, pero el empleado lo siguió por las calles de la colonia, haciendo incluso sonar el silbato que solía usar la policía.

Ahora bien, los ejemplos de decomisos de propaganda que quedaron archivados nos dan cuenta de la heterogeneidad de la producción editorial del PCM y sus organismos asociados.[85] En este aspecto tuvieron una particular participación los presidentes municipales, algo que resulta revelador del grado de control que pretendía establecer el gobierno mexicano. Estos funcionarios poseían un conocimiento en terreno de las comunidades y los movimientos extraños de personas de inmediato los ponían en alerta, especialmente cuando tenían antecedentes de la existencia de militantes en la zona.[86] En un caso promedio, el 15 de noviembre de 1930, el presidente municipal de Teuchitlán, una pequeña localidad de Jalisco, envió al gobernador del estado, a modo de trofeo, la propaganda requisada a Tomás Sánchez. Entre estos papeles encontramos un folleto del SRI, un par de circulares de esta agrupación, dos manifiestos del comité local de Guadalajara, un volante de la FJC, un ejemplar del *Boletín de Bandera Roja* y otro de *A la defensa*. En ningún de estos documentos coinciden los formatos, ni las fuentes, ni los temas. El volante de la FJC buscaba denunciar la desaparición de Calixto Jovel Anaya, un joven comunista salvadoreño[87], arrestado en la ciudad de México, mientras que por otro lado el folleto correspondía a un impreso para convocar a una campaña de financiamiento del Socorro Rojo. En otras palabras, entre los papeles decomisados encontramos desde una hoja suelta mimeografiada, con su encabezado hecho a mano, efímera y con poca importancia para un militante en Teuchitlán, hasta un folleto perfectamente impreso que se proponía convertirse en "[...] un documento para la historia de los esfuerzos realizados por el proletariado mexicano en el camino de su emancipación definitiva del régimen capitalista que hoy lo oprime y explota".[88]

Este último folleto, publicado en julio de 1930, fue otro de los intentos del periodo por regularizar los ingresos de la sección mexicana del SRI. Y sirve

para graficar la confianza que depositaban los sectores comunistas en la capacidad de los impresos como organizadores de los esfuerzos partidistas. Dán-
dole capacidad de acción al folleto, en sus páginas se declaraba que después
de leer el texto, de manera individual, cada militante debía enfrentar como
desafío personal el éxito de la campaña para recolectar fondos. Se trataba de
un esfuerzo individual, cuasi épico, que sería recompensado con la publicación del nombre de los compañeros que lograran recolectar la mayor cantidad
de dinero, en "todos los periódicos comunistas del mundo". Esta apelación al
"factor individual", en contradicción con la política de masas, será uno de los
elementos que acompañarán no sólo la etapa de bolchevización del PCM,
sino que atravesarán buena parte de la historia del comunismo. Brigitte Studer se refiere a este tipo de mecanismos, dispositivos y relatos, como una verdadera pulsión biográfica que componía parte vital del comportamiento de
los cominternistas.[89] Por supuesto, la exaltación del individuo, a través de este
tipo de premios, se transformó en una constante no sólo incorporada en este
folleto, también tuvo una fuerte presencia en todo el esfuerzo editorial del
comunismo mexicano, incluyendo especialmente a *El Machete* y posteriormente a *La voz de México*.

El texto finalizaba destacando una importante diferencia sobre el carácter
de las publicaciones comunistas: "Este folleto es la expresión de un posible
esfuerzo de masas organizadas y disciplinadas, por eso no tiene la amenidad
de una novela. Tiene en cambio el espíritu fuerte del proletariado".[90] Esta caracterización atravesará las disputas por construir una literatura comunista
y los límites sobre los que se edificarán los requerimientos para la teoriza-
ción. La divergencia entre lo literario y lo militante será una tensión que
enfrentaron prácticamente todos los involucrados en la difusión editorial
del comunismo.

Esta situación estaba lejos de poder resolverse en un contexto represivo,
aunque, de todas maneras, la calidad de la propaganda y la eficiencia de los
canales de distribución parecen haber comenzado a afinarse hacia finales de
1930. Por ejemplo, las hojas sueltas o volantes comenzaron a incluir fotografías, lo que implicaba condiciones técnicas de reproducción más especializadas. De igual modo, los papeles mimeografiados cada vez estaban menos presentes. Y al parecer, se estableció una imprenta en la calle de San Juan Letrán,
que elaboraba buena parte de la propaganda a nivel nacional.

De todas maneras, la precariedad continuaba. En 1931, la organización Lucha Intelectual Proletaria, donde se reunieron Juan de la Cabada, Leopoldo

Méndez, Consuelo Uranga, David Alfaro Siqueiros, entre otros, lanzó el periódico *Llamada*, con la idea de convocar a las masas. Y como reconoce De la Cabada, "Como sucede siempre con ese tipo de publicaciones, ésta la pagábamos de nuestros bolsillos. No duró mucho, acaso un par de números".[91] No sería de ese modo, unos años más adelante, cuando la Liga de Escritores y Artistas Revolucionarios (LEAR) lance *Frente a Frente*, pero eso lo veremos en los capítulos siguientes.

Las oleadas represivas se sucedieron una tras otra, al menos hasta finales de 1934. Cualquier motivo era suficiente para que las policías y otros organismos acometieran en contra de los militantes. Benita Galeana en sus memorias reconoce haber estado varias decenas de veces en la jefatura de policía.[92] El recién mencionado Juan de la Cabada también estimaba sus detenciones una actividad cotidiana. El periodista Enrique Ramírez y Ramírez, por ejemplo, fue detenido junto a un grupo de camaradas en enero de 1933 en la conmemoración del asesinato de Julio Antonio Mella. "Se nos informó en la oficina del jefe de agentes —explicaba la nota de *El Universal*—, que los comunistas detenidos repartían propaganda impresa de franca filiación comunista, un manifiesto dirigido a los trabajadores de México y ejemplares del órgano el Socorro Rojo que lleva por rubro A la defensa".[93] Entre los apresados en esta ocasión también se encontraba Abraham Finkler, un inmigrante judío soviético, algo que confirmaba para las autoridades el carácter extranjerizante del comunismo local.[94]

En marzo de 1934 se produjo una de las detenciones y relegaciones más conocidas de la historia del comunismo mexicano: un joven José Revueltas fue enviado a las Islas Marías. La experiencia del escritor, junto a otros cuatro militantes, quedó plasmada años después en *Los muros de agua*.[95] En concreto se les acusaba de liderar una huelga en Camarón, Nuevo León, algo que hubiera sido tratado localmente, pero para mala suerte de los militantes se encontraba en Monterrey el Secretario de Gobernación, Eduardo Vasconcelos, quien dio la orden de detención. El agente del Departamento Confidencial que investigó el asunto, empatizó con las demandas de los trabajadores agrícolas de Camarón, cuyos sueldos estaban muy por debajo de las directrices gubernamentales, además no solicitaban reparto de tierras. Por este motivo, recomendaba que se liberara a los apresados, excepto a Revueltas, quien llegaba desde el DF con la propaganda que se distribuía entre los trabajadores de la región. Esta labor la venía realizando desde 1929, con catorce años, cuando colaboraba con la hoja suelta *Barbechando* escrita por Juan de la Cabada y con *El Mauser*, que se entregaba en los cuarteles, en ese contexto fue su primera de las incontables detenciones que sufrió el durangueño a lo largo de su vida.[96]

A nivel organizativo los integrantes de las pequeñas células comunistas de la zona pagaban 10 centavos mensuales para mantener la labor de agitación. Y las tres hojas sueltas que quedaron en el expediente nos muestran un desarrollo importante en la capacidad para imprimir de las distintas agrupaciones que conformaban el Frente Único de Lucha de las Organizaciones Obreras. Por ejemplo, el Sindicato de obreros agrícolas de Camarón, en marzo de 1934, lanzó un panfleto no sólo manufacturado de una manera tipográficamente interesante (incluyendo orlas), sino que además políticamente, sin frases hechas, convocaba a obreros urbanos, pequeños comerciantes y colonos pobres a apoyar mutuamente sus demandas. Los Talleres de "Orientación" fueron los encargados de la impresión y las noticias que se mencionan dan cuenta de la fluidez en la capacidad operativa de sus impulsores.[97] La prisión de Revueltas, que duró hasta inicios de 1935, poco podía hacer con una maquinaria local que demostraba haber adquirido sus propias capacidades, independientes del centro político, y que lograba engarzar la pulcritud técnica con un contenido político lejos de los lugares comunes. Por supuesto, la confluencia de sectores campesinos, obreros y de la pequeña burguesía empobrecida, será uno de los principales desafíos que enfrentará el cardenismo en su relación con el comunismo.

Pero antes de avanzar hacia el nuevo sexenio, es necesario enfatizar que no en todos los lugares del país la persecución fue sistemática. Mientras en algunos espacios se mantuvo una estricta vigilancia, en otros estados, los procesos políticos habían generado mayor apertura hacia el comunismo, o mejor dicho, hacia expresiones teóricas del marxismo. Este fue el caso de Yucatán, donde la presencia del Partido Socialista del Sureste ampliaba las posibilidades políticas de la izquierda. De hecho, en 1932, al mismo tiempo que en la ciudad de México los comunistas eran arrestados y enviados a las Islas Marías, en el Instituto Literario de Mérida se fundaba la Sala de estudios Carlos Marx, "[...] como campo de orientación pedagógica fundamentada en las teorías societarias rusas".[98] Este lugar contaba con un "verdadero florilegio" de obras para la difusión cultural comunista, señalaba un agente del Departamento Confidencial. Entre estos textos encontramos algunos que incluso eran de difícil acceso en las bibliotecas del centro del país, como *Origen de la propiedad privada, de la familia y del Estado* de Engels o la *Historia de la Revolución Rusa* de Lydia Bach.[99] Sin embargo, la mayoría de los textos provenía de editoriales españolas, y no se evidencia que pese a la mayor apertura de las autoridades se hubiera generado una producción local relevante. Los inventarios de bibliotecas de militantes e intelectuales locales que se conservaron prácticamente no mencionan libros o folletos comunistas elaborados en la región.

¿Avances pese a la persecución?

En palabras, de Engracia Loyo: "Paradójicamente, a la feroz cacería de brujas que emprendió el gobierno de Portes Gil contra el PC, correspondió una revitalización del marxismo que llegó a su culminación durante el cardenismo".[100] Por supuesto, esta imagen retrospectiva, como hemos visto, más bien, por parte del PCM tuvo muy poco de "revitalización del marxismo".[101] De hecho, todas las publicaciones que hemos reseñado hasta el momento obedecían a la práctica política cotidiana, rebasada por el espiral represivo. Los márgenes para la reflexión teórica, para la discusión académica, fueron más bien limitados y recursivamente clausurados. Pero, por otra parte, las líneas desarrolladas a lo largo de este capítulo han dado cuenta de algunos elementos que se fueron desplegando desde el partido a lo largo de este periodo de represión.

En primer lugar, se destaca la centralidad que los impresos fueron adquiriendo para la realización de cualquier tipo de manifestación. Pese a la precariedad, a la falta de recursos, a los problemas políticos, los militantes se esforzaron por mantener una constante actividad editorial. En las paredes, durante los desfiles o los mítines, en las reuniones, la centralidad de lo impreso siguió manifestándose pese a los tiempos adversos. Si en algún momento la ecuación "militar es editar" se volvió un axioma para los comunistas, fue precisamente en este periodo.

En este entramado comunicativo, la pared constituyó uno de los lugares privilegiados para establecer un espacio público, abierto y gratuito para la difusión. En el ámbito interno, los periódicos murales eran alentados por las distintas organizaciones y cumplían una labor importante para colectivizar no sólo los acuerdos domésticos, sino también las directrices partidistas y los debates políticos nacionales. Desde las distintas prensas ligadas al PCM, se publicaron materiales cuya finalidad era precisamente formar parte de estos diarios murales. Este tipo de impresos aparecieron en hojas sueltas, en recortables insertos en los periódicos, en folletos, como cromos adquiribles en ocasiones especiales, entre otras alternativas. Lo relevante parecía ser conjuntar elementos visuales llamativos, con información y frases de propaganda.

Los periódicos murales fueron una de las herramientas que quizás con mayor profundidad expresó que la "confluencia" de los distintos medios de comunicación debía ser parte central de la estrategia de difusión. Este concepto, muy utilizando hoy en día por los expertos en comunicación, fue intuitivamente desarrollado durante el periodo por el PCM y el periódico mural alojó en su pequeño espacio un amplio abanico de soportes impresos. Incluso, medios novedosos como la radio, mediante la impresión de discursos o conferencias, podía confluir en este tipo de instrumento comunicativo.[102]

Quizás la herramienta de agitación impresa utilizada con mayor asiduidad fue el manifiesto pegado en las calles céntricas de las ciudades. Los llamados directos a la movilización generaban desasosiego en las autoridades, especialmente porque un epígrafe bien utilizado podía generar impacto sin la necesidad de que se leyera el resto del mensaje. En todo caso la mayoría de los impresos que recolectaron los agentes confidenciales y resguardados actualmente en el Archivo General de la Nación, presenta fuentes de tamaños difíciles de leer en un contexto callejero, sólo los títulos y los epígrafes resultan fáciles de comprender para un transeúnte despreocupado. De hecho, no sabemos hasta qué punto estas características técnicas incidieron en la recepción de los mensajes. Pero contamos con la descripción de un agente para hacernos una idea de las fallas que podían ocurrir en el proceso comunicativo. En una visita a Guadalajara, el funcionario policial encontró que las calles céntricas, especialmente las esquinas de 16 de septiembre y Madero, estaban tapizadas con publicidad comunista. "Ante el peligro de un movimiento armado en México", decía uno de los manifiestos, "[...] y después de referirse a los movimientos armados de Bolivia, Perú y Argentina se insinúa la conveniencia de que haya [uno] en México".[103] Con esto el agente justificaba el carácter sedicioso de la publicidad. Aunque el objetivo de la propaganda, era precisamente el contrario, evitar que se dieran en el país golpes de Estado como los que habían derrocado a Hernando Siles en Bolivia, a Hipólito Yrigoyen en Argentina y habían permitido la asunción al poder de Luis Sánchez Cerro en Perú. Todos ellos marcados por un fuerte anticomunismo. Si este tipo de funcionario, especializado en este tipo de lectura, era incapaz de comprender la propaganda, no es difícil suponer que los habitantes de Guadalajara encontraran dificultades al momento de leer la publicidad comunista.[104]

En una perspectiva completamente opuesta, Jorge Cuesta, reseñando una exposición preparada por la SEP explicaba: "La historia del cartel ha estado ligada esencialmente al desenvolvimiento de la moderna CULTURA indus-

trial. A nadie se escapa ya, a este respecto, su importancia eminentemente revolucionaria".[105] El escritor se sorprendía de la cantidad de carteles comunistas
presentes en la exposición, pero encontraba comprensible que en el escenario
de la disputa política fuera este partido el que sacará mejor provecho de este
dispositivo. "La prosperidad del comunismo —continuaba— se debe a esta
facultad de carecer de reservas, de entregarse a primera vista, de ser expresado,
y sin laconismos, por el cartel".[106] De hecho, a su juicio este dispositivo sería
capaz de reemplazar completamente a los libros, como principal difusor de
las ideas científicas, y los integrantes del PCM habían sido muy hábiles en
comprender esta situación.

Esta exposición fue organizada por la Alianza de Trabajadores de Artes
Plásticas (ATAP) y contó con el apoyo del Departamento de Bellas Artes de
la SEP, dirigido por José Muñoz Cota, marcando un giro en las relaciones
entre el Estado y el PCM. En la inauguración, en enero de 1934, el principal
orador fue Rosendo Salazar, quien había escrito *Las pugnas de la gleba*, uno
de los relatos más profundos sobre la participación de los trabajadores en la
Revolución Mexicana.[107] Aunque desde comienzos de la década de 1930, el cajista y tipógrafo consciente de las limitaciones de los libros se había dedicado
no sólo al cartel, sino también a la pintura como mecanismo de propaganda
y de educación.[108]

La ATAP en estas mismas fechas había lanzado su revista *Choque*, la cual
retomaba los planteamientos más duros del periodo de *clase contra clase*. Aunque el objetivo era el desarrollo dialéctico de las temáticas, el nuevo medio
se proponía usar la gráfica como mecanismo de difusión. Algo similar a lo
planteado desde la Federación de Escritores y Artistas Proletarios (FEAP),
en su órgano *Golpe* y también en el programa de la LEAR, organización que
finalmente cohesionó a todos estos grupos aislados. Su revista *Frente a Frente*
recurría a la misma imagen retórica de enfrentamiento, aunque su aparición
fue precisamente en un momento en que la política de la Internacional Comunista comenzaba a abrirse hacia la construcción de frentes amplios. Todos
estos esfuerzos, cuyo inicio podemos verlo, en la revista *La llamada*, fundada
en 1931 por el grupo denominado Lucha Intelectual Proletaria, buscaban crear
una especie de militancia artística cultural paralela a las adscripciones políticas.[109] Las condiciones de represión obligaban a perseguir el doble objetivo de
mantener la participación social y al mismo tiempo ampliar la base de miembros participantes.

Un breve paréntesis sobre este proceso. Si continuamos con esta revisión, más allá de los años que enmarcan este capítulo, uno de los espacios que desarrolló con mayor profundidad de la idea de crear organizaciones militantes que vincularan el arte y la propaganda fue el Taller de Gráfica Popular. Éste fue fundado en 1937, por Leopoldo Méndez, Pablo O'Higgins, y Luis Arenal, todos antiguos miembros de la LEAR. En lugar de proponer una revista, como la mayoría de las organizaciones, su apuesta fue precisamente el cartel. *La Hoja popular* ilustrada se denominó a su principal medio de comunicación, que se presentaba fácil de distribuir, con una redacción clara y de un tamaño (23 x 34 cm.) que le permitía pasar inadvertida en el correo o entre otros papeles.

> Creemos que esta Hoja es de gran ayuda a los maestros foráneos en general pero, principalmente, a los MAESTROS QUE TRABAJAN EN EL CAMPO, a menudo en lugares remotos y mal comunicados donde, con pocas o ningunas garantías se encuentran a merced de las fuerzas reaccionarias locales y nacionales que se oponen al desarrollo de su heroica misión, USANDO DE TODOS LOS MEDIOS, siendo la resistencia del maestro a los embates reaccionarios muy débil, pues él solo no podrá luchar con probabilidades de éxito sin contar con medios técnicos de propaganda: imprenta, grabados, etc.[110]

Esta hoja podía usarse en los periódicos murales, pegarse en las paredes, e incluso en los árboles y los postes del alumbrado público. Con un costo de 0,1 centavo por unidad, prometía convertirse en un arma lista para que los proletarios la empuñaran. Por supuesto, no faltaron voces criticando la calidad técnica de este artefacto.[111] Sin embargo, sus impulsores rápidamente se hicieron un espacio en el escenario político mexicano, lanzando cientos de miles de grabados apoyando distintas causas sociales y revolucionarias.

Volviendo a las características de la primera mitad de la década de 1930, debemos considerar las tensiones que comenzaron a desplegarse tanto por la represión, como por el proceso de bolchevización, entre las dirigencias centrales y los militantes de base en los estados de la república donde el PCM mantuvo alguna presencia. Los espacios locales ganaron en autonomía, lo que les permitió desafiar o por lo menos responder de manera alternativa e imaginativa a las directrices del Comité Central. Esto se tradujo en iniciativas locales para imprimir volantes, boletines, hojas sueltas, y aunque por el momento se mantendrán de manera embrionaria, en el corto plazo modificarán la geografía editorial del partido.

A lo largo de las páginas previas se hizo un particular énfasis en la articulación de los espacios de propaganda impresa, primero con el exilio latinoamericano y después con la zona fronteriza y algunos emisarios de los Estados Unidos. Las redes editoriales no pueden entenderse de manera aislada, y pese a la violencia del Estado y a sus intentos de control, las dinámicas transnacionales lograron atravesar los límites nacionales en un proyecto político cuyo horizonte siempre fue internacional.

Finalmente, la explosión de iniciativas locales preparaba los cimientos para que las condiciones editoriales del comunismo mexicano cambiaran drásticamente. La duda que se instalaba entonces era hasta qué punto una vez apaciguada la oleada represiva se resolverían las múltiples tensiones que se habían comenzado a gestar en esta etapa. Teoría versus literatura, proceso vertical frente a iniciativas surgidas en las bases, publicaciones nacionales o importadas, fueron algunas de las disyuntivas que abría el nuevo periodo.

CAPÍTULO III

Una editorial no tan roja.
Ediciones Frente Cultural

E N 1935, EL PCM en un artículo aparecido en *El Machete*, en el cual los dirigentes comunistas enfrentaban directamente el problema de sus actividades de difusión, señalaban con palabras poco halagüeñas: "Hasta ahora estos esfuerzos editoriales han sido poco enérgicos, poco orientados y dispersos".[1] En ese momento se podían considerar como "brotes editoriales" algunas de las iniciativas emprendidas por individuos o grupos cercanos al comunismo. Entre éstas encontramos a Gleba, Cimientos, Cuadernos de Pedagogía Proletaria, Ediciones de la LEAR, Ediciones Defensa Roja, Ediciones Espartaco, Editorial Dialéctica, Ediciones FER, Integrales y Ediciones Frente Cultural. Sin embargo, pese a su multiplicidad, la mayoría de ellas sólo eran esfuerzos incipientes alentados por la apertura política cardenista. Por ejemplo, Ediciones FER a esas alturas sólo tenía un volumen; mientras que Ediciones de la LEAR (Liga de Escritores y Artistas Revolucionarios), había imprimido dos textos, ambos con colaboración y apoyo técnico de la Librería Navarro.[2]

De todas maneras, el artículo de *El Machete* destacaba dos intentos que se mostraban un poco más sólidos y con mayores perspectivas en el tiempo. El primer esfuerzo se refería a Integrales, la empresa perteneciente al grupo de escritores vinculados al movimiento estridentista, que desde 1932 trabajaba en la difusión de literatura proletaria mexicana.[3] El periódico comunista reconocía que: "Integrales es tal vez la obra editorial de izquierda más sostenida en México, estando consagrada principalmente a la divulgación de obras de escritores mexicanos populares o revolucionarios. La novela, el cuento, han sido sus principales ocupaciones".[4] Y esto era clave, pues desde el año anterior, venían apareciendo en las páginas del periódico, evaluaciones que llamaban a acelerar la escritura de textos menos teóricos, que se pudieran vincular más con los sectores populares. "La falta de esta literatura —denotaba un editorial— es una de las debilidades políticas más notorias de nuestro Partido y una de las tareas urgentes del Comité Central consiste en redactar e imprimir una serie de folletos sobre la organización sindical, del trabajo campesino, etc.".[5]

Sin embargo, la segunda parte de este problema, o sea, los textos que apuntalaran concretamente la organización del Partido, seguía estando fuera de la órbita de Integrales. Aunque en 1935 algunos de sus más destacados representantes comenzaron a colaborar con una nueva iniciativa lanzada desde la Secretaría de Educación Pública (SEP): la Biblioteca del Obrero y Campesino. El folleto inaugural de esta colección, titulado simplemente *Marx*, fue escrito por el veracruzano José Mancisidor. Esta biografía intelectual constaba de 38 páginas, en las cuales el literato repasaba los aspectos más importantes de la vida del filósofo alemán. Una parte importante del documento corresponde a citas textuales no atribuidas, pero pese a ello la amenidad de la lectura parecía corresponder con el esfuerzo de acercar la vida de Karl Marx a los lectores locales. En todo caso, con el lanzamiento de esta colección la SEP se incorporaba directamente a la competencia por el mercado del libro de izquierda en México, con el evidente objetivo de disputar las lecturas que se pudieran hacer del marxismo en el país.

La segunda de las iniciativas mencionadas por el editorial de *El Machete* corresponde a Ediciones Frente Cultural, una empresa cuyo objetivo inicial fue publicar a bajo costo los principales textos del marxismo teórico (ver su catálogo en Anexo No. 2). Aunque no perteneció directamente al PCM, fungió como una apuesta semioficial, e incluso años después fue acusada de haber recibido directamente el "oro de Moscú" para sus actividades.[6] Al igual que con sus organizaciones periféricas, como mecanismo para atraer la adhesión y la simpatía de un amplio sector de la población y no sólo de los militantes comunistas, su principal forma de trabajo fue mantener su independencia respecto al partido. De ese modo, pese a publicar a los principales próceres del marxismo, su intención fue mostrarse como una editorial "no tan roja". Más allá de que esto era poco creíble, al igual que pasaba con el SRI o la LADLA, esto envolvió no difundir directamente ningún documento oficial del PCM y por otra parte, concentrarse en un requerimiento que las distintas instancias no habían podido desarrollar, satisfacer las necesidades teóricas del comunismo. Revisar una parte de la historia de esta iniciativa nos ayuda a comprender tanto los límites partidistas, como el contexto editorial por el que atravesaba México a mediados de la década de 1930.

El mundo editorial de la izquierda

Veamos primero en qué espacio editorial surgió esta entidad.

Comencemos este apartado desde la otra orilla política y veamos qué pensaba la derecha mexicana del quehacer de las imprentas de izquierda. Con este objetivo podemos rescatar el folleto, *Organización y propaganda comunista,* publicado en 1932, por Luis Islas García, miembro de los sectores conservadores clericales del país, y también ex militante de las juventudes comunistas. El punto de partida de este autor es plantear que en la propaganda comunista, el periódico y el folleto doctrinario ocupaban un segundo plano, ya que en primer lugar estaban los carteles, los manifiestos murales y la hoja volante. Esto se debía particularmente a los precios, que escapaban de las escasas posibilidades de los militantes, quienes además debían lidiar con la persecución gubernamental.[7] "Los folletos hechos en México —explica Islas García— son escasos: no llegan a diez los originales aparecidos en diez años, es decir, ni siquiera aparece uno anualmente. Esto se debía a la falta de teóricos, a la falta de fondos y además, a la competencia que las imprentas españolas hacen al inundar el mercado mexicano con propaganda comunista barata".[8]

La evaluación de Islas García es interesante pues, pese a provenir de un opositor político, enfatiza tanto elementos de índole organizativa y doctrinaria de la izquierda mexicana, como aquellas situaciones prácticas y muy concretas referidas a la capacidad de competir en un mercado de creciente complejidad. De igual modo, el militante católico tenía una mirada crítica sobre la función de las traducciones. A su juicio, éstas eran más frecuentes que las obras originales, incluso no se contaba con una versión local de textos tan importantes como el *Manifiesto comunista.* Algunos otros, también centrales para el comunismo, habían sido retomados de sus versiones en francés. El autor concluye con una frase lapidaria: "Alguna traducción de folletos europeos insignificantes tal es el cuadro de las ediciones comunistas mexicanas".[9]

Ahora bien, esta evaluación crítica podría ser considerada un poco exagerada, menospreciando los verdaderos alcances del esfuerzo editorial de la izquierda comunista mexicana. Sin embargo, cuando observamos otros diagnósticos podemos ver que Islas García no estaba tan lejos de lo que efectivamente sucedía. De hecho, como señala el funcionario gubernamental, Antolín Piña Soria[10]: "No es un secreto para nadie que somos de los países de la tierra, uno de los que su producción literaria y científica es casi nula".[11] Estas mismas evaluaciones venían realizándose en el ámbito oficial, al menos desde la creación de la revista *El Libro y el Pueblo*, por la Secretaría de Educación Pública a principios de la década de 1920.[12]

Es un lugar común en la bibliografía sobre el mundo editorial recurrir al esfuerzo vasconcelista a comienzos de la década de 1920 como punto de partida de numerosos de los procesos que se cristalizaron a lo largo del siglo XX. Sin embargo, es necesario destacar que más allá de su importancia, los militantes comunistas dejaron en claro su distancia con las propuestas del otrora representante de la juventud. Nicolás Pizarro Suárez escribió al respecto: "En todos los puestos de libros viejos de México, por unos cuantos centavos, pueden adquirirse las obras de literatura clásica que, de 1921 en adelante editó la Secretaría de Educación Pública. Estas ediciones costaron una enorme cantidad de dinero a la nación y evidentemente que fueron destinadas a la pequeña burguesía más o menos intelectual".[13] Estas colecciones incluyeron una serie de clásicos griegos, latinos, católicos e incluso orientales, que a juicio de Pizarro Suárez sólo demostraba desorientación y falta de contacto con las necesidades cotidianas de las masas obreras y campesinas.[14]

Volviendo a la evaluación que hizo Luis Islas García en 1932, es necesario destacar algo que propone, pero no profundiza en su folleto. Me refiero particularmente al contexto de persecución que se había desatado desde 1929. En el capítulo anterior vimos el impacto sobre la edición comunista, pero esto afectó a todos los opositores en general, ya fueran cromistas, escobaristas, cristeros, u otros, lo que repercutió directamente en el desempeño de las editoriales y en la circulación de sus impresos. Aunque, por supuesto, la censura en contra de libros específicos no era una situación novedosa para los gobernantes posrevolucionarios, pese al discurso "culturalista y educativo" que poseían algunos de sus abanderados. Durante el conflicto cristero, el gobierno mexicano ya había puesto en marcha planes para controlar qué libros se podían vender. Los agentes del Departamento Confidencial, la policía política de la Secretaría de Gobernación, visitaban las librerías para advertirles de las prohibiciones y revisar si habían trasgredido alguna disposición vendiendo publicaciones vedadas. En marzo de 1927, un agente de dicha entidad visitó algunas dependencias (Porrúa, Herrero Hermanos, Cía. Nacional Editora Águilas, Viuda de Ch. de Bouret, entre otras) e incluso los puestos del Mercado del Volador para advertirles que no distribuyeran la novela *Lucha de razas. Pieles rojas contra blancos, los diablos negros del Río Grande*, por su contenido sedicioso.[15] En algunos otros casos, ya en esos mismos años se vigilaban las publicaciones de los militantes de izquierda[16], incluyendo especialmente a los periodistas extranjeros[17] y por supuesto aquellas obras de los mexicanos fuera del país, como fue la renombrada novela *La sombra del caudillo* de Martín Luis Guzmán.[18] En este ambiente de persecución se llegó a investigar a los poseedores de imprentas portátiles, con el fin de que no desempeñaran una labor opuesta al gobierno.[19]

La situación de control y restricciones comenzó a cambiar a partir de la llegada de Lázaro Cárdenas a la presidencia en 1934, aunque su dominio sobre el ejecutivo demoró casi un año en asentarse, mientras reemplazaba a los callistas de sus posiciones de poder. La *educación socialista* fue sin lugar a duda un aliciente para el mercado de los libros de marxistas, al igual que la posterior creación de organismos como el Departamento Autónomo de Publicidad y Propaganda (DAPP).[20] En ese momento, el escenario parecía abrirse tanto a nivel político, como en lo relacionado con el mercado editorial, e incluso en aspectos relevantes como en el abaratamiento del costo del papel.[21] De hecho, si observamos los planteamientos de Daniel Cosío Villegas, la coyuntura que abordamos estuvo marcada por un proceso de industrialización y profesionalización del ámbito editorial, que significó un salto cualitativo y cuantitativo para el mercado local.[22] *El Machete* insistía en la necesidad de aprovechar este cambio: "[...]el movimiento revolucionario en México está exigiendo fuertes empresas editoriales de izquierda. Muchos esfuerzos de grupo, que carecen de fuerza al manifestarse cada cual por su lado, pueden constituir juntos una verdadera institución de preciosa utilidad para los trabajadores e intelectuales revolucionarios".[23]

Unas páginas más adelante veremos cuál era la "preciosa utilidad" que una editorial podía otorgar a los trabajadores. Pero antes detengámonos en por qué la Librería Navarro puso en marcha su proyecto editorial.

La teoría y la práctica

Desde fines de la década de 1920, Enrique Navarro Orejel, impulsor de la librería que llevaba su apellido, junto a su hermano Daniel, decidieron ampliar el ámbito de su trabajo y comenzar a publicar libros y folletos. Su idea inicial fue retomar algunos textos de marxismo y generar una colección de bajo costo para fortalecer la ideología comunista. Para llevar a cabo esta labor, el librero fundó Ediciones Frente Cultural, con el lema "Teoría y acción para un mundo mejor".[24]

Sin embargo, el escenario que enfrentaba Navarro no era sencillo. Como ya vimos, el Partido Comunista de México actuaba bajo la clandestinidad y las publicaciones que parecían de izquierda eran censuradas; la creación literaria y la teórica marxista se reducían a unos pocos autores; y las editoriales españolas copaban los limitados espacios donde se distribuía este tipo de libros. Pese a ello, Enrique Navarro decidió correr el riesgo y estableció Ediciones Frente Cultural.

Los primeros años de este esfuerzo editorial estuvieron marcados fundamentalmente por la elaboración de un catálogo de obras clásicas del marxismo internacional. Entre ellas encontramos principalmente textos de los considerados "oficialmente" cuatro padres del comunismo (Marx, Engels, Lenin y Stalin), en pequeños folletos de unas 50 páginas, los cuales no costaban más de 25 centavos (Ver Anexo No. 2). Pero pese a la modestia de sus primeras publicaciones y al contexto donde surgió, la editorial logró mantenerse como un negocio rentable, en constante expansión y sin olvidar las tareas militantes. Cuáles fueron los factores que contribuyeron a esta prosperidad; es una de las preguntas que surgen de inmediato, si observamos no sólo lo que se refiere al comunismo, sino que el ámbito del libro en general.[25] En este sentido, conviene preguntarnos por las relaciones entre Ediciones Frente Cultural y su matriz, la Librería Navarro, la cual actuaba como su principal distribuidor. El éxito de ambas iniciativas no sólo fue paralelo, sino que se fortaleció mutuamente. A medida que aumentaban los tirajes de la editorial, se potenciaba también la expansión de la librería a través de México y posteriormente al resto de Latinoamérica. El binomio pequeña librería con pequeña editorial no era una condición extraña para el periodo. Al contrario, dadas las características del mercado del libro, esta situación era no sólo común, sino una herramienta de sobrevivencia. Incluso aquellos pequeños estancos del mercado del Volador poseían sus propias producciones.[26]

Según sus propios impulsores, al surgir, Ediciones Frente Cultural retomó, con unos años de antelación, un concepto que a partir de 1935 estaría prácticamente en la boca de todos los militantes de izquierda. La idea de formar un "frente", que permitiera combatir tanto al imperialismo como al fascismo, se transformó en la principal bandera de los comunistas, socialistas y algunos socialdemócratas. Y mientras este proceso se desarrollaba, la editorial se acercó cada vez más a las políticas del propio Partido Comunista Mexicano; los folletos comenzaron a convertirse en libros.

En el Cuadro No. 1 podemos ver las consignas que utilizó la editorial durante sus primeros 10 años de funcionamiento. Estas comenzaron con una

Cuadro No. 1. Consignas utilizadas por Ediciones Frente Cultural

1928	Difusión de la cultura
1929	Cultura para el pueblo
1930	¡Los trabajadores necesitan tener su literatura!
1931	¡Unid la teoría a la práctica!
1932	¡Por la unidad de todos los trabajadores del mundo!
1933	¡Por la unidad obrera y campesina en México!
1934	¡Contra la reacción y el imperialismo, que son opresión, fachismo y guerra!
1935	¡Contra el fachismo, que es hambre, terror y guerra!
1936	¡Más pan, más tierra, más salario, más cultura y libertad popular!
1937	¡Contra la reacción, el fachismo y el imperialismo, la unidad nacional y la de todos los pueblos!
1938	¡Año de grandes luchas por la libertad, por la cultura y la revolución!

Elaboración propia con base en publicidad de la editorial aparecida en *El Machete*, 1 de mayo de 1938, p. 7.

inofensiva "difusión de la cultura", para concluir con los principales eslóganes impulsados por la Comintern. De hecho, el del 1935 corresponde al título de un libro de Georges Dimitrov que la misma editorial publicó. En ese momento, el búlgaro era el secretario general de la Internacional Comunista y el principal impulsor de la política de frente popular.

Ahora bien, sobre esta lista publicada como inserción, se debe tener en cuenta un *pequeño* detalle. Según Armando Pereira en su *Diccionario de la literatura mexicana*, la Librería Navarro comenzó a funcionar en 1924, en un local de dicho mercado.[27] Una vez que se produjo su desmantelamiento a fines de esa década (para construir lo que hoy es el edificio de la Suprema Corte de Justicia), la librería debió trasladarse a la calle Seminario número 12, al igual que lo hicieron varios de los libreros que tenían sus puestos en el ex Volador.[28] Siguiendo la posible datación de uno de los textos más antiguos que he encontrado, al parecer Ediciones Frente Cultural comenzó a publicar en 1934, aunque sobre ello no hay certeza. Ninguno de los libros y folletos publicados incorporó el año de edición.[29]

Otra variable que atenta contra la idea de que surgió en 1928, es su búsqueda por definirse a sí misma como "frente", en un momento marcado por los años más crudos de la *bolchevización*. El denominado *tercer periodo* se caracterizó precisamente en evitar que los cuadros comunistas se "contaminaran" con prácticas e ideas pequeño-burguesas, por lo que la propuesta de formar "frentes" con amplios sectores de la población fue rechazada.[30] Aunque también es posible una interpretación a contracorriente. La búsqueda de un frente amplio constituía una de las bases de acción de estas organizaciones desde su establecimiento en cada país a principios de la década de 1920.[31] De ese modo, contra la línea emanada desde Moscú, y como sucedió en otras partes de América Latina, la editorial posiblemente retomó un recurso que estaba en el núcleo formativo de los partidos comunistas en el continente. Sólo pudo manifestar su concordancia con las prácticas militantes y su negativa a aceptar la directriz soviética, gracias a su posición autónoma respecto de las estructuras partidistas. Por supuesto, la relación editorial-partido fue negociada permanentemente y con el transcurso del tiempo pasó por distintas etapas, desde una mayor cercanía durante los años 1936-1937, hasta un distanciamiento progresivo a partir de ese momento.

Por estos motivos, tanto la lista como los posibles relatos posteriores se deben tomar con distancia, especialmente en un ámbito que suele reconstruir su pasado a modo. Al igual que en el caso de las autobiografías personales, la adecuación de la trayectoria y las experiencias a un relato homogéneo y sin ambigüedades afecta a este tipo de empresas.

De todas maneras, sin importar cuándo exactamente fueron, desde sus orígenes esta empresa, según las palabras del editor, se propuso "...la publicación de las más valiosas obras teóricas y de experiencias internacionales en materia social".[32] Y aunque nunca dejaron de pensar en la publicación de obras de autores mexicanos, esto quedó incumplido durante el periodo en el que funcionó este proyecto editorial.

El texto donde se destacaba a Ediciones Frente Cultural, "Por la educación marxista de las masas. Las editoriales revolucionarias", aparecido en *El Machete*, el 11 de agosto de 1935, no puede considerarse casual. Fue precisamente un modo de presionar a la editorial, proponiéndole públicamente un programa de trabajo. En este escenario el PCM, a la luz de los cambios en el mundo editorial de la izquierda mexicana, *invitó* a los distintos actores del mercado del libro a fortalecer sus propias iniciativas.

A finales de ese mismo año, la directriz fue más evidente y provino desde el Comité Central del Partido, el cual estableció que: "Debe ampliarse la labor editorial, organizando la distribución de literatura en gran escala entre los trabajadores sin partido. Junto a las obras clásicas de Marx, Engels, Lenin, Stalin hay que editar materiales sobre la Revolución China, trabajos de los dirigentes del Partido sobre los problemas del país, las tareas del Partido y del Frente Popular, etc.".[33] Por supuesto, como veremos en el próximo capítulo, esto ya fue el germen de su propia empresa, Editorial Popular, fundada en 1937. Aunque la Librería Navarro también hizo suyos estos preceptos partidistas.

En el ámbito del funcionamiento, lo que primero que debemos destacar es la estrategia agresiva en términos de comercialización que siguió la Librería Navarro, mientras la editorial ofrecía novedades cada semana, descuentos por compras en lote, ofertas especiales a distribuidores, catálogos generales, boletines mensuales, envíos desde un peso en adelante. Además, se esforzaba por crear una red de distribuidores en cada municipio o lugar de trabajo, sin importar lo pequeño que fuera. En 1936 decía tener más de 500 libros distintos sobre cuestiones sindicales, agrarias, pedagógicas y sobre el socialismo en general. E incluso al año siguiente llegó a afirmar que había vendido más de un millón de ejemplares[34], una cifra nada despreciable para una pequeña editorial orientada hacia el marxismo.

En esta estrategia comercial, una parte importante fue la difusión de publicidad no sólo en las contratapas de los propios folletos, sino también en *El Machete*, en otros periódicos, e incluso en contratapas de libros de otras editoriales. En sus avisos solía reproducir miniaturas de las portadas, publicando el precio de cada ejemplar, y los descuentos en caso de comprar en lote. Al analizar este avisaje podemos ver la rapidez con la que aumentaron las publicaciones de la editorial. Sus primeros diseños incluían apenas cinco miniportadas, hacia 1935 ya encontramos 16, mientras que en 1937 se ilustran 27 ejemplares, entre libros y folletos.

El orden de aparición de las publicaciones es difícil de trazar, y mucho más aún saber cuántas ediciones de cada una llegaron a hacerse. Esto parece precisamente ser algo deliberado. La publicidad de cada nueva edición ayuda un poco y las reseñas críticas aparecidas en algún periódico o revista son otra alternativa. Sin embargo, el margen de error todavía es muy grande para presentar con certeza una lista ordenada de publicaciones.[35] Esta problemática

Imagen 4
Contraportada
de Adoratsky,
V., *La dialéctica
materialista*,
México: Ediciones
Frente Cultural,
1938.

continúa incluso más allá del periodo en cuestión. Por ejemplo, el texto de Boris Voline y Sergei Ingulov, *Etapas históricas del bolchevismo, 1883-1934*, fue reeditado a principios de la década de 1950.[36] Podemos reconocer esto por estar inserto en la colección Biblioteca de Cultura Integral, que data de esas fechas. Sin embargo, una reseña de *The Hispanic Historical American Review*, lo sitúa en 1938, con un costo de 50 centavos.[37] En este caso, la revista estadounidense nos ayuda a datar el folleto, sin embargo, en la mayoría de los textos no corremos con la misma suerte.

Ahora bien, otro problema que encontramos en su producción es la calidad de sus folletos. Esto ya lo había advertido *El Machete* desde 1935: "La forma misma de la propaganda de esta editora tiene el carácter apropiado con que se deben presentar tales obras. Sin embargo, no podemos manifestarnos completamente satisfechos en lo que se refiere al acabado de sus ediciones y a su constancia, estorbada según creemos por dificultades de orden técnico".[38] Las versiones consultadas en la actualidad, o sea, aquellas que se han conservado por casi 80 años en las bibliotecas mexicanas, dan cuenta de la fragilidad de sus tapas, de los errores de encuadernación, e incluso algunas se mantienen intonsas, evidenciando que su conservación se debe precisamente a que aún no han sido leídas por completo.

Uno de los momentos clave que podemos observar en la historia de la editorial es el año 1937. En ese lapso no sólo llegó a declarar que había publicado más de un millón de ejemplares sobre cuestiones sociales. Además, en dicha fecha ya habían aparecido dos series distintas (la colección de folletos y la de libros) y con el texto de Leontiev, *Economía política (curso para principiantes)* y una edición propia del *Anti-Dühring*, se iniciaba otra etapa, esta vez de mayor volumen, denominada Colección Nueva Cultura. Ese mismo año, una nota de los editores en el libro de Leontiev, no sólo señalaba la importancia del texto para México, sino, reflejando los nuevos límites de distribución de la Librería Navarro, hacía un llamado a los obreros de Guatemala, El Salvador, Nicaragua y Cuba, para que utilizaran los conocimientos presentes en sus publicaciones en contra del imperialismo. Otros llamados posteriores se extendieron a toda América Latina.

También a partir de 1937, Ediciones Frente Cultural recogió el desafío técnico y comenzó a mejorar la producción de sus textos. El principal reto fue incrementar el número de páginas de las obras producidas. De ese modo, desde folletos de 50 a 60 páginas, pasó a publicar libros de más de 300. El primer paso en esta dirección fue reunir dos o tres folletos sueltos y mandarlos al mercado como un solo volumen. Por supuesto, esto envolvió algunos problemas de orden técnico, cuando los editores se dieron cuenta de que los textos ofrecidos debían incrementar su valor, pero en la publicidad seguían apareciendo mensajes con el precio desactualizado. La solución fue incorporar en los nuevos libros advertencias sobre el cambio de precios. De hecho, en una nota aclaratoria del clásico *Origen de la familia, de la propiedad privada y del Estado*, explicaban que el libro había aumentado sus páginas en 50 por ciento. Sin embargo, el precio sólo había subido 20 por ciento, o sea de 2,5 pesos a 3.[39] La nota continuaba explicando que lo mismo había pasado con otros libros. La presencia de la publicidad, con los precios impresos y con ofertas por mayoreo, sumado a la ausencia de una fecha determinada de publicación, hacía inevitable que los compradores no cayeran en la confusión al momento de pagar por algún ejemplar. Este no fue el único problema que generó la publicidad permanente del catálogo en las contraportadas, pero sobre ello hablaremos más adelante.

Las necesidades formativas

La idea de Lenin sobre la importancia del periódico y los medios de comunicación en la dinámica organizativa de partido nutrió de contenido las propuestas de los comunistas mexicanos desde principios de la década de 1920. *El Machete*, creado en 1924, se esmeraba permanentemente en recordarlo: "Es muy importante la venta de literatura y prensa (libros, folletos, periódicos, revistas). La literatura es indispensable, no sólo para la educación de los miembros, sino para la educación de las masas sin partido".[40] Incluso, recurría a ejemplos concretos donde la lectura y la discusión de temáticas marxistas habían dado paso a colectividades sindicales organizadas, como fue el caso del Grupo de Estudios Sociales formado en 1927, el cual a su vez fue clave en el establecimiento de la Confederación de Transportes y Comunicaciones.

Por supuesto, las necesidades formativas no se limitaban a los militantes de base, sino que era un problema profundo que afectaba a toda la estructura partidista. No faltaron las propuestas para organizar mecanismos, conferencias, lecturas, disertaciones, que permitieran educar incluso a los miembros del Comité Central. Este era un tema sensible, pues cada vez que un encargado de la Internacional arribaba a México, lo primero que hacía era criticar las medidas poco ortodoxas que se habían tomado. Esto obedecía lisa y llanamente a que las capas dirigenciales de PCM, salvo excepciones, estaban escasamente inmersas en la teoría marxista. La dependencia de otros partidos de la región o de organismos de la Internacional, como la Liga Antiimperialista o el Socorro Rojo, fue diplomáticamente cuestionada, cuando se planteó la necesidad de mayor formación del Comité Central "...para poner a la dirección nacional del Partido en condiciones de orientarse y encontrar el camino por su propio esfuerzo en situaciones complicadas".[41]

Pero exactamente qué tipo de formación es la que se pretendía para los cuadros y los militantes comunistas. Si continuamos con el texto recién citado, el Comité Central enfatizaba la necesidad de comprender la Historia de México, pero principalmente la Historia de la Revolución y en específico, cómo la coyuntura cardenista había abrevado en ella. Estas temáticas eran relativamente difíciles de resolver si las comparamos con el acceso de los militantes a la teoría marxista, que podía llegar de España, Nueva York, Argentina, Uru-

guay o incluso de Chile (gracias a la Editorial Ercilla y después a Antares). La
capacidad de producción técnica no era el problema, sino la carencia de una
literatura al respecto elaborada desde una perspectiva política coherente con
las búsquedas comunistas.

Pero incluso, entre los textos teóricos las falencias eran notables. En otro
artículo de *El Machete*, los requerimientos al respecto se hacían explícitos.
Fundamentalmente destinadas a los intelectuales y estudiantes, se necesitaban
obras primordiales del marxismo, como *El materialismo histórico* de Bujarin[42],
además de los libros de Lenin y Stalin que se refirieran en particular a los problemas de la táctica y de la estrategia revolucionaria. También se debían difundir obras y documentos de la Internacional Comunista, así como aquellos
textos relevantes de los intelectuales revolucionarios o progresistas. Al final
de la lista, quedaba la elaboración de libros y panfletos sobre el México contemporáneo. "El problema agrario —exponía *El Machete*— debe ser puesto
al desnudo por escritores mexicanos marxistas. La revolución mexicana debe
ser materia de un balance detenido y completo. Monografías sobre cómo se
prepara México para la guerra deben aparecer. Al mismo tiempo debe darse
atención a las manifestaciones de la novela, del cuento, de la poesía y de la
crítica literaria y artística revolucionarios".[43] En resumen, podríamos considerar *relativamente* certeras las palabras que Manuel Caballero le dedica a
este tema: los militantes marxistas tenían acceso a una biblioteca reducida y
regulada por la ortodoxia.[44]

Sin duda, los esfuerzos formativos del PCM se subordinaban a las directrices de la Internacional Comunista. Sin embargo, al analizar el carácter
educativo de las publicaciones emprendidas por las editoriales de la órbita
comunista, nuevamente no podemos estar de acuerdo por completo con la
aseveración de Manuel Caballero y necesitamos introducir una serie de matices para comprender la singularidad de la cultura impresa de izquierda que
impulsaron.

Para ejemplificar esta situación, veamos una encuesta anunciada por Ediciones Frente Cultural en las páginas de *El Machete*. En octubre de 1935, esta
editorial había publicado el folleto de Dimitrof, *La unidad de la clase obrera
en la lucha contra el fascismo*, y el 10 de diciembre de ese mismo año, decidió
lanzar la "Encuesta Dimitrof".[45] Este cuestionario, destinado a obreros, campesinos y a todo el conglomerado de trabajadores manuales e intelectuales[46],
consistió en doce preguntas que medían el nivel de conocimientos sobre marxismo y materialismo histórico. Sin embargo, la mayor parte de las preguntas

enfatizaba en la capacidad de los interesados para aplicar dichas nociones a la realidad mexicana. Algunas de sus preguntas se referían a las condiciones de México como país oprimido, en otras se inquiría directamente sobre quiénes generaban la mala situación de los trabajadores mexicanos y cuáles serían las soluciones posibles. También se enfrentaban temas sumamente actuales como la carestía de algunos artículos y servicios públicos de primera necesidad; o la conformación del frente único o popular.[47] En definitiva, el análisis coyuntural era el punto medular de la encuesta y en este sentido podemos percibir que lo que se buscaba era generar lecturas compartidas de la realidad mexicana y no la simple mecanización de los conocimientos adquiridos sobre la teoría marxista. "Las contestaciones —explicaba la convocatoria— deberán tener la amplitud que considere necesaria el participante, pero no se tomarán en cuenta las que a juicio de la administración sean copias integras o formuladas según un machote".[48] De ese modo, se exigía a los participantes que desplegaran una evaluación propia y no copiaran lo que decía *El Machete* o las publicaciones de la propia editorial.[49]

En el ámbito de los incentivos, todos los que respondieran la encuesta recibirían una copia del libro de Dimitrof y las diez mejores respuestas, que provinieran de la discusión interna de alguna organización obrera o campesina, obtendrían una biblioteca completa sobre cuestiones sociales. La evaluación de los trabajos presentados se llevaría a cabo por la Sociedad de Alumnos Henri Barbusse, compuesta de obreros y estudiantes de economía y ciencias sociales y por tres profesores de la materia en cuestión. Finalmente, si algunas de las respuestas lo ameritasen la administración de la editorial se comprometía a publicarlas en un folleto.

No sabemos hasta qué punto el llamado de la editorial fue acogido por los lectores. Nunca se publicó un texto con las respuestas, ni se anunció la entrega del premio. Sin embargo, es importante destacar este recurso tanto educativo como propagandístico, retomado evidentemente de otros medios de comunicación del periodo. En este caso particular, el énfasis formativo no podía disociarse de las lecturas e interpretaciones que estaban realizando los simpatizantes y militantes de una izquierda en rearticulación. Del mismo modo, la encuesta también desempeñaba una función trascendental al momento de elegir cuáles eran los límites formativos y cuáles las necesidades más urgentes.

Desde otra arista del plano educativo, los directores de Ediciones Frente Cultural regularmente insertaron en sus textos, especialmente en los que constituían cursos o introducciones, cuestionarios al final de cada capítulo,

con el objetivo de que los lectores pudieran repasar los conocimientos adquiridos y llegar a sus propias conclusiones sobre determinado problema.[50] En
otros casos, el carácter pedagógico fue un elemento central en la composición
misma de las obras, y nuevamente, no fue necesariamente una respuesta mecánica a los requerimientos soviéticos estalinistas. En más de alguna ocasión
Ediciones Frente Cultural, reconoció que habían optado por alguna obra debido a las demandas del público lector. En el proceso particular de *Economía
política (curso para principiantes)* de Leontiev, "[l]os directores[...] se han determinado por la obra de Leontiev, tras una serie de consultas con los más
diversos sectores de obreros, de campesinos, de maestros, etc., así como entre
los jóvenes y progresistas profesores de Economía, de Sociología y Ciencias
Sociales en general".[51] En este caso, la estrategia comercial y política había
sido cuidadosamente desplegada para elegir un texto que cumpliera con los
requerimientos no sólo de la militancia, sino de educadores y académicos. La
misma editorial reconocía que este complejo proceso de consulta y análisis de
mercado, le había llevado más de dos años.

De ese modo, todas las acciones, encuestas, auto evaluaciones, diseño del
catálogo editorial, si bien tenían objetivos claros y puntales establecidos por
los organismos políticos e incluso por las mismas editoriales, también podemos observar que las necesidades formativas se definían a partir de la relación
entre todos los actores del mundo de la cultura impresa, a modo de diálogo y
no como imposición.

Selección de las obras

Ahora profundicemos en lo que se refiere a la selección de las obras a publicar.
Según los propios editores, este proceso se apegó a cinco factores relevantes.
En primer lugar, era importante que el texto llenara un vacío bibliográfico en
su respectiva temática. Esta carencia se refería, la mayor parte del tiempo, a
obras que no se conocían en castellano, o cuyas traducciones eran difíciles de
conseguir.

Un segundo criterio era la calidad de los textos y el reconocimiento del
autor, sin importar que su adscripción política estuviera un tanto fuera de
los márgenes del estalinismo imperante. Aunque esta flexibilidad se reducía
a aquellos autores que utilizaran el método dialéctico y el materialismo histórico. Los editores concebían que una buena investigación sólo podía obte-
nerse mediante dicha apuesta teórica. Por esto, por ejemplo, pudieron incluir

en su catálogo una obra del "renegado" Kautsky, pese a su conflictiva relación con los próceres del marxismo leninismo.

Un tercer elemento que ayudó a elegir qué publicar, fue la oportunidad política. Se trataba de difundir textos que colaboraran con las fuerzas comunistas, en las coyunturas del periodo. "En México y en los países de Centro y Sud-América, influirá mucho para lograr cimentar una concepción científica, y para el enfocamiento [sic] acertado de este importante capítulo de la sociología y de la cultura general", se puede leer en *Los orígenes de la religión* de Lucién Henry publicado en 1937.[52] Por supuesto, este libro también trataba de entregar argumentos a los actores en medio de un conflicto entre los movimientos sociales de izquierda y los grupos clericales organizados.[53]

Quizás fue la instauración del frente popular antiimperialista, idea que en parte daba el nombre a la editorial, la coyuntura que fue explotada con mayor intensidad. En febrero de 1935 había comenzado la búsqueda de establecer esta instancia, bajo la propuesta de que más allá de "[...] las discrepancias ideológicas y doctrinarias que haya entre las diversas organizaciones obreras, campesinas, estudiantiles, de empleados, intelectuales, etc., un objetivo inmediato y común debe unirlas".[54] Al menos cinco de los textos de EFC, apuntaron directamente a la necesidad de conformar un frente único en contra del imperialismo, e incluso, se anexaron declaraciones al respecto en algunos libros que se referían a otras problemáticas. Esto indudablemente apuntaló el éxito empresarial que tuvo Ediciones Frente Cultural durante el periodo 1936-1939.[55]

Un cuarto criterio para la selección de determinadas obras fue la demanda de los propios lectores, la cual, como ya vimos, podía ser el resultado de una consulta amplia a las bases partidistas o simpatizantes de izquierda, o el requerimiento de algún grupo de estudiantes o académicos. Entre las justificaciones que publicó la editorial, podemos observar que muchas veces las peticiones por algún texto particular podían provenir de un público difuso, "de millares y millares de lectores"; o en otras ocasiones, de un grupo selecto de autoridades en la materia. Lo relevante es que provenían de un diálogo entre la empresa y sus lectores.

Finalmente, y a modo de declaración de principios, los editores enfatizaban que sus obras eran elegidas entre aquellas que sin egoísmos partidistas, pudieran impulsar el progreso de "...las grandes colectividades y de la sociedad en su conjunto, que es a quien destinamos nuestras publicaciones".[56]

La selección por supuesto siguió los cauces del desarrollo político. Sin embargo, en muchos casos, EFC no se cuidó de actualizar sus publicaciones según las dinámicas estratégicas del PCM. Cuando en 1935 el Partido dejó decididamente atrás la etapa conocida como el Tercer Periodo, la editorial mantuvo en su publicidad los textos teóricos que sustentaba esta posición. Así, un autor clásico de esta estrategia como Alexander Losovsky, y sus textos *De la huelga a la toma del poder* y *Problemas del movimiento sindical internacional*, continuaron ofreciéndose en la nueva coyuntura política.[57] En este caso, el problema era descontinuar textos que habían tenido una profusa difusión en América Latina y que generaban ganancias constantes para sus editores. Por ejemplo, la primera edición que he encontrado de *De la huelga general a la toma del poder*, es de la Confederación Sindical Latinoamericana en 1930. La editorial Claridad también lo sacó a la venta; de igual modo, El trabajador Latinoamericano, en Uruguay, hizo una nueva versión.[58]

La publicidad de las contratapas también sufría los efectos de la necesidad de actualizar el catálogo, ya no por los precios cambiantes, sino por las purgas políticas al interior de la Unión Soviética. Podemos encontrar más de alguna publicidad con vacíos entre las portadas utilizadas, porque el autor antes sacralizado por el estalinismo, se transformaba en un enemigo del socialismo. Cuando en 1937, Bujarin se convirtió en la némesis del estalinismo, la portada de su libro reproducida en la publicidad de la editorial, rápidamente fue suprimida.[59] Esto fue tan veloz que ni siquiera dio tiempo a los diagramadores para poner otra en su lugar.[60]

De todas maneras, a grandes rasgos, la editorial explicaba recurrentemente su predilección por ciertas obras aduciendo que su labor "...no se guía por ninguna idea sectaria; sin que con esto pretendamos simular una falsa imparcialidad".[61]

Los actores tras los libros

Uno de los puntos clave de la editorial y su estrategia comercial fue ofrecer a sus lectores traducciones de los textos más relevantes de la teoría marxista. Si bien el epicentro de la Internacional Comunista para la traducción hacia Hispanoamérica se encontraba en España, y en segundo lugar en Nueva York, algunos de los libros y folletos de EFC fueron las primeras versiones en castellano que circularon en el continente.[62]

La posibilidad de traducir era tan relevante que se podía aprovechar cualquier resquicio que permitiera realizar esta tarea. Por ejemplo, Armen Ohanian, artista y escritora de Armenia, arribada a México en 1934, en lugar de priorizar la publicación de sus propios textos o alguna otra actividad dentro

Imagen 5
Publicidad
Ediciones Frente
Cultural, aparecida
en *El Machete*, 5
de febrero de 1938,
p.13.

de sus multifacéticas habilidades, fue impulsada a ejecutar una serie de traducciones del ruso. Estos trabajos posibilitaron que proyectos incipientes como la Editorial Cimientos e incluso, Ediciones de la LEAR, pudieran ofrecer textos atractivos para sus lectores, al parecer cada vez más interesados.[63]

Entre los traductores de Ediciones Frente Cultural encontramos a una serie de militantes o simpatizantes comunistas, ya sea mexicanos o extranjeros. El reconocido Wenceslao Roces[64] cedió algunos de sus trabajos desde la afamada Editorial Cenit, mientras que Diego Rosado de la Espada hizo la traducción del *Tratado sistemático de filosofía marxista* de M. Shirokov. Este español, arribado a México desde Cuba en 1932[65], también se encargó de *Los orígenes de la religión* de Karl Kautsky; mientras el mexicano J. D. Sobrino Trejo[66] se concentraba en *Etapas históricas del bolchevismo*. Como muy bien señaló el

propio Rosado, la traducción de estos textos teóricos no era un asunto sencillo y exigía que quienes emprendían esta labor realizaran esfuerzos que no
sólo se relacionaban con las formas del lenguaje, sino con el sentido mismo
de los conceptos políticos. Esto era clave, pues enfrentaba desde el plano del
lenguaje la posibilidad misma de generar un proyecto político internacional,
cuya traductibilidad "a todos los proletarios del mundo" era una condición
esencial.[67] Por este motivo, la importancia de la traducción no puede leerse
solamente como la necesidad empresarial frente a la carencia de textos, sino
que debe dotarse del contenido político que corresponde.[68]

En este sentido, podemos ver que los traductores que participaron en Ediciones Frente Cultural aprovecharon su conocimiento del mundo editorial no
sólo para intermediar entre el texto original y sus nuevos lectores mexicanos,
sino que también la mayoría fue un actor más de los espacios políticos. Sobrino
Trejo pasó de la traducción a la autoría para cuestionar el proyecto aprista[69],
mientras Rosado de la Espada utilizaba la tribuna del pasquín y la conferencia
para polemizar con los sectores conservadores.[70] Por su parte, Manuel Díaz Ramírez, quien hizo la traducción de *Economía política. Curso para principiantes*
de Leontiev, fue uno de los miembros más relevantes del PCM, que participó
en la editorial. Díaz Ramírez había sido fundador del partido a principios de
la década de 1920, incluso había viajado a la Unión Soviética como delegado y
según se decía en aquellos años, logró conversar directamente con Lenin sobre
algunos problemas mexicanos particulares. Pero aún más importante para el
funcionamiento de la propia editorial, a finales de la década de 1930, Díaz Ramírez mantenía vínculos con los principales editores ligados a la Internacional
Comunista, tanto en España y Estados Unidos como en Francia.

Menos conocido en aquel entonces, pero quizás uno de los traductores
más relevantes del ámbito editorial de las izquierdas mexicanas, fue Pedro
Geoffroy Rivas, quien se dio la tarea de trasladar al castellano *Los orígenes de
la religión* de Lucién Henry, publicado en 1937.[71] Este exiliado salvadoreño,
mientras trabajaba en este libro, también realizaba su tesis de Derecho en la
Universidad Nacional Autónoma de México y se dedicaba a escribir poesía,
por la cual sería conocido posteriormente.[72]

Ahora bien, más allá de los conflictos que le generó su percepción poética
del marxismo, Geoffroy Rivas tradujo al menos cinco libros importantes de la
teoría marxista entre 1935 y 1939. El primero de ellos correspondió a *El materialismo histórico* de Jean Baby, publicado por Ediciones de la Lear en 1935.[73]
De este libro, el líder del PCM, Gastón Lafarga expuso en su sección de crí-

Imagen 6
Portada V.
Adoratsky,
*La dialéctica
materialista*,
México: Ediciones
Frente Cultural,
1938.

tica bibliográfica de *El Machete*, que: "La traducción es limpia y precisa. El folleto puede ser difundido entre los profesores y alumnos de la Historia, que quieren aplicar el método del materialismo histórico en la interpretación de la evolución de la humanidad".[74] Además, felicitaba al traductor por sus amplios conocimientos sobre el marxismo. Desde otra perspectiva este libro además ha sido destacado como un ejemplo del vanguardismo tipográfico dado, entre otros elementos, por el uso del tipo Kabel en su portada. Este diseño gráfico vanguardista también lo encontramos en *La dialéctica materialista* de Adoratsky (Ver Imagen No. 6) y en *El ABC de Comunismo* de Bujarin, editados en el mismo periodo por Ediciones Frente Cultural. A juicio de Marina Garone, estas opciones tipográficas "[...] estaban directamente vinculadas con el impacto visual de los temas políticos y sociales que se busca representar".[75]

El segundo texto traducido por Geoffroy Rivas fue el ya mencionado *Los orígenes de religión*. En este caso, el idioma original era el francés, y el resultado final fue revisado por J. D. Sobrino Trejo, a quien se consideraba un "antiguo y competente colaborador" de la editorial. Esta información aparece a la segunda hoja del libro, otorgándole autoridad al revisor, pero también destacando el carácter colectivo de la obra. En este texto Geoffroy Rivas vertió sus conocimientos de marxismo obtenidos mientras hacía su tesis de licenciatura, la cual consistió en un análisis del *Origen de la familia, de la propiedad privada y del Estado* de Friedrich Engels. Aunque si seguimos a su biógrafo Rafael Lara Martínez, podemos percibir que la lectura marxista que realizó este traductor estuvo más cerca de la poesía y del irracionalismo, que de un acercamiento científico.[76] Esto es relevante pues nos permite acceder a otra manera de observar el debate establecido entre Vicente Lombardo Toledano y Antonio Caso sobre el marxismo a mediados de esta década y comprender que la tensión que se dio entre ellos por los usos del materialismo dialéctico, formó parte del ambiente académico e intelectual en un sentido mucho más amplio.[77]

En 1938, para la Editorial Masas,[78] el salvadoreño tradujo *Sobre la literatura y el arte*, una selección de textos de Marx y Engels, realizada por el francés Jean Freville.[79] Esta editorial, vinculada al comunismo, lanzó en este periodo la colección Los grandes textos del marxismo, y estuvo relacionada estrechamente con integrantes de la LEAR, especialmente con el cubano Juan Marinello. Funcionó en Gante 15 y surgió de la librería homónima, ofertaba libros de Mario Pavón Flores, Nicolás Guillén, Lázaro Cárdenas o Upton Sinclair. Posteriormente este título se añadirá a la Colección España, comercializada por Editorial Popular.

Ahora bien, Geoffroy Rivas realizó trabajos de traducción para la Editorial América, anteriormente conocida como Ediciones del Centro de Estudios para Obreros. Entre 1938 y 1939 se dedicó, entre otros, a los libros *Karl Marx: el hombre y la obra. Del hegelianismo al materialismo histórico, (1818-1845)*, de August Cornu[80] y *Los socialistas y la guerra* de V. I. Lenin.[81]. Esta nueva fuente laboral llama la atención, pues Editorial América pertenecía a Rodrigo García Treviño, quien era integrante de la Confederación de Trabajadores de México (CTM) y fue colaborador de la revista *Futuro,* ambas instancias vinculadas a Vicente Lombardo Toledano.[82] Además, en estos años se encontraba fuertemente relacionado a los apristas peruanos y cubanos residentes en México, a quienes les abrió su empresa para que publicaran su propaganda y sus libros. Y aún peor para sus relaciones con el PCM, una vez que Trotsky arribó a México, adhirió a sus ideas y puso la editorial a su servicio (ver capítulo VI, donde se profundizará en este tema). Pese a ello, no hay rastros de problemas entre Pedro Geoffroy Rivas y sus antiguos socios al mando de Ediciones Frente Cultural.[83] Al contrario, las relaciones entre esta última y Editorial América parecen haber seguido carriles muy distintos a los que mantuvieron sus organismos políticos inspiradores. De hecho, EFC publicó en 1939 el texto de Lenin, *La guerra y la humanidad*, el cual incluyó fragmentos de la traducción del salvadoreño. En una nota los editores reconocían que: "La versión de este importante trabajo, es la misma que la publicada por EDITORIAL AMÉRICA de México a quien agradecemos su autorización".[84]

Con quien Geoffroy Rivas si tuvo problemas y públicamente, fue con un entonces poco conocido y enigmático escritor alemán, B. Traven. El salvadoreño decidió emprender la tarea de traducir al castellano el libro *La rebelión de los colgados*, algo que no agradó al germano.[85] Este proceso no estuvo exento de polémica y podemos aprovechar este debate para comprender qué significaba para estos actores el proceso de traducción. En la introducción de dicho libro, el salvadoreño dialoga con una supuesta carta que envió B. Traven insultado a "alguien" que trató de publicar uno de sus libros sin permiso. Además, en esa misma carta el escritor decía que no creía necesario que su obra se conociera en México. Geoffroy Rivas le responde: "He tratado de imaginarme lo que habría dicho Martín Trinidad [el protagonista] acerca de este Traven—Patrón que se siente robado cuando alguien quiere dar a conocer sus tesoros...".[86] La posibilidad de traducir no era un acto que estuviera sometido a los derechos de propiedad, al contrario, era un deber con la sociedad y la transmisión de la cultura.[87]

Finalmente, este libro fue publicado por una desconocida Editorial Insignia y coincidentemente, distribuido por la Librería Ariel, cuyo dueño era el ya mencionado García Treviño, y que actuaba como casa matriz de la Editorial América.

Pero avancemos un poco más allá en el tema de las traducciones y recordemos el implacable análisis de Islas García mencionado casi al iniciar este capítulo. Este autor, revisando los límites de la propaganda comunista, llega al punto de criticar la incapacidad de sus militantes y dirigentes de generar su propia música, o por lo menos de recuperar la riqueza de la tradición en lo que se refiere a este tipo de manifestaciones culturales. Toda su música es extranjera, plantea Islas García.[88] Y de hecho, si vemos los títulos recopilados en *Cantos revolucionarios* de la Editorial Popular, sólo encontramos una canción compuesta en el país, pero dedicada al cubano "Julio Antonio Mella", cuya letra es de Alfonso Sierra Madrigal y la música de Luis G. Monzón.[89] Sin embargo, hay un detalle que Islas García no alcanzó a percibir. Recuperemos la primera estrofa de *La Internacional* para ver a qué nos referimos:

> Arriba víctimas hambrientas
> arriba, todos a luchar,
> con la justicia proletaria
> nuevo mundo nace ya...[90]

Esta variación de la letra original corresponde a una mexicanización de la versión francesa y era la que se vendía, con su partitura incluida, en hojas sueltas en la Librería Navarro, publicada por Ediciones Frente Cultural.[91] De ese modo, pese a su origen extranjero, los militantes comunistas desplegaron un esfuerzo importante por "traducir" los aparatos culturales a la realidad mexicana. La explicación de este proceso la encontramos en misma la introducción de *Cantos revolucionarios*. Su compilador, José Pomar destaca que: "Dialécticamente, la canción revolucionaria debe estar y está en movimiento, especialmente su texto; no es arma de combate si se conserva estática".[92] En este folleto en particular coincidieron los esfuerzos de la Librería Navarro, Ediciones Frente Cultural y la Editorial Popular, dependiente del Partido Comunista Mexicano.

Aunque en el caso de la música probablemente fueron otros los circuitos y otras las variables que participaron en su difusión. Un texto decomisado por la policía en 1931, en una pequeña localidad de Durango puede darnos luces al respecto (ver Imagen No. 7). La canción creada por Concha Michel se distribuyó sin un gran esfuerzo de las estructuras editoriales del PCM, pese a que era una de las actividades culturales centrales en sus reuniones y en los espacios de socialización.[93]

Las disrupciones

Los límites ideológicos, o más bien, la flexibilidad que como empresa poseía la Librería Navarro, planteó situaciones interesantes al momento de percibir el periodo en cuestión. Mientras los actores se esforzaban en definirse ideológicamente, las publicaciones de la editorial, y especialmente los anaqueles de la librería, presentaban una visión ecléctica y compleja de lo que era la izquierda

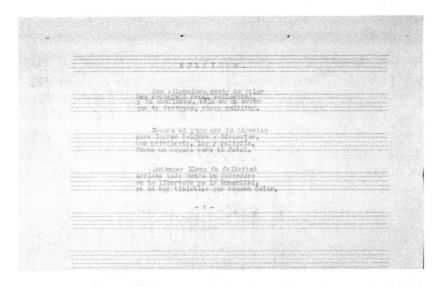

Imagen 7 "Multitud" de Concha Michel en "El C. Presidente municipal de Peñón Blanco, remite alguna documentación que recogió a un individuo comunista", 31 de julio de 1931, en AHD, Sección 6 Serie 6.4, exp. 1455.

mexicana y continental del periodo. Ricardo Melgar Bao ha referido como la
Librería Navarro era "un privilegiado lugar de oferta de literatura política latinoamericana, incluyendo la venta de impresos apristas y antiapristas".[94] Pero
pese a esta apertura, la propuesta de la entidad se inclinaba regularmente por
cuestionar la posición aprista. De hecho, uno de los colaboradores más estrechos de la editorial, J. D. Sobrino Trejo, publicó un folleto repleto de diatribas en contra de los apristas, acusándolos de asociarse con los grupos de clase
media mexicanos, los que en la coyuntura cardenista eran vistos como un
sector opuesto a las medidas progresistas del gobierno. "Sabido es —explica
Sobrino Trejo— que el aprismo, en oposición al citado mandato del Manifiesto, otorga preeminencia en la dirección del movimiento revolucionario, a
los elementos de la clase media. Pero el aprismo no se inspira en los principios
de la revolución social, dígase lo que se quiera".[95]

Desde otra perspectiva, si revisamos la publicidad que salió en *El Machete*
o las contraportadas de los mismos folletos, los textos publicados se presentan de manera homogénea. Casi todos corresponden a traducciones del marxismo clásico o de los principales jerarcas o teóricos de la Unión Soviética.
Una de las pocas excepciones es *Cómo se preparó la huelga en los frigoríficos.*[96]
Este texto de 32 páginas fue la versión de Ediciones Frente Cultural de un folleto editado en Uruguay por la Confederación Sindical Latinoamericana en
1934.[97] En esta adaptación, el nombre del autor fue reemplazado por *Un huelguista*, lo que podría verse como una manera de acercar el texto a los lectores,
pues podía ser cualquiera persona, siempre que cumpliera con los deberes del
buen comunista. El autor original de este texto, José Peter, fue un militante y
dirigente sindical argentino, que participó activamente en una huelga de los
trabajadores de la carne en 1932. Su experiencia sindical fue relatada en este
folleto, del cual hasta ahora no he encontrado ejemplares en las bibliotecas
mexicanas. La única comprobación de su existencia es la pequeña reproducción de su portada que aparece en la publicidad de algunos de los textos lanzados por la editorial.

Pero éste no fue el único folleto que rompió la homogeneidad de las publicaciones. Al menos se pueden mencionar tres que nunca aparecieron en la
publicidad, ni en las contraportadas. El primero es el de Sobrino Trejo que ya
hemos mencionado, y que no cumplió ni con el formato, ni con la tipografía,
ni con las portadas características de las ediciones. El otro texto corresponde
a *Acción de las masas estudiantiles en Centroamérica*, escrito por Rodolfo Jiménez Barrios.[98] El autor era un exiliado salvadoreño muy cercano a Pedro Geo-

ffroy Rivas, quien seguramente aprovechó sus vínculos con la editorial para facilitar el proceso de publicación. En este caso, a diferencia de la mayoría de los textos, la portada no fue dibujada por José G. Cruz, quien solía hacerlo, sino que por un desconocido Abel M. El tamaño del folleto es notoriamente menor, sólo 16 centímetros de alto contra los 20 que solían tener. Estas diferencias, y su ausencia en los catálogos de la propia editorial, se pueden explicar porque su edición fue compartida con la Imprenta Romero, ubicada en la calle Guatemala No. 52. De todas maneras, el contenido calza perfectamente con las intenciones comunicativas de la Librería Navarro. Jiménez Barrios comienza citando a Lenin, realiza un análisis marxista de los acontecimientos políticos que involucraban a El Salvador, critica la función de los intelectuales en los procesos revolucionarios y concluye con un fuerte llamado a la unidad en contra de las dictaduras y el fascismo. En este caso, la voluntad de conjuntar fuerzas se cristalizó en la Acción Revolucionaria Centroamericana (ARCA), la cual convocaba a los estudiantes a movilizarse: "Son los estudiantes, viejos luchadores en la historia de nuestras cinco repúblicas... Son ellos quienes deben intensificar la difusión de la ideología".[99] Si bien el autor no cita alguna de las obras editadas por la Ediciones Frente Cultural, si menciona el texto de Perchick, *Marx, maestro y jefe del proletariado*, editado por Ediciones Europa y América.

Un tercer texto que rompió con las lógicas de la editorial fue precisamente el que sacó a la luz pública la carta que la Delegación del Partido Comunista de México ante el VII Congreso de la Internacional Comunista, dirigió al Comité Central del Partido a raíz de esta reunión. Sin embargo, a diferencia de los casos anteriores en esta ocasión los editores decidieron explicar por qué habían tomado la decisión de publicar un texto que escapaba de su trayectoria empresarial. Uno de los temas relevantes para el proyecto empresarial era que los textos no se enfocaban en temáticas coyunturales, ni específicas, que les significaran perder actualidad. De hecho, esto también podría explicar porque ninguno de los folletos o libros tiene fecha de publicación.

En el caso de este texto, la situación era totalmente distinta. Se trataba de una carta de 1935, que era ampliamente conocida por los militantes, pues *El Machete* ya la había publicado y además el rápido devenir de los acontecimientos políticos la había hecho perder novedad. En ella se anunciaba el cambio de postura del PCM, convocando a la unidad de las fuerzas políticas progresistas, en un frente popular antiimperialista. A mediados de 1936, cuando se publicó el folleto, este debate ya había sido ampliamente superado y el PCM mostraba sin tapujos su apoyo a la política social de Cárdenas. De ese modo, podríamos pensar que la importancia de la publicación podría deberse a un intento por establecer a posterior la paternidad sobre cierto discurso unionista, como parte del juego político entre los distintos actores para ganar las adhesiones del movimiento obrero en vías de politización.[100]

A modo de excusas frente a la disrupción, el folleto iniciaba con las siguientes palabras: "Desde la fundación de EDICIONES FRENTE CULTURAL, nos propusimos cooperar al estudio de la realidad mexicana, en aquellos fenómenos específicos, hasta cierto punto, de la revolución en México; es hasta ahora que tenemos la posibilidad".[101] De ese modo, los editores parecían abrir una nueva etapa en sus publicaciones. La declaración continuaba: "...iniciamos con este volumen la publicación de una serie de monografías y libros, cuya intención y contenido respondan al estudio y esclarecimiento, sino de todos, cuando menos de los más importantes problemas de México".[102] De hecho, hacían un llamado ferviente a los intelectuales y escritores progresistas para que les enviaran borradores, especialmente aquellos que se centraran en la protección de las riquezas del país contra el imperialismo, los que mostraran las condiciones sociales y económicas de las masas pobres mexicanas, e incluso, aquellos que ayudaran en el proceso de reforma agraria. Declaraban que estas temáticas tendrían prioridad en los próximos libros publicados por EFC.

Al principio de la investigación, esta declaración de principios editoriales me sirvió para comenzar a explorar los quiebres en la historia de la editorial. Mi periodización se nutrió de estas aseveraciones. Sin embargo, después de revisar muchos de los textos, en 1936 no existió el tan anunciado giro en el trabajo de esta empresa. Sus publicaciones continuaron siendo traducciones o reediciones de autores clásicos marxistas o de la Unión Soviética. Quizás los únicos cambios relevantes se produjeron como ya vimos en 1937, cuando, dado el éxito que al parecer tenía, la editorial comenzó a poner a la venta libros de más páginas y mejor calidad.

La acción en red y la no dependencia

Llegamos ahora a un punto clave en el funcionamiento de Ediciones Frente Cultural. Me refiero específicamente a que la interacción con distintas editoriales, con otras librerías o agencias comerciales, con el propio Partido e incluso con medios de prensa como *El Machete*, fue la base de acción de la Librería Navarro.

De hecho, el mismo periódico se había encargado de plantear la necesidad de que el trabajo en este ámbito fuera enfrentado de manera coordinada por un grupo de iniciativas o empresas, sólo así podría cumplir a cabalidad sus objetivos políticos. En sus páginas se establecía que: "Una editorial así, consolidada, o dos, o tres, podrían plantearse en firme una labor sistemática, metódica, de gran tamaño. Es necesario partir de los cimientos reales indispensables: el elemento económico y la capacidad política y técnica que se requieren".[103]

Como es evidente, uno de los primeros brazos de la red en la que se insertó la editorial fue el PCM. Hemos graficado la relación que se desarrolló entre el partido y la editorial. De igual modo, a través de algunas situaciones hemos visto como se vinculó con *El Machete*. La relación con la Editorial Popular, creada por PCM en 1937, también fue estrecha, especialmente en los comienzos de esta iniciativa, cuando la Librería Navarro y su editorial actuaron como apoyo y compartieron conocimientos y también publicaciones.[104]

En este aspecto, uno de los espacios más importantes a los que se incorporó Ediciones Frente Cultural fue el desarrollado por la Internacional Comunista. Esto significó un caudal constante de versiones en español de textos marxistas. El núcleo de esta red fue Ediciones Europa y América, fundada en Barcelona en 1926, la cual lanzó al mercado más de 150 libros sobre marxismo. Según Miguel Vázquez Liñan, esta editorial tuvo una situación muy parecida a la que enfrentó su contraparte mexicana, la casi ausencia de autores nacionales, la preeminencia de las traducciones de los grandes líderes soviéticos y la necesidad de hacer tirajes amplios y muy baratos.[105] De hecho, los formatos, la tipografía e incluso su estrategia comercial fueron muy similares. Este mismo autor señala que Ediciones Europa y América adquirió distintas denominaciones en los diferentes lugares donde trabajó: *Editions Sociales Internationales* en París, *International Publishers* en Nueva York, *Ediciones Sociales Internacionales* y *Edicions Socials Internacionals* en Barcelona. Incluso en algunas ocasiones sólo aparece su acrónimo *EDEYA*. Revisando algunos textos de estas editoriales, y teniendo presente la forma de trabajo de la EFC, me parece que la relación entre ambas casas editoras aún requiere un poco más de investigación, pues si bien sus ediciones coinciden, también muestran amplios márgenes de autonomía, frente a lo que podría ser su matriz europea.

En el caso particular EFC, algunos de los textos son muy parecidos a los publicados por Ediciones Europa y América. Sin embargo, su relación se mantuvo en el marco de colaboraciones específicas y siempre estuvieron asociados a relecturas propias. Por ejemplo, en el caso del folleto de Dimitrof, *La unidad de la clase obrera*[106], éste fue retomado exactamente igual, incluyendo el subtítulo ¡Frente popular en todo el mundo! de Ediciones Sociales Internacionales.[107] Sólo hay dos diferencias, la primera es la extensión, pues Ediciones Frente Cultural sólo publicó las primeras 70 páginas de un texto de 143. Y la segunda es el título, la editorial mexicana no utilizó el concepto Frente Popular. De hecho, no editó ningún texto usando esa frase, pues prefería Frente Único.[108] Aunque quizás una razón más simple para el cambio de nombre la podemos encontrar en los anaqueles de la Librería Navarro, pues entre los libros ofertados estaban ambas versiones. Así que la variación del nombre podría ser simplemente una estrategia comercial para evitar repeticiones. Como mecanismo de apropiación visual, la Librería solía poner su propio sello en la carátula de los folletos que no pertenecían a su propia editorial.

La Colección Daniel y una nueva etapa

A mediados de 1939, salió a la venta el libro *Los orígenes de la religión* de Karl Kautsky. En el mensaje de los editores, el cual terminaba abruptamente, se leía: "Hasta aquí, las líneas que nuestra administración encomendara a nuestro compañero DANIEL NAVARRO OREJEL (1897-1939) co-fundador y poderosa columna de esta empresa, en la que tuvo a su cargo el puesto responsable gerente de distribución. La voz de nuestro compañero ha callado para siempre".[109] El texto agregaba que el difunto había dejado sus bienes con la finalidad de que se fortaleciera el trabajo de la editorial, mediante una nueva colección. Esta iniciativa sería denominada Colección Daniel.

Desde ese momento, aparece un nuevo actor firmando las notas de los editores: Mario Nava. Muy pocas publicaciones novedosas sobre marxismo afloraron después de esta fecha. El libro de Lenin sobre la guerra, que inauguró la Colección, fue uno de ellos.[110] En una fecha cercana, pero indeterminada, la empresa optó por hacer un pequeño cambio en su nombre, en lugar de "frente", pasó a llamarse Ediciones Fuente Cultural. Gracias a la tipografía inicial el cambio es apenas notorio.

Con los ejemplares que aún mantenía en su bodega optó por cambiar las portadas a un estilo marcadamente neocolonial, con grecas tradicionalistas, eliminando los montajes militantes y especialmente, borrando el nombre de Stalin. En las portadas aquí reproducidas (Imágenes No. 8 y No. 9), podemos ver dos ejemplares de un mismo texto, pero con el diseño de forros, títulos

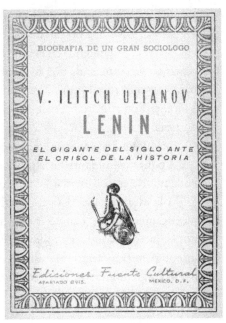

Imagen 8 Portada Lenin por Stalin, Ediciones =Frente Cultural, 1937.

Imagen 9 Portada *Lenin. El gigante del siglo ante el crisol de la historia*, Ediciones Fuente Cultural, 1940.

y autores diferentes. Al abrir el libro, las siguientes páginas son exactamente iguales en ambos casos. Este giro, sin embargo, es materia de otro estudio.

Antes de concluir me parece necesario recordar una de las líneas básicas con las que trabajaba la editorial. Enrique Navarro, reconocía que lanzar una obra al mercado requería una honda meditación, pues era fundamentalmente un acto de responsabilidad y de trascendencia indiscutible. El compromiso con su labor es lo que se ha intentado graficar a lo largo de estas páginas, al igual que se han tratado de buscar los límites que logró abarcar este esfuerzo. Esto no sólo en cuanto al éxito en ventas, sino a la capacidad de articular desde el espacio editorial un proyecto político, cultural y social.

Evidentemente la historia de la editorial es una experiencia particular e irrepetible. Sin embargo, los procesos y problemas que enfrentó nos permiten comprender una serie de situaciones que afectaron no sólo a las empresas similares, sino a la izquierda en su conjunto. Su esfuerzo por traducir el marxismo fue, sin lugar a duda, paralelo a la producción de tesis sobre el tema en las universidades, siguió los debates tanto mexicanos como internacionales y logró desarrollar una propuesta alternativa local. Su auge empresarial estuvo vinculado al crecimiento en la militancia comunista, pero también esa militancia se vio fortalecida por las posibilidades de acceder a textos mexicanos para su propia formación. De ese modo se pudo compaginar su pertenencia a un mercado editorial con su función como herramienta en la circulación de ideas.

Si seguimos los planteamientos de sus directivos y consideramos que 1937 fue el punto culminante de la producción de Ediciones Frente Cultural, no podemos dejar de observar que justo en ese momento surgió en el seno del PCM la idea de lanzar su propia editorial. Esta iniciativa no pretendía, al menos inicialmente, competir con la experimentada empresa de los hermanos Navarro, al contrario, todo parece indicar que buscaba transformarse en un complemento. Este tema, así como algunas otras situaciones vinculadas al nuevo emprendimiento del comunismo mexicano, son precisamente el centro del siguiente capítulo.

CAPÍTULO IV

En busca de la unidad a bajo costo:
Editorial Popular

E N EL PLENO DEL Comité Central del Partido Comunista de México de junio de 1937 se decidió modificar la estrategia que había seguido la organización y buscar la *unidad a toda costa* de las fuerzas progresistas que apoyaban al cardenismo. En esa misma reunión se estableció realizar un esfuerzo especial para fortalecer la propaganda, la difusión y la formación ideológica de los militantes comunistas y del proletariado en su conjunto. Esto se materializó en la creación de la Editorial Popular, que vendería libros y folletos *a bajo costo* con la finalidad de lograr los objetivos políticos propuestos por la dirigencia. El presente capítulo se enfoca en este periodo particular, durante el cual, según los historiadores especializados, el PCM alcanzó su punto de mayor penetración sindical, de más profunda influencia en el gobierno y logró el más alto número de militantes de todo el siglo XX.[1] La política de "unidad a toda costa" fue un momento de esplendor, pero auguraba tiempos difíciles. Releer esta etapa del PCM, a partir de sus prácticas en el ámbito editorial, no sólo puede ayudarnos a comprender la profundidad del desafío que representó el cardenismo para la izquierda marxista, sino también para visualizar la creatividad y el dinamismo que desplegaron algunos militantes y dirigentes en pos de dotar al partido de la teoría para la práctica política.[2]

Por otro lado, durante esta misma etapa la industria editorial mexicana comenzaba procesos de expansión y de profesionalización que le permitieron adquirir mayores niveles de autonomía, incrementar sus tirajes y complejizar sus procesos técnicos, gracias a cambios en el ámbito local y a reestructuraciones en el mercado hispanoamericano.[3] Justo en este momento liminar, las evaluaciones generalizadas de los distintos actores participantes, tanto estatales como privados, coincidían en el pesimismo sobre lo realmente existente y en las posibilidades que se comenzaban a abrir para los productores locales. En diferentes grados, la mayoría de los implicados, editores, escritores, burócratas estatales, estimaban que la industria del libro en México no coincidía con las necesidades concretas del país. De ese modo, en conjunción con las políticas educativas cardenistas, surgieron nuevas iniciativas editoriales, tanto a nivel estatal como privado, que buscaron incrementar, cuantitativa y cualitativamente, la disponibilidad de material impreso.

Pero las condiciones locales no son suficientes para caracterizar los cambios en el mercado del libro. Al contrario, las fluctuaciones en el triángulo, España, México y Argentina, como ya hemos visto, impactan no sólo en estos lugares, sino que en todos los países de la región. En este sentido, la coyuntura abierta por la Guerra Civil Española modificó los flujos comerciales transatlánticos e impulsó a los implicados a reconfigurar sus prácticas. Algunos de los principales actores se desplazaron a Latinoamérica, fortalecieron iniciativas preexistentes o trajeron bajo el brazo nuevas propuestas.[4] El esfuerzo editorial del PCM no fue ajeno a estos cambios. Al contrario, en buena medida abrevó de este nuevo escenario para fortalecer sus actividades editoriales, e incluso en algunos casos para proyectarlas más allá de las fronteras mexicanas. Aunque en este caso, el triángulo debe ser complementado no sólo con las organizaciones internacionales comunistas, sino que especialmente con los impulsos que provinieron de Estados Unidos.

¿Hasta qué punto los procesos que se dieron en los espacios de la edición y en el mundo político partidista lograron converger en las editoriales comunistas? ¿Cuáles fueron los sujetos que permitieron esta conjunción durante el México cardenista? Y aún más importante, ¿cuáles fueron los mecanismos que estos actores pusieron en marcha para mantener o proyectar la relación estrecha entre la palabra impresa y las prácticas de la militancia comunista, pese a los cambios que afectaban tanto a la industria editorial como al PCM? Estos son algunos de los cuestionamientos que busca enfrentar el presente capítulo.

Prácticas y militancias

Uno de los puntos de partida de este libro son las palabras que Gustavo Sorá dedica a la importancia que poseen los seres humanos detrás de los materiales impresos.[5] A su juicio, las prácticas asociadas a la producción y circulación de estos productos no pueden desprenderse de la agencia de los implicados, quienes a su vez se vinculan mediante un cumulo de múltiples ocupaciones en el entramado de las empresas editoriales. Esta relación se sostuvo inicialmente gracias a la intersección de las labores de tipógrafos, publicistas y maestros.[6] En este sentido, podemos argumentar la existencia de una cultura práctica (o artesanal) que precedió a la política programática de los esfuerzos comunistas en este ámbito. La metáfora del andamio que propuso Lenin para explicar la importancia del periódico en el partido bolchevique, debe complementarse con el hecho de que las publicaciones no sólo implicaban dar coherencia política e ideológica a la organización, sino que también le permitieron un sustrato material y de prácticas compartidas.

Pese a la distancia que debemos guardar con la transposición mecánica de los planteamientos del investigador argentino, en México la formación del Partido Comunista nos ofrece algunos ejemplos que permiten explorar esta línea argumentativa. Veamos el caso de los inicios de la penetración del comunismo entre los trabajadores del ferrocarril, uno de los principales gremios asociados al PCM a fines de la década de 1930. Elías Barrios, dirigente de las huelgas ferrocarrileras de 1926-1927, escribió su experiencia en el libro *El escuadrón de hierro*. A su juicio, la politización de los trabajadores comenzó de manera precaria y sin muchas perspectivas. José López, alias el gallina, era el encargado de difundir *El Machete* entre los ferrocarrileros. Pero éstos se burlaban de él y finalmente no lograba vender ninguno y los regalaba. En esta tarea lo acompañaba "el pollo", que no decía nada, sólo se paraba a su lado, lo que abonaba patetismo a la escena. Si la situación parecía complicada para la difusión de los impresos comunistas, también debemos sumar que:

> Por otro lado, andaba Carlos Rendón, con dos muletas, y una pierna, su traje negro, sus patillas hasta abajo de las orejas y su cara afable y simpática, proponiendo folletos que traía en las bolsas de su chaqueta, que se abultaban como sacos de cartero. Rendón, antes de proponer sus folletos discutía con quien quería escucharlo, de orientación revolucionaria, de lucha de clases, de comunismo, de anarquismo, de Rusia, de Mussolini y de cuanto se relacionaba con el momento del mundo. Disputaba agriamente con Emilio Pujol y con cuanto anarquista se le ponía enfrente y cada quien se iba con sus ideas, pero sin comprar folletos, los que Rendón a la postre también regalaba.[7]

Entre los libros que el vendedor promovía se encontraban el *Manifiesto Comunista*, *El ABC del comunismo* de Bujarin y *El Estado y la Revolución* de Lenin. Estos textos eran los pocos disponibles en castellano tanto en México como en América Latina.[8] En esta precariedad, Barrios, López, "el pollo" y Rendón conformaron el escuadrón de militantes que comenzó a politizar a los ferrocarrileros del Distrito Federal. Precisamente estas lecturas fueron las que les permitieron separarse del anarcosindicalismo apartidista que permeaba a sus colegas y proponer que la unidad y la organización era lo que posibilitaría el triunfo de los trabajadores. Pero lo que logró establecer y después fortalecer al grupo fueron sus tareas editoriales. Si comenzaron vendiendo, o tratando de vender, folletos y periódicos, el paso siguiente fue editar su propia revista. Así, comenzó a crecer el pequeño escuadrón hasta transformarse en un conjunto amplio. Y pese a que esto significó nuevas obligaciones, Barrios siguió vinculado a la cultura impresa. Su apreciación al respecto era tajante: "Nuestra historia, nuestras novelas, nuestra poesía, las haremos nosotros mismos a la manera ruda y sencilla con que hemos sido educados por la propia burguesía, que considera las ciencias y las artes como patrimonio exclusivo de los agraciados por la fortuna".[9] Bajo estas premisas, Editorial Popular reeditó *El escuadrón de hierro* en 1938.[10]

Pero incluso algunos militantes que ni siquiera habían accedido a la educación elemental, demostraban un aprecio singular por las actividades relacionadas con la labor editorial. Benita Galeana, quien reconoce en su autobiografía que apenas juntaba las letras, también explica que: "Sentía yo un gran cariño por el filoso [*El Machete*]. Por eso, cuando por primera vez me comisionaron para salir a venderlo, me sentí orgullosa y feliz. Me parecía que el Comité Central me tenía confianza y me había encargado una tarea muy importante".[11] La preocupación por la lectura, en sus múltiples alternativas, fue un tema que el PCM cada vez tuvo más presente al momento de planificar sus acciones.

Otro caso relevante para observar la relación entre esta cultura práctica y el activismo político lo encontramos en las extrañas mismas de *El Machete*. Ignacio León[12], de aprendiz de tipógrafo se transformó en unos pocos años en el jefe de redacción del periódico. En sus palabras, el trabajo artesanal en los talleres de impresión permitía a los operarios reflexionar e imaginarse mundos muy diferentes. En ello radicaban las orientaciones revolucionarias de los tipógrafos, cajistas o linotipistas. Incluso, a su juicio, en este aspecto se asemejaban a otros oficios, como los zapateros o los panaderos. Estas alusiones no eran gratuitas. Su amigo, Enrique Ramírez y Ramírez, dirigente de la juventud comunista, era hijo de un zapatero y Miguel Ángel Velazco, alías el ratón, miembro del Comité Central, descendía de un panadero. León trazaba una

especie de genealogía de la labor editorial, en la cual la cultura práctica artesanal actuaba como la base de los posteriores procesos políticos e ideológicos.
Al respecto señalaba:

> Adoré la composición y muy pronto llegué a ser un buen cajista; aprendí a
> identificar los caracteres tan fácilmente al revés como en la lectura normal,
> y a distinguir instantáneamente tipos de diferentes familias y dimensiones.
> Aprendí a formar, cuidando que los clichés tuvieran exactamente el mismo
> espesor que el resto de la forma. Y finalmente, aprendí a *tirar* en pequeñas
> prensas de mano, de pie o movidas eléctricamente.[13]

El relato no sólo muestra el aprendizaje, sino también cierto desarrollo lineal
que, para este inmigrante francés, llevaba desde la labor editorial hasta el inicio de la militancia profesional. Ambas actividades se convirtieron finalmente
en parte de un mismo proceso.

Por este tipo de situaciones, no fue extraño en momentos de crisis, como la
que atravesó el partido durante el periodo de unidad a toda costa, que las prácticas editoriales se transformaran en una posible solución. Detengámonos en
esto un momento. Los problemas que tenía el PCM según su dirigencia se
debían precisamente a que el aumento exponencial de militantes no había
sido acompañado de un proceso de asimilación de los nuevos integrantes.
Los recién ingresados no entendían lo que significaba militar en el PCM, no
comprendían sus posturas ideológicas, ni se responsabilizaban de su adscripción. Esto desembocaba en la morosidad de las cuotas, en no suscribirse a *El
Machete* o después a *La voz de México*, no saber tomar decisiones de acuerdo
a la línea del partido, no tener conocimientos mínimos del marxismo, utilizar
a la organización sólo como trampolín laboral, no respetar la ética comunista
prestándose para actos de corrupción, entre otros vicios.[14] Una frase aparecida
en *La voz de México* era tajante: "si los compañeros no se capacitan con nuestra literatura, no podrán nunca ser verdaderos comunistas".[15]

Las cifras que nos entrega Barry Carr son reveladoras. En 1934 el PCM
tenía un poco más de un millar de militantes. Para enero de 1937 decía tener
10 mil, mientras que en junio de 1938 había alcanzado 17.756 y en enero de
1939 la cifra bordeaba los 25 mil. Más allá de la siempre posible exageración
por parte de la dirigencia, el historiador nos impulsa a combinar estos datos
con otras variables. En 1939, por ejemplo, sólo estaban inscritas en el PCM, 56
personas que venían militando desde antes de 1928 y apenas 256 que lo hacían
desde el periodo 1929-1935. El partido tenía serios problemas para mantener

en sus filas a los viejos cuadros y peor aún las posibilidades de darle profundidad ideológica e incluso de construir fraternidad entre sus nuevos miembros eran desafíos muy difíciles de cumplir.[16] Los elementos "inconsistentes e inestables" correspondían a lo que se denominaba *carreristas*, o en palabras de Carr, *chambistas*, o sea, personas que entraban al partido con el único objetivo de utilizarlo como trampolín laboral.[17] Así, los vínculos del PCM con las distintas entidades gubernamentales se transformaban en un botín para algunos inescrupulosos.

A partir de estos problemas podemos comprender no sólo la reedición de libros como *El escuadrón de hierro*, sino muchos de los esfuerzos por recuperar las experiencias de los militantes durante la represión callista, especialmente aquellas asociadas al éxito que representó la publicación de *El Machete* ilegal (1929-1934).[18] Dicha etapa se volvió un momento que permitió a los dirigentes explicar a los nuevos reclutas la épica de la militancia. Aunque también fue una herramienta para que los críticos enfatizaran en que el *partido de hierro* se había transformado en una organización de *algodón*.[19] En este aspecto, la recuperación épica de los orígenes del comunismo y del periodo de clandestinidad, marcada por el dogmatismo propio del periodo de bolchevización impulsado por la Internacional Comunista[20], aparecía en tensión con las búsquedas políticas de la unidad a toda costa. Si en el periodo previo se había dicho, ni con Calles ni con Cárdenas, ahora la nueva directriz pro frente popular cardenista era incomprendida por los militantes que habían sido marcados por la represión y el discurso en contra de los *traicioneros* sectores pequeño-burgueses.[21] De ese modo, las intenciones de la dirigencia se orientaban a recuperar el apostolado militante, pero despojándolo del dogmatismo sectario, lo que en muchas ocasiones generó contradicciones y tensiones.[22] De hecho, mientras se recobraba la experiencia de *El Machete*, también se decidía cambiarle el nombre, a uno menos politizado pero con mayores posibilidades de llegar a nuevos lectores, *La voz de México*. Este tipo de situaciones[23], según Barry Carr, fue uno de los principales factores internos para comprender la profunda crisis que afectó al PCM, a principios de la década de 1940.[24]

La justificación de la dirigencia para desplegar estos procesos podemos encontrarla en las propuestas que cimentaron la unidad a toda costa.

Primero, la forma y tono de nuestra crítica. A pesar de los numerosos acuerdos del Buró Político, no hay un cambio apreciable en la manera cómo abordamos la crítica de los errores cometidos por los dirigentes que no opinan como nosotros. No hay más que releer un artículo cualquiera del compañero Campa en *El Machete* o recordar mi discurso del Primero de Mayo, en el que llamé cariñosamente a Lombardo "abogado tramposo", para comprobar la forma hostil y hasta intemperante de nuestra crítica.[25]

La autocrítica de Laborde vinculaba las limitaciones de las estrategias políticas directamente con sus formas de presentarse en el espacio público, ya fuera a través de conferencias y discursos o mediante el uso de impresos.

Debido a esta importancia fue que las páginas de *El Machete* y después de *La voz de México* se llenaron de listas, nombres e incluso fotografías de los agentes destacados y además se enfatizaba en las dificultades que tenían algunos vendedores que aún enfrentaban la violencia en algunos estados. De igual modo, prácticamente no hay número de estos periódicos que no dé cuenta de las expulsiones de militantes que faltaban a sus deberes partidistas o peor, aquellos que eran inescrupulosos e indisciplinados. Estos cuestionamientos podían también ser colectivos, como cuando la Editorial Popular llamó la atención de los Comités Regionales que ni siquiera habían recogido del correo el primero de sus libros, *Unidad a toda costa*. Tampico, Guanajuato, Toluca, Durango, Puerto México, Puerto de Veracruz, Cuernavaca y Uruapan, habían incurrido en esta irresponsabilidad.

Para contrarrestar estos problemas, la recuperación de militancias épicas vinculadas a la edición incluso podía superar los límites del propio partido y entroncarse con otros procesos revolucionarios. Éste fue el caso de la historia de Enrique Villarreal, un mecánico que había participado en el Partido Liberal Mexicano y su periódico *Regeneración*, y que treinta años después aún se mantenía en la lucha colaborando con la mantención de la imprenta de *El Machete*. "Villarreal no se contentó con sus conocimientos de cajista y sus rudimentos de mecánica. Sus horas libres las dedicaba al estudio y en poco tiempo adquirió valiosos conocimientos [...] El linotipo, mecanismo complicado, es un juguete en sus manos"[26], explicaba una nota del periódico comunista. La administración de *El Machete* estaba muy agradecida con el magonista, ya que había logrado que el linotipo del periódico funcionara con matrices standard y no con las especificadas por el fabricante, mucho más caras. Esto se asociaba a otra característica que el PCM buscaba en sus nuevos militantes: la capacidad de resolver de manera creativa los problemas que se les presentaban.[27]

Ahora bien, si las prácticas editoriales fueron un mecanismo importante

para avanzar en los objetivos del partido, las evaluaciones que se hicieron sobre los avances en esta materia fueron por lo general pesimistas.[28] La dirigencia regularmente retomaba este tema y expresaba su descontento con la situación y disponía nuevas medidas en pos de mejorar la producción de impresos,
la difusión de materiales y la recuperación del dinero que se invertía en ellos.
José Revueltas recuerda que hasta mediados de la década de 1930: "El partido
siempre fue muy atrasado ideológicamente y desde el punto de vista teórico;
había muy pocas publicaciones, teníamos que leer los materiales inclusive escritos a máquina. Yo leí *El materialismo histórico* de Bujarin en una copia mecanografiada: nos la pasábamos de mano en mano y además sin seguridad de
que fuera una buena traducción".[29]

Los problemas no sólo impactaban en la formación ideológica, como menciona el escritor, sino que en muchas ocasiones el funcionamiento orgánico
del PCM se complicaba debido a las carencias en este ámbito. El ejercicio del
centralismo democrático implicaba que los miembros que participaban en
congresos, plenos y otras reuniones, conocieran con anterioridad los informes presentados por los respectivos encargados (Ver Imagen No. 10 con el
esquema de organización del PCM). Estas posturas, idealmente, debían discutirse y enriquecerse por los organismos de base antes de ser presentadas en
los espacios de dirección. De igual modo, la mejor forma de distribuir las resoluciones era su circulación impresa, para que los comités regionales pudieran a su vez llevarlas hasta las células. Así, el proceso de comunicación entre la
base y la dirigencia debía ser fluido para que las decisiones fueran compartidas
e impulsadas de forma colectiva. Las carencias en el ámbito editorial dificul-
taban que este proceso se cumpliera tanto desde la base hacia la dirigencia,
como en el sentido inverso.

De todas maneras, las apreciaciones pesimistas de la dirigencia del PCM,
requieren ser matizadas. Si bien es innegable que las capacidades editoriales
del comunismo mexicano eran limitadas, también encontramos algunos atisbos que muestran ciertos grados de avance.[30] El conocido debate sobre el marxismo y la educación socialista entre algunos de los principales intelectuales
del periodo, que incluso llegó a la radio a mediados de la década de 1930, da
cuenta de lecturas y materiales elaborados por el comunismo. La circulación
de libros y folletos, como vimos en el capítulo anterior, había comenzado a
despegar desde mediados de la década y además se había mantenido una lógica de circulación soterrada muy difícil de pesquisar para los historiadores.
O en palabras de Jorge Fuentes Morúa, hubo una penetración del marxismo

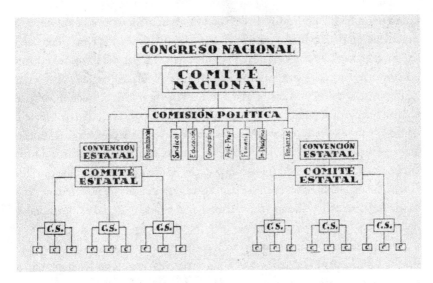

Imagen 10 Organigrama del PCM, difundido en Carrillo, Rafael,
Qué es y cómo funciona el Partido Comunista Mexicano, México:
Editorial Popular, 1939, p. 17.

"[...]surgida de la difusión capilar sostenida largamente por libreros ambulantes, quienes leales a las profundas tradiciones iluministas y anarquistas, paradójicamente diseminaron con celo inigualable, tanto las ideas de los grandes anarquistas rusos, italianos, franceses y españoles, como las de Marx, Engels y Lenin".[31]

Estos ejemplos, más algunos otros, sirven para matizar el pesimismo del PCM, pero de todas maneras es necesario comprender que esta mirada negativa fue su punto de partida para desarrollar un amplio esfuerzo para producir y difundir libros, folletos y otras publicaciones, al alcance del proletariado.

Un nuevo esfuerzo editorial

En junio de 1937, el Pleno del Comité Ejecutivo del PCM, integrado por unos 200 militantes, decidió enfrentar todos estos problemas, quizás con mayor convicción que todas las veces anteriores. La formación de la Editorial Popular fue la más importante de estas nuevas iniciativas.[32] Sin embargo, las búsquedas fueron amplias y demuestran las capacidades creativas que tenían los comunistas. Entre las actividades que se desarrollaron encontramos desde la inserción en los sindicatos de trabajadores vinculados a la edición hasta la organización de concursos para los mejores vendedores, cuyo premio podía ser un viaje a la Unión Soviética. Se establecieron ferias del libro, se crearon ediciones especiales, se impulsaron editoriales paralelas, se organizaron redes de libreros, se tradujeron textos al maya. Para mejorar la distribución se estrecharon relaciones con librerías y agencias en el centro de la ciudad de México, como la ya mencionada Navarro, o las librerías Masas y Cicerón. Buscando ampliar la participación de los lectores y reducir costos, se publicaron libros encuadernables a través de *La voz de México*. Sobre esto se declaraba que "El tiro de entrega semanaria es en sí misma una garantía de que no quedará dentro de poco un solo militante sin aprovechar el citado material en sus trabajos de base".[33]

Todas estas propuestas se insertaron en un proceso de error y prueba, que sirvió al PCM para ver cuáles eran las alternativas que mejor se adaptaban a sus propios requerimientos. A partir de la Editora Lenin, que funcionó en las mismas oficinas de *El Machete*, habían reconocido las posibilidades y los límites que tenía la edición comunista.[34] Este tipo de acumulación de experiencia afectó a todas las áreas editoriales. Por diferentes caminos, se encontraron los mejores métodos de distribución, se aprendió qué preferían leer los militantes, se avanzó en el aprendizaje de los periodistas. "La imprenta del P. está instalada para trabajos comerciales y con la concentración de la propaganda de todas las organizaciones confiamos en conseguir que nuestros trabajos salgan económicos, terminándose con el gasto muerto que antes hacíamos por ese concepto",[35] le escribió A. Enríquez al secretario general del PCM, Hernán Laborde, en un informe sobre los inicios del retorno a la legalidad. La mezcla de trabajos partidistas y productos comerciales en el taller editorial, fue uno de los elementos que permitió que la imprenta sobreviviera y aumentara sostenidamente su capacidad de producción.[36]

Sin embargo, el "gasto muerto" generado por la producción de folletos, libros y otros materiales impresos estuvo en el centro de la discusión, cuando el ya mencionado Ignacio León, el venezolano Salvador de la Plaza y el estadounidense Alexander Trachtenberg, delinearon el funcionamiento de la Editorial Popular. El venezolano había llegado exiliado a principios de 1937, aunque ésta no era su primera vez en el país. Como ya vimos, a mediados de la década anterior, también debió radicarse en México perseguido por la dictadura de Juan Vicente Gómez. En esa ocasión dirigió *El libertador*, órgano de la Liga Antimperialista de las Américas y desempeñó algunas funciones en

El Machete. Esta vez, apenas arribado al país, concentró sus actividades en las labores editoriales del PCM.

Trachtenberg, en cambio, llegó a México como enviado especial del Partido Comunista de Estados Unidos (PCEU), donde se desempeñaba como encargado de cultura. Aunque otra de las labores que realizaba era la de director de International Publishers, la principal casa editorial de la Internacional Comunista en el continente. Esta empresa creada a mediados de la década de 1920 había tenido una función importante en la circulación global del marxismo, realizando traducciones, impulsando filiales o distribuyendo directamente sus publicaciones.[37]

León relata cómo comenzaron a definir las líneas generales de lo que sería la Editorial Popular. Junto a De la Plaza y Trachtenberg convergieron en las labores de propaganda impresa del PCM, pero según las palabras del inmigrante francés, fue el estadounidense con un fuerte acento ruso, quien llevó la pauta de las conversaciones. "Trackty, como le llamábamos, tenía una concepción muy personal y nada tonta de la propaganda; pretendía que la gente solamente lee lo que le cuesta algo y no lo gratuito pues, por definición lo que se regala es porque no vale nada".[38] Otra preocupación de Trachtenberg tenía que ver con los índices de analfabetismo de México, lo que hacía inviable distribuir gratuitamente folletos, pues muchos serían almacenados sin ser nunca leídos, lo que impactaría en la *rentabilidad social* de la empresa. "Este punto de vista típico de un pequeño comerciante de Nueva York no acabó de convencernos a Salvador y a mí, pero para darle satisfacción a Trackty, pusimos un precio puramente nominal e insignificante en la contraportada de nuestras publicaciones".[39] Así, la *unidad a toda costa* no se lograría de manera gratuita, pero si a muy bajo costo. Se establecieron dos precios diferenciados según la cantidad de páginas de las publicaciones, las de 32 costarían 10 centavos y las de 48 se mantendrían en 15.[40] Algunos textos incluso llegaron a costar sólo 5 centavos.

El libro barato había probado en otras partes de Hispanoamérica, ser un mecanismo eficiente para aumentar los niveles de lectura.[41] Aunque las temáticas no se asociaban completamente a los requerimientos de la militancia comunista, se esperaba que los resultados fueran similares. En refuerzo de esta política de libros baratos, el departamento comercial de *El Machete* distribuyó la colección Revista Literaria Novelas y Cuentos, publicada en Madrid por la Editorial Dédalo a muy bajo costo. Estos libros incluían relatos pasionales, de aventuras, de misterio, humorísticos y folletinescos.

Estas directrices fueron planificadas con mucha más meditación que lo expuesto por Ignacio León. En uno de los documentos recuperados por Daniela Spenser en los archivos de la ex Unión Soviética, puede verse que el apoyo del PCEU en este plano había comenzado a ser discutido a principios de 1937. Se estableció directamente que: "Trachtenberg ayudará a la creación de una casa editora junto con el partido, para la publicación de literatura partidista y cercana al partido y junto con Toledano, a la fundación de otra casa editorial más amplia para la publicación de libros de carácter más general".[42]

La colaboración del director de International Publishers con el PCM puede ser corroborada, como hemos visto, por la información disponible. Sin embargo, la relación con una nueva editorial vinculada a Lombardo Toledano, aún está por investigarse.[43] Desde la Universidad Obrera se impulsaron distintas iniciativas, aunque ninguna sostenida en el tiempo. Probablemente esta otra iniciativa que se menciona sería Editorial América, cuyos derroteros analizaremos más adelante. De todas maneras, como ya vimos, la casa editora que cumplió con la función de publicar libros de carácter más general fue Ediciones Frente Cultural. Algo que no se menciona en las instrucciones dadas a Trachtenberg.

Con el correr del tiempo, las evaluaciones se mantuvieron. A principios de 1939, el estadounidense continuaba teniendo una visión "monetaria" sobre el esfuerzo editorial del PCM. Para esa fecha se había publicado un total de doce folletos y a su juicio, "[...] si nos basáramos en los efectivos del Partido, en la cantidad de miembros que tenemos, y en la cantidad de folletos, de literatura, publicados, encontramos que cada miembro del partido ha gastado un centavo mensual en literatura".[44] En promedio, durante el año y medio que llevaba funcionando la editorial, cada militante había distribuido sólo tres y medio folletos. Bajo la mirada pragmática del enviado del PCEU, con ese nivel de gasto y de inversión era imposible que se lograran avances mínimos en el plano de la educación de los miembros del partido y mucho menos en lo que se refería a las masas.

La solución propuesta por Trachtenberg fue, por un lado, realizar una campaña de difusión, que permitiera dar un salto en la cantidad de folletos y libros vendidos. Para ello, se ofrecerían 50 mil ejemplares de *Unidos*, escrito por Hernán Laborde. Este tipo de acciones de alto impacto había logrado ampliar la cantidad de lectores de las publicaciones comunistas en Estados Unidos.[45] Se partía de la idea de que las bases estaban ansiosas de obtener literatura, pero que el problema eran los canales de difusión. Por lo que "[...] nosotros esperamos que en cada uno de los eslabones organizativos del Partido haya personas cuya responsabilidad sea la distribución de literatura únicamente".[46] Esta nueva obligación ya había comenzado a ser exigida a través de las circulares internas de partido y también en las páginas de *La voz de México*. El responsable de literatura no sólo debía organizar la venta del material entre sus compañeros, sino también organizar discusiones sobre este tema en las células, contactarse con la Editorial Popular y formar grupos para distribuir la literatura entre los obreros sin partido, en los sindicatos, las fábricas y las comunidades.[47] Por supuesto, este requerimiento rara vez se cumplió[48], pese a que, "Sin esta red de organismos de Literatura el Partido no podrá distribuir rápidamente las publicaciones, tanto las que se editan en México, como los libros que van a ser encargados a diversas editoriales de Europa y América del Sur".[49]

La segunda propuesta del entonces director de International Publishers fue iniciar una nueva editorial paralela. Esta vez con uno de los nombres que la Internacional Comunista asignaba a sus publicaciones en España, Ediciones Sociales. A diferencia de Editorial Popular, centrada en las necesidades del propio partido (ver Anexo No. 3), la nueva iniciativa se concentró en textos de los autores clásicos del marxismo y en cuestiones políticas amplias.[50] Esta empresa compartía talleres de impresión, canales de distribución, editores e incluso traductores, con Editorial Popular. En la misma fecha se complementó este panorama con la Editorial Morelos creada con el objetivo particular de enfocarse en el tema venezolano y después en novelas y cuentos.[51] Con estos nuevos giros, se proponía poner en circulación 150 títulos de obras marxistas, novelas revolucionarias, textos de economía, sociología, entre otros.[52] Sin duda, la llegada de los exiliados peninsulares, con borradores, traducciones y algunos originales, permitió a Editorial Popular anunciar dicha novedad. Por supuesto, en la historia de la edición siempre se debe asumir la diferencia entre los libros anunciados y aquellos realmente impresos.

A las tres editoriales se agregó la Colección España, que absorbió las obras publicadas por Ediciones de la Sociedad de Amigos de España, Editorial del Frente Popular Español en México, Ediciones Juventud de España, entre otras. Esta serie estaba desvinculada en términos de producción de la casa matriz, de hecho, el esfuerzo en este plano fue precisamente agrupar una serie de libros y folletos que profundizaban en la situación del país europeo. Editorial Popular servía de ese modo como mecanismo de distribución para los temas que le interesaba difundir al PCM.

También debemos sumar las desarrolladas por Ediciones de la Liga de Escritores y Artistas Revolucionarios (LEAR) y Ediciones de la Liga Pro-cultura Alemana en México, todas ellas vinculadas directamente a la militancia comunista. Las relaciones evidenciadas a nivel de paratextos son permanentes, todas se hacen publicidad entre sí y además colaboran en la distribución. Editorial Cimientos anuncia en su libro *La ruta de Gorki es la nuestra*, que su sede de distribución está en la ciudad de México, en Hidalgo 75, despacho 107, donde también estaba instalada la Editorial Popular. Además, el libro se podía comprar en la Librería Navarro, casa matriz de Ediciones Frente Cultural. A contracara de la portada aparece publicidad de esta última, mientras que en la contraportada se difunden los títulos de Editorial Popular.[53]

Esta casa editora operó desde junio de 1937 hasta marzo de 1940, cuando un nuevo giro en el PCM terminó con *la unidad a toda costa*. En sus casi tres años de funcionamiento logró editar unos 65 textos, lo que significa que aparecía una nueva publicación casi cada dos semanas (ver Anexo No. 3). Desde un comienzo se había propuesto "Ofrecer mensualmente al público CUATRO FOLLETOS sobre los sucesos sociales, políticos y económicos —nacionales e internacionales— más importantes del mes"[54]. Finalmente, no cumplió con esta propuesta original y su periodicidad fue irregular, prácticamente la mitad de los impresos salieron a la venta en 1939.[55] De todas maneras, su promedio de más de 20 libros y folletos anuales no tenía antecedentes en el plano de las publicaciones comunistas. Para lograr esta producción distribuían sus trabajos en dos talleres distintos, el de la Unión Cooperativa de Artes Gráficas en la calle Guerrero 274 y el de la Imprenta Comercial ubicada en Cuernavaca 799. El acceso regular a un lugar de impresión era clave para sostener la periodicidad. Esta área industrial todavía mantenía ciertos niveles de inestabilidad que en muchos casos afectaban a las editoriales y podían llevarlas incluso a la quiebra. De hecho, la Cooperativa de Artes Gráficas también imprimió algunas obras del Fondo de Cultura Económica, cuando tuvo problemas con la Imprenta Mundial.[56]

Los precios de cada uno de los libros y folletos salvo excepciones no superaron los 25 centavos y en la mayoría de los casos sólo llegaba a los 10 o incluso a los 5. El tema del costo no era un asunto menor. Al contrario, se asumía que era una cuestión central para permitir que los trabajadores "más pobres" accedieran a la literatura comunista. Su lema era: "Libros y folletos al alcance de las masas trabajadoras".[57] En comparación con Ediciones Frente Cultural, cuyo precio más barato era de 25 centavos, la Editorial Popular logró ofertar sus productos al menor costo del mercado.[58] Aunque declaraba que su competencia no eran las editoriales de izquierda, sino la prensa, los libros y otros medios de comunicaciones utilizados por la derecha mexicana e internacional.[59]

Analizando el catálogo, podemos ver una ausencia de textos teóricos. La presencia de Marx, Engels, Lenin o Stalin se redujo a unos pocos títulos en exigua consonancia con los discursos expresados en torno a la idea de unir la práctica con la teoría. Por el contrario, la mayoría de las publicaciones correspondieron a impresos que buscaban analizar las coyunturas políticas particulares: la reforma agraria, la sucesión presidencial, la política de alianzas, la estrategia antifascista, fueron las principales temáticas abordadas. Un caso aparte son aquellas traducciones recibidas directamente desde la Internacional, que buscaban describir el escenario soviético, poniéndolo como un ejemplo a seguir y a defender. Nuevamente esta situación contradice los esfuerzos dependientes de la Comintern, como Ediciones Europa y América (EDEYA) o Ediciones Sociales Internacionales, las cuales enfatizaban la presencia de los próceres del marxismo o de los propios funcionarios de la entidad. Salvo Dimitri Manuilski y Georges Dimitrof, en el catálogo no aparecen los miembros del Comité Ejecutivo de la Internacional Comunista. Esta situación debería llevarnos a reflexionar sobre la relación, al menos programática, entre la sección local y su contraparte internacional. Si bien la Comintern ya no poseía la fuerza de otros periodos, su escasa presencia advierte sobre sus problemas no sólo con México, sino con los partidos latinoamericanos. Recordemos que fueron venezolanos y salvadoreños,[60] a los que podemos agregar al paraguayo Oscar Creydt, también exiliado, junto a los mexicanos, quienes ayudaron a establecer el catálogo de la editorial.

Hernán Laborde y Miguel A. Velazco fueron los principales autores de la editorial, con nueve y cuatro textos respectivamente. En tercer lugar, podemos ver la presencia de Earl Browder, líder del PC de Estados Unidos y encargado de la Internacional de supervisar el trabajo del PCM. En una nota biográfica, algo excepcional en el trabajo de la editorial, se exponían argumentos que transformaban al compañero Browder en un paladín del antiimperialismo, en un perseguido del gobierno y en ejemplo para México y América Latina.[61] Probablemente, este énfasis demuestra lo difícil que fue para los militantes confiar en un estadounidense como el principal ideólogo de la política local.

Editores, tipógrafos y libreros comunistas

Si la presencia en México del director de International Publishers fue una de las claves para comprender el esfuerzo editorial del PCM a finales del cardenismo, también debemos destacar a otros actores que confluyeron en esta actividad y le dieron un cariz especial. Preguntarnos, por quiénes participaron en estos procesos puede ayudarnos a comprender este tipo particular de práctica militante.

Las formas de adherirse a este trabajo fueron variadas y difíciles de enmarcar dentro de una sola explicación. Todo podía partir por "casualidad".

Ignacio León relata en sus memorias, cómo junto a Enrique Ramírez y Ramírez y Carlos Rojas Juanco, el mudo, se convirtieron en libreros. El tema inició cuando encontraron a unos pasos de la Librería Porrúa, un pequeño local, con una renta muy barata, que serviría para almacenar y vender libros de "lance", o sea, de segunda mano o dados de baja por las editoriales. La siguiente etapa del plan, ya que no poseían el capital inicial, fue visitar a los profesionistas del centro de la ciudad para pedirles que les regalaran los libros que ya no usaban y "[...] de aquéllos que no dispusieran de libros regalables, no rechazaríamos necesariamente una contribución financiera a nuestra obra".[62]

El resultado finalmente fue agotador:

> Nos dedicamos con afán a esta aventura durante varias semanas, pero no tardó en volverse demasiado devoradora de tiempo y en resultar aburrido para Enrique y yo el oírnos repetir diez o quince veces al día las mismas fórmulas huecas. Tuvo el mérito nuestra empresa de habernos enseñado que hasta en el mundo capitalista podía ganarse la vida sin robar de plano al prójimo, y nos permitió alimentarnos decentemente por varias semanas y reunir fondos para la FER.[63]

Por supuesto, en otros rubros, encontramos un trabajo sistemático y sostenido. Desde 1935, el PCM, a través de la Confederación Sindical Unitaria de México (CSUM), desarrolló con cuidado su relación con la Unión de Obreros de las Artes Gráficas de los Talleres Comerciales (UOAG).[64] Esta agrupación reunía a tipógrafos, linotipistas, cajistas, impresores, que descolgados de la CROM, buscaban una salida revolucionaria a sus problemas.[65] Esta relación se fue estrechando cada vez más en la medida en que el PCM se expandía, pero también debido a la combatividad progresiva de estos trabajadores, en un contexto de crecimiento sostenido de la industria editorial. Esta mayor predisposición de los trabajadores gráficos obedeció en parte a la confluencia de sus intereses de reconfigurar las relaciones con sus empleadores y la propuesta comunista de reorganizar la relación trabajo/capital.[66] Incluso, esta rápida penetración en los talleres comerciales, le sirvió también para generar células entre los obreros de los Talleres Gráficos de la Nación. En este caso el enfrentamiento con los cromistas había sido más agudo, pero gracias a Gustavo Ortiz Hernán y Margarita Gutiérrez, fue posible comenzar un trabajo político más sólido. En 1937 eran treinta y ocho militantes comunistas dentro de los Talleres Gráficos de la Nación.[67]

Este lento proceso de vinculación con los trabajadores gráficos sindicalizados sirvió finalmente para fundar la Cooperativa de Artes Gráficas, que se encargó de gestionar los talleres de *El Machete*. Esto no fue fácil de aceptar por parte de la dirigencia del PCM, que tenía muchas dudas sobre el carácter revolucionario de las cooperativas, las cuales eran concebidas como gérmenes de propiedad y, por lo tanto, de una incipiente pequeña burguesía. Sin embargo, dados los modos de producción de los obreros de las artes gráficas y los conflictos obrero-patronales, este mecanismo fue uno de los pilares que permitió a la UOAG fortalecer su trabajo sindical. El dirigente Julio Quintero, en contra de lo expresado por Valentín Campa, quien aseguraba que las cooperativas perjudicaban al pequeño propietario, establecía que "[...] como nuestra mira es anular a todo intermediario, no importa que haya este pequeño sacrificio con tal de obtener el beneficio de la colectividad y anular a los explotadores del hambre y la miseria del pueblo".[68] El *lock out,* o cierre patronal, impuesto en muchas imprentas por los dueños como mecanismo de presión en contra de sus trabajadores y del gobierno, era combatido mediante la administración obrera de las empresas en disputa.

Pese a las posibles discrepancias, tanto políticas como ideológicas, el PCM valoraba, por el momento, estos contactos como un logro muy relevante para sus objetivos políticos generales. Más aún si contemplamos el juicio de Ignacio León, para quien este gremio se caracterizaba por su hermetismo y por mantener prácticas tradicionales muy difíciles de modificar. Gracias a su organización, habían conseguido vacaciones pagadas de quince días al año, el séptimo día de descanso también pagado, servicios médicos gratuitos y el financiamiento patronal de centros de estudio. Estos logros eran suficientes para que la Unión de Obreros de las Artes Gráficas, los ofrecieran como forma de convocar a otros trabajadores a sindicalizarse. En la imagen No. 11, un fragmento de un afiche, podemos ver cómo la UOAG idealizaba uno de sus centros de estudio. En el grabado, las diferentes vestimentas que refieren a las distintas labores del mundo editorial, evidencian cómo a través del estudio las jerarquías sociales podían tender a desaparecer, una directriz que poco tenía de comunista, pero era enarbolada por estos trabajadores.

Estos obreros estudiosos, aprovechando el tiempo libre, contrastan con los recuerdos de Ignacio León, pero como veremos más adelante coincidían con los objetivos del comunismo. Al contrario, el impresor rescata que todavía en este periodo el impacto del plomo en la salud de los trabajadores era una preocupación constante. Y para contrarrestar sus efectos nocivos, "[...] los tipógrafos bebían o debían beber leche, pero su preferencia solía favorecer el alcohol, que según ellos tenía el mismo efecto contra el plomito. Resultaba de esto que a las 2 o 3 de la mañana, cuando había que cerrar e introducir las últimas correcciones, no faltó algún tipógrafo que ya no viera muy claro".[69] Por lo que las escenas de orden y sosiego, al menos en los talleres de estos trabajadores eran escasas.

Volviendo a cómo se insertaban los trabajadores en las dinámicas editoriales del PCM, vemos que en algunos casos, los comités regionales nutrieron de operarios calificados a los centros difusores. Roberto Cabral, delegado de Coahuila al VII Congreso del PCM, en 1939, llegó a la ciudad de México con una propuesta muy concreta: "Por último —expresó—, nosotros queremos ofrecer [...], que como supimos mandar un compañero Benemérito López de Lara que ha cumplido su labor en *La voz*, hemos traído otros compañeros que vienen a sacrificarse en bien de nuestro órgano. Aunque se les pague con un aplauso, como se le pagó ayer al compañero López de Lara".[70]

Este tipo de remuneración es una de las pocas constantes que podemos establecer entre los trabajadores de este rubro asociados al PCM, siempre pasando penurias económicas. Valentín Campa, director de *La voz de México*, destacó la labor que desempeñaban pese a sus magras condiciones financieras. "Tenemos a un Rojas Juanco —exponía—, camarada culto, con gran preparación, escritor callado, que nunca habla, que siempre trabaja, que durante semanas no le damos un solo centavo".[71] Este redactor de *La voz*, pasaba días sin comer, según Campa. Pero esto no era lo peor. La camarada Rosalía Palma, cajera del periódico, tenía varios hijos, que muchas veces se quedaban sin alimentos y además en varias ocasiones habían sido lanzados de su casa por no pagar el alquiler. La revisión de Campa por las oficinas y talleres de *La voz* concluía con el linotipista López de Lara, mencionado por el delegado de Coahuila. Pese a tener pocos meses en el diario, como comunista convencido,

Imagen 11
Fragmento del
afiche Unión de
Obreros de Artes
Gráficas. Colección
Yale University
Art Gallery.

rechazaba un posible sueldo de setenta pesos semanales, por "[...] trabajar en *La voz* con una situación muy problemática sobre el pago, con muchas semanas sin recibir un centavo, y dando más del 10%, cinco centavos por cada millar de emes para la tesorería de *La voz*".[72]

El tema financiero se transformó en el principal problema para las labores editoriales del PCM, sorprendiendo la cantidad de información al respecto que estuvieron dispuestos a publicar, aunque los datos estuvieran maquillados. No sólo aparecieron listas de acreedores, sino incluso *El Machete* publicó un resumen de su contabilidad.[73] Pese al bajo costo de las publicaciones, los agentes solían olvidar sus compromisos y transformar los pocos ingresos que generaba la venta de periódicos, libros y folletos, en parte de su propio sueldo. Regularmente, se publicaban historias con ejemplos de militantes que habían cumplido su labor, convocando a los indisciplinados a saldar sus obligaciones. Sólo por recuperar alguno, mencionemos al destacado profesor José Santos Valdés, quien escribió y autopublicó: *La religión y la escuela socialista*. Su caso mereció ir en la portada de *La voz de México* pues, "Desde un principio se hizo este propósito: vender el folleto y con su producto cubrir el importe total de la edición; después todo el sobrante entregarlo al órgano del Partido Comunista".[74] Esta labor editorial, nutrida de pequeños esfuerzos individuales, o como dice Jorge Fuentes Morúa, desarrollada desde la *difusión capilar*, siguió constituyendo parte importante de las prácticas militantes, en paralelo a los esfuerzos centrales del PCM. En muchos casos esto pasó inadvertido para las estructuras dirigenciales y para las fuentes.

La educación y los nuevos lectores

Concentrémonos ahora en el tema de la educación y en contra de lo que podría pensarse, comencemos por un problema que cada vez fue apareciendo con mayor insistencia en los discursos y en las directrices del PCM: la formación de los analfabetos. Si vimos que el crecimiento acelerado en la cantidad de miembros militantes del PCM era un problema para la asimilación de los nuevos cuadros, el desglose de estas cifras nos entrega un dato muy importante, el partido crecía con mayor fuerza en los sectores rurales. En enero de 1939, los campesinos conformaban 61 por ciento de los militantes en el Estado de Guerrero.[75] En Durango, las cifras eran similares: de 1350 miembros, 800 eran campesinos o trabajadores agrícolas. En Veracruz los militantes se dividían en 1856 campesinos, 548 obreros, 225 maestros y 232 ocupados en otras actividades.[76]

Si bien los dirigentes comunistas, asociaban el analfabetismo a la vida en los sectores rurales, las tasas incluso en zonas urbanas eran relativamente altas.[77] En esta forma de apreciar el problema, nuevamente impactaba la composición social del PCM. En este periodo, entre los cuadros dirigentes medios primaban los maestros y los empleados públicos, pese a los intentos por hacer del partido una herramienta en manos de los obreros y de los campesinos. Jorge Fernández Anaya, quien se desempeñaba como encargado de literatura y de cuadros del PCM, era tajante en señalar que en un país donde sólo 6 por ciento de la población había terminado la primaria este tema era ineludible. "La importancia de la liquidación del analfabetismo entre nosotros, no consiste sola y únicamente en un interés abstracto desanalfabetizante [sic]; sino porque está íntimamente ligado a la tarea de elevar el nivel político de todos los miembros".[78]

Alexander Trachtenberg también había hecho un énfasis especial en este problema, explicando algunas alternativas impulsadas por los bolcheviques. Aunque sus propuestas estaban muy lejos de los modelos didácticos que se ponían en marcha desde otras instancias tanto públicas como privadas.[79] El dirigente del PCEU simplemente proponía que había que explicarles a los campesinos "[...] a través de grandes carteles que eran comprensibles para ellos; hay que hacer folletos y literatura con caracteres grandes, y si eso no es entendido, con fotografías; tenemos que publicar literatura de cada tema de interés para las masas. Hasta el presente hemos hecho poco en este sentido".[80] Esta idea fue retomada por el Taller de Gráfica Popular (TGP), que lanzó la Hoja Popular Ilustrada, que ofrecía una redacción sencilla y un *dibujo fuerte*.

Evidentemente los dirigentes medios del partido eran más cercanos a este tipo de problemas y en muchas partes aprovechaban la fuerte presencia de maestros para desarrollar planes educativos más complejos que sólo aumentar el tamaño de las letras.[81] Además, hay que considerar que la mayoría de los profesores, provenían de familias campesinas u obreras, por lo que tenían una particular predisposición a trabajar con estos sectores. De todas maneras, en muchos casos las dinámicas del trabajo docente impedían que los planes formativos del PCM llegaran a buen puerto. Muchas veces los líderes de las células era profesores que podían en cualquier momento ser asignados a otro lugar. En otras ocasiones el problema era que los maestros estaban disgregados a través de los estados o simplemente los campesinos no podían ir a los centros educativos del partido.[82]

Con el objetivo de transformar las publicaciones del PCM en un mecanismo educativo eficiente, Carlos Rosas encargado de literatura en el DF, propuso que la clave estaba en ser cada vez más popular, evitar los términos técnicos, el léxico excluyente. Se debía retomar el ejemplo de los catecismos católicos, con palabras llanas y sencillas. "Nuestra literatura en folletos no va dirigida propiamente a la gente de gran instrucción que gozan de un nivel de cultura que los capacita para entender todo lo que cae en sus manos. Nuestra literatura va dirigida a la gran masa de trabajadores, que en muchos casos no han hecho ni cursado la primaria".[83] Pedía que Editorial Popular fuera realmente popular, no sólo en sus precios, sino en su contenido.

Alcances y problemas

En enero de 1939, el compañero Cárdenas, proveniente del Estado de Guerrero evaluó los logros que habían tenido en lo que se refería a la difusión de literatura marxista: " [...] creo que nosotros hemos ocupado un buen lugar; claro está que hemos hecho un gran consumo a la Editora Popular; hemos difundido tanto entre las masas campesinas como entre los empleados y maestros, una gran cantidad de literatura".[84] El último pedido que habían realizado a la casa editora alcanzó los 25 pesos. Y de igual modo, habían comprado a una librería (posiblemente a la Librería Navarro) un total de cuatrocientos y tantos pesos. Estas cifras no dejaban de ser considerables y de hecho el C. Cárdenas se sentía orgulloso de haber realizado una amplia difusión del marxismo.

En cambio, en Michoacán, esta vez siguiendo el cuaderno de gastos y egresos del Comité Regional, podemos ver que la situación no era tan halagüeña. Tomando por ejemplo julio de 1939, los ingresos que se obtuvieron por venta de literatura llegaron a 3,90 pesos.[85] Las entradas totales del Regional ese mismo mes alcanzaron los 95,80 pesos. De ese modo, la venta de libros y folletos tenían un impacto poco relevante en las finanzas partidistas. Al contrario, si saltamos a la siguiente columna del cuaderno de contabilidad, se evidencia que mientras en muchos meses prácticamente no hubo ingresos por este ítem, los egresos por reembolso de folletos se mantuvieron cercanos a los 8 pesos. Más allá de las posibles fallas contables, podemos concluir que la literatura no se vendía, al contrario, representaba un gasto muerto para el Comité Regional, algo que como hemos visto precisamente trataron de evitar los impulsores de la Editorial Popular.

En el cuadro No. 2, aparecido en *La voz de México*, el 14 de abril de 1939, se observa la circulación que tuvo el folleto *Unidos* de Hernán Laborde. La preponderancia del Distrito Federal, seguido de lejos por Veracruz, San Luis Potosí y otros estados, era consistente con la distribución de los cuadros de PCM a través del país, aunque la cantidad de textos vendidos es notoriamente inferior. De todas maneras, la extensión de la distribución es llamativa, incluyendo lugares como Cuba y Nueva York. Pese a las escasas ventas, la disponibilidad del folleto a nivel internacional era un logro relevante para las estructuras organizacionales del PCM.

En la explicación que acompañó a este cuadro, se menciona que los casos de Veracruz, San Luis Potosí y Guerrero, son especiales, debido a que en estos comités regionales el folleto logró llegar a las bases partidistas. De igual modo, esto había significado ampliar los límites de circulación incluyendo nuevas ciudades y municipios.

Otro de los éxitos de la Editorial Popular, fue el libro *Rusia hoy*, del cual se vendieron 5 mil ejemplares y debió hacerse una segunda edición. Este texto recogió la experiencia de Hernán Laborde en la URSS y fue distribuido también en Cuba, Colombia, Panamá y Estados Unidos.[86] Pero el libro que mayor penetración alcanzó durante el periodo, o por lo menos aquel que los libreros reconocían como la principal de las apuestas marxistas, fue el *Anti-Dühring* de Engels, publicado por Ediciones Frente Cultural. En cifras redondas, según sus impulsores, se distribuyeron 10 mil ejemplares en México y a lo largo

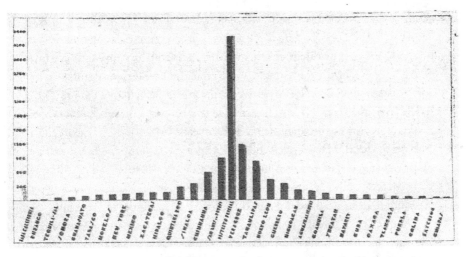

Cuadro 2   Distribución del folleto *Unidos* de Hernán Laborde. *En La voz de México*, 14 de abril de 1939, p. 10.

de todo el continente, lo que era un número muy importante para el mercado editorial latinoamericano.

En un plano general, podemos evaluar el alcance de las actividades editoriales del PCM desde distintas perspectivas. Se pueden comparar los catálogos bibliográficos, otra posibilidad es revisar las citas a pie de página de los libros del periodo, también podemos considerar las evaluaciones cualitativas de los implicados. El resultado de las diferentes metodologías tiende a ser muy similar.[87] Por ejemplo, si contemplamos las tesis sobre marxismo realizadas en la Universidad Nacional, vemos un crecimiento paulatino desde comienzos de la década.[88] La comparación de las tesis de dos exiliados salvadoreños, ambos militantes comunistas, con una similar trayectoria educativa e implicados en los procesos editoriales del PCM, nos da cuenta de la velocidad de la penetración del marxismo en los últimos años de la década de 1930. Pedro Geoffroy Rivas presentó en 1937 su tesis "Teoría marxista del Estado", para obtener el grado de Licenciado en Derecho. Este autor refirió en su bibliografía apenas ocho libros, los cuales provenían en su mayoría de la Editorial Cenit de Barcelona o de Claridad de Buenos Aires. Ninguno correspondía a un texto publicado en México.[89]

Dos años después, Julio Fernández Padilla, entregó en la misma institución, su tesis titulada "Concepto del materialismo dialéctico". Aunque poseía casi la misma cantidad de páginas que el trabajo de Geoffroy Rivas y ambos aducen falta de tiempo para llegar a un resultado óptimo, las referencias bibliográficas son muy diferentes. Fernández Padilla incluye una amplia gama de menciones a libros sobre marxismo traducidos en México, algunos de las editoriales vinculadas al PCM, otros de iniciativas particulares, como Editorial Revolucionaria de Narciso Bassols. De igual modo, se hace referencia a artículos en revistas o discursos de los dirigentes de la Internacional aparecidos en la prensa local. Marx, Engels, Lenin, Dimitrof, son recuperados a partir de sus principales textos, pero también gracias a algunos de sus exegetas. Aunque la ausencia de Stalin es interesante, la tesis de Fernández Padilla pareciera ser el resultado de la vitalidad del mundo editorial de la izquierda mexicana.[90]

Aunque posiblemente ambos autores enfrentaron de manera diferente la escritura de sus tesis, al cruzar estos datos con otras apreciaciones podemos ir formándonos una idea de lo que significó el esfuerzo editorial del comunismo mexicano. Para encontrar una mirada aún más amplia al respecto, es posible recuperar las ya mencionadas memorias del militante socialista chileno, Clodomiro Almeyda, quien en la década de 1930 comenzaba recién su aprendizaje ideológico. Como vimos, su formación en buena medida se basó en la amplia recepción que tuvieron los libros marxistas editados en tierras mexicanas. A su juicio, la proliferación de estos textos en las librerías chilenas construyó un amplio abanico de opciones, de calidad y no ceñidas a un dogmatismo infantil.[91] Aunque esta apertura política que nos expone el chileno debemos necesariamente matizarla. Los recuerdos de José Revueltas, precisamente apuntan en un sentido opuesto. "Entonces —explica—, no teníamos acceso no solamente a la literatura en general, sino que había un índex; ya a Bujarin no lo leíamos, a Trotsky ¡que lo íbamos a leer! Yo sí lo leía".[92]

En algunos casos estos niveles de censura ocasionaron problemas como el que puede verse en la Imagen No. 5, reproducida en el capítulo anterior. La publicidad de Ediciones Frente Cultural debió ser mutilada, debido a que el autor ofrecido, había dejado abruptamente el olimpo de las producciones marxistas. Un texto como *El ABC del Comunismo,* que como vimos formaba parte de las primeras lecturas de los comunistas mexicanos, de un día para otro debió ser arrancado de las bibliotecas marxistas.

Pero el trotskismo no sólo generaba censura oficial, sino que también sirvió para acicatear el esfuerzo editorial del PCM. "Nuestra literatura debe circular por cientos de miles de ejemplares. No podemos tolerar más tiempo una situación en que un documento tan importante como la Resolución del Congreso de la CTM contra Trotsky publicado en folleto por la Editora Popular es ignorado por la inmensa mayoría de los miembros del Partido".[93] La necesidad de fortalecer las posiciones ideológicas actuaba finalmente como un catalizador de las prácticas editoriales, transformándolas en una cuestión de vida o muerte, o mejor, en la única forma de construir la unidad de la izquierda, frente a las posiciones contrarrevolucionarias.

Pero antes de entrar de lleno en estas disputas por el marxismo, hagamos un paréntesis necesario. Los primeros que reaccionaron al crecimiento editorial del PCM durante el cardenismo no fue el gobierno, ni su aparato represivo, tampoco la izquierda no comunista, sino que los sectores más recalcitrantemente anticomunistas. Y este es el tema del siguiente capítulo.

CAPÍTULO V

El espectro del comunismo.
La derecha mexicana y sus intentos editoriales

UNA BUENA FORMA DE medir el impacto de las publicaciones comunistas es precisamente fijarse en cómo sus opositores las percibieron. Y en este plano la derecha mexicana desarrolló todo un género literario.[1] En un conteo rápido de los libros y folletos que se generaron durante la década de 1930, encontramos desde obras vinculadas a la doctrina social católica, como *La comunista de los ojos cafés* de Eduardo Correa, hasta las propuestas coléricas fascistas del ex militante comunista Rubén Salazar Mallén en *La democracia y el comunismo*, pasando por el análisis nacionalista de Luis Cabrera en *Un ensayo comunista en México*.[2] Muchos de estos esfuerzos son difíciles de pesquisar y en algunos casos obedecieron a iniciativas individuales, que conectaron el nombre de un escritor reconocido con una editorial que buscaba hacer un buen negocio. José Vasconcelos y su obra *Qué es el comunismo*, publicada por Ediciones Botas, es un claro ejemplo de esta confluencia.[3] Mientras que al otro lado de este proceso encontramos los poco explorados cauces de la publicación de un *best seller* francés, *Los orígenes secretos del bolchevismo*, por parte de una también desconocida editorial Esperanza.[4]

Como se desprende, el abanico de posibilidades es extenso, más aún si sumamos revistas, periódicos y otros elementos impresos, por lo que requiere un estudio detallado. A grandes rasgos, las condiciones que atravesó el mundo editorial comunista durante la primera mitad de la década se repiten en las iniciativas de la derecha: proyectos que desaparecían rápidamente, falta de especialización de los implicados, carencia de canales de distribución, precariedad laboral, bajo desarrollo técnico. La persecución por parte del gobierno a las empresas vinculadas al mundo cristero impactó en su desarrollo y de igual modo consolidó entre los militantes de la derecha una apreciación épica de aquellas iniciativas que se desplegaron en los años más crudos del conflicto con el Estado.[5] La editorial Proa, que publicó particularmente la obra del ya mencionado Luis Islas García, apenas superó cinco folletos, incluyendo las conclusiones de la Convención Ibero-Americana de Estudiantes Católicos desarrollada en México en 1931. Editorial Alba, vinculada a Pedro Gringoire (Gonzalo Báez-Camargo), hasta mediados de la década había publicado sólo algunos folletos. Así los esfuerzos, eran aislados, precarios y sin ningún tipo de profesionalización.

Estas condiciones se modificaron en la segunda parte de la década. Por ejemplo, la última iniciativa mencionada, Editorial Alba, comenzó a desarrollar traducciones propias, a incrementar sus tirajes, a preparar textos con mayor cantidad de páginas, entre otras novedades. Este cambio a partir de 1935, que también hemos advertido para el caso de los comunistas, afectó a la mayoría de las iniciativas editoriales de la derecha clerical y conservadora. Además, el fortalecimiento en el escenario público de una derecha secular, como la ha definido Ricardo Pérez Monfort, contribuyó a este proceso de auge editorial.[6] Sus palabras son un buen reflejo de la movilidad que tuvo el ámbito político y editorial en aquel momento: "Las calles de la ciudad se intranquilizaron. Manifestaciones, mítines, enfrentamientos, gritos y coros agitaban los ánimos de la población citadina. Vociferaciones de huelga se llegaron a confundir con protestas anticlericales; chillidos anticomunistas se mezclaron con alborotos de antiguos revolucionarios; y, en medio del griterío, la élite en el poder empezó a mostrar sus cuarteaduras".[7]

Si hubo un sector político anticomunista que desplegó una campaña concreta en este ámbito, fueron las organizaciones de la derecha radical[8], que entremezclaba tanto a grupos católicos como a nacionalistas y fascistas. Estas agrupaciones se organizaron a lo largo de todo México, incluyendo no sólo las grandes ciudades, sino los pequeños centros agrícolas, localidades mineras y las zonas de fuerte raigambre cristera. Para muchos de ellos, el término anticomunista, más allá de oponerse a determinado partido político, en realidad apuntaba a cuestionar las directrices que asumía el cardenismo. De ese modo, la acción política de estos grupos tendió a fundir al PCM, al lombardismo, al gobierno y a otros sectores de izquierda en lo que conocían como la "amenaza comunista".[9] Este temor se hacía más agudo en la medida que las condiciones democráticas permitían el crecimiento de sectores que desafiaban sus bases tradicionales de poder. La lista de organizaciones es larga, y va mucho más allá de los camisas doradas (Acción Mexicanista Revolucionaria), la Unión

Nacional Sinarquista, cedillistas y almazanistas. En ella encontramos algunas organizaciones que basaron precisamente casi toda su acción en el anticomunismo, como por ejemplo: el Partido Social Anticomunista; el Frente Constitucional Democrático Mexicano; el Bloque Nacional Obrero Anticomunista; la Acción Juvenil Anticomunista; la Legión de Mujeres Anticomunistas de México, adherida al Comité Revolucionario de Reconstrucción Nacional; la Asociación Anticomunista y Antijudía Española; el Partido Revolucionario Anticomunista; el Partido Juvenil Anticomunista; el Partido Revolucionario Anticomunista y Nacional de Salvación Pública; el Partido Nacional Democrático Anticomunista, y podríamos seguir por largo rato,[10] especialmente si consideramos las pequeñas agrupaciones que se formaron hasta en localidades escasamente pobladas.[11] Todas estas manifestaciones, aunque precarias en términos organizativos y cuantitativos, comenzaron a adoptar durante el cardenismo muchas de las prácticas de la izquierda comunista. De hecho, en algunos casos pretendieron impulsar un fallido proceso de unidad en pos de un *frente* anticomunista.[12] El resultado fue el enfrentamiento directo entre ambos sectores, un conflicto desequilibrado, en el cual muchas veces los militantes comunistas sacaron la peor parte.[13]

Durante los años del sexenio de Lázaro Cárdenas, hubo coyunturas particulares donde algunas de estas organizaciones parecieron liderar la oposición. Un primer momento de conflicto estuvo marcado por las luchas callejeras propuestas por los camisas doradas,[14] con enfrentamientos, heridos, saqueos a la sede del PCM, entre otros tipos de conflictos. El 20 de noviembre de 1935 en el Zócalo ambos grupos combatieron por el sentido de la conmemoración. Este acto significó que el gobierno proscribiera finalmente a los camisas doradas y por otro lado se transformó en un hito considerado la mayor batalla urbana de la historia del PCM.[15]

Una siguiente coyuntura, aunque más compleja para el gobierno cardenista, fue el levantamiento de Saturnino Cedillo a mediados de 1938. Más allá de los entretelones de este proceso, que condujo al ex Secretario de Agricultura a manifestarse en contra del gobierno, en este caso es relevante destacar que su irrupción tendió a agrupar simbólicamente a buena parte de la derecha anticardenista, incluyendo camisas doradas, cristeros, nacionalistas, fascistas.[16] Esto agudizó las campañas propagandistas y fortaleció a los pequeños grupos que de manera aislada habían desarrollado su oposición al gobierno. Así, el "cedillismo" a ojos de la izquierda, se transformó en un movimiento que rebasó los límites de San Luis Potosí, y que adquirió múltiples facetas a lo largo del país, desde una férrea oposición a la reforma agraria cardenista hasta un abierto apoyo al nazismo, pasando especialmente por dinámicas naciona-listas anticomunistas.[17]

Una tercera situación que puede considerarse particularmente álgida en lo que se refiere a las actividades de la derecha mexicana, fue el proceso electoral y la postulación al cargo de Juan Andrew Almazán. Al igual que el cedillismo, rápidamente convergieron en la campaña numerosos esfuerzos anticardenis-tas.[18] El almazanismo se desplegó territorialmente con mayor amplitud que todos los movimientos opositores anteriores, y aunque no logró el triunfo, fue clave para comprender el viraje político hacia la centro derecha que dio el gobierno al impulsar la candidatura de Manuel Ávila Camacho.

A estas dinámicas particulares, habría que sumarle los contextos locales. Algún problema en determinado estado, o la visita de Cárdenas a alguna zona, podían generar una vorágine publicitaria por parte de la derecha opositora. Luis Cabrera en su texto *Un ensayo comunista en México* reaccionó a la pre-sencia del presidente en Yucatán, acusándolo de sacrificar a los habitantes de la península en pos de un experimento inhumano. Para que los planes del gobierno dieran su fruto, Cabrera argumentaba que se buscaba "[...] extir-parle el hígado [al yucateco] para modificarle las pasiones; hay que ponerle un estómago artificial para obtener un mejor metabolismo; hay que sacarle los pulmones a fin de que quede más campo en el pecho para la respiración [...] hay que modificar la conformación del cráneo para que el yucateco piense de otro modo".[19] A este texto se respondió desde la presidencia con un folleto elaborado velozmente por los Talleres Gráficos de la Nación y un posterior libro señalando los avances de Yucatán gracias a las políticas federales.[20] Por su parte, la militancia comunista no dejó escapar la ocasión, y el secretario ge-neral del PCM acusó a Cabrera de ser un traidor de Yucatán y de México.[21] Así, el escenario de la disputa editorial se movía tanto a nivel general dados los procesos nacionales e internacionales, como en un plano regional donde decisiones gubernamentales específicas podían generar reacciones de los an-ticomunistas locales.[22]

Desde el aspecto de las publicaciones, la sombra que proyectó el Partido Comunista de México muchas veces fue percibida por los recalcitrantes an-ticomunistas como un fantasma muchísimo más grande de lo que era real-mente.[23] Se volvieron comunes las construcciones imaginarias: Cárdenas bajo el control comunista, el Estado una herramienta comunista, la educación so-cialista símbolo del dominio de la URSS, profesores controlados por comu-

nistas chupasangre, y podríamos seguir enumerando. De ese modo, el anticomunismo en buena medida se nutrió tanto de la realidad política, como de
sus propios miedos, que amplificaron la presencia de los rojos en las librerías,
las paredes y las fábricas.[24] En este contexto, *El Machete* señalaba: "Si del lado
del proletariado, de lado de las fuerzas populares, podemos ver un mejora-
miento de su organización y un acrecentamiento de sus fuerzas, del lado de
la contrarrevolución podemos también encontrar un recrudecimiento de sus
actividades, una intensificación en su propaganda, que rebasa con mucho la
desplegada hasta estos últimos tiempos".[25]

"Contra-ataque" era la palabra que preferían utilizar los sectores anticomunistas. El proceso de conformación de algunas de estas iniciativas podemos
observarlo siguiendo los expedientes resguardados en el Archivo Manuel Gómez Morín, y si algo deja en claro, es que la vigilancia de la propaganda comunista fue un paso previo. Antonio L. Rodríguez desde Monterrey, le advirtió
a mediados de 1936 al ex rector de la Universidad Nacional y futuro fundador del Partido Acción Nacional, sobre la necesidad de seguir los pasos de las
agrupaciones comunistas, para luego informar a los "hombres de negocios",
tal como se hacía por algunas cámaras de comercio en Estados Unidos.[26] La
siguiente carta entre ambos se enfocó directamente en las actividades de Ediciones Frente Cultural, resaltando su éxito y la necesidad de contrarrestarlo
mediante una activa campaña anticomunista: "Ediciones Frente Cultural ha
estado desarrollando una labor realmente importante como foco de divulgación de ideas comunistas y sería urgente organizar cuanto antes otra editorial
para divulgación de las demás doctrinas".[27] De igual modo, Rodríguez le envió
a Gómez Morín, un ejemplar de *Carlos Liebknecht: una vida revolucionaria*,
escrito por Jorge Quintana y editado por México Nuevo. Esta editorial vinculaba los esfuerzos de algunos integrantes de la LEAR con los trabajadores de
los Talleres Gráficos de la Nación.[28] Mientras que otro de los colaboradores,
Luis Cabrera, de manera más específica, después de leer un libro anticomunista en francés y proponer su traducción, señalaba: "Hay la particularidad
de que los capítulos de que consta están fechados desde noviembre de 1935
hasta enero de 1936, época que corresponde casi perfectamente a la que cu-
bren las conferencias de Lombardo Toledano y de Víctor Manuel Villaseñor
después de su viaje a Rusia".[29] Por lo que su traducción se podría utilizar para
contrarrestar los efectos que tenían en el público mexicano.[30] Estas situaciones y algunas otras que se manifestaron en este periodo, no hacen extraño
que en las siguientes comunicaciones comenzara a delinearse una campaña y

una editorial, haciendo confluir los intereses de empresarios regiomontanos, el esfuerzo personal de Antonio L. Rodríguez y las antiguas intenciones de Gómez Morín de fundar su propio espacio de publicaciones.[31]

El énfasis que proponía este proyecto, uno de los tantos pergeñados por estos sectores anticomunistas, evidencia una distinción central en su trabajo. Éste debía dividirse en dos partes, por un lado, la propaganda "crítica y negativa" y en segundo plano, una variable constructiva, que diera cuenta de las ideas *verdaderas, claras y sanas*. Aunque al momento de materializar esta propuesta, la mayoría de las acciones concretas apuntaban sólo a la primera parte. Esto incluía desde informarse de lo que sucedía en la URSS hasta conocer la historia de la Internacional Comunista, pasando por "[...] que en cada región [de México] se conozca perfectamente a los líderes radicales, y que los que sobresalgan después nacionalmente, ya sean conocidos desde sus orígenes por los trabajadores y la gente honrada de la República".[32] Además el proyecto incorporaba una disección del pensamiento marxista, dividiendo sus puntos de interés, sus fortalezas y los elementos que podrían ser contrarrestados con facilidad. Por lo que se requería leer sus periódicos, seguir sus editoriales, analizar las declaraciones de sus líderes e insertarse a nivel transnacional de modo de conocer lo que sucedía en otras partes y utilizar estas experiencias en el plano local. El punto de disputa debía situarse en combatir el nacionalismo que los partidarios del frente popular habían logrado establecer como parte de sus discursos.

Según el proyecto aquí reseñado, para este tipo de trabajo, se debía generar un archivo donde se resguardara toda la información generada por el comunismo y también una biblioteca, con las principales obras de marxismo, con las ediciones de las obras completas de sus próceres, con historias de los movimientos obreros, con las principales revistas europeas al respecto y finalmente con una sección amplia de caudillos anticomunistas. En este ámbito nada debía dejarse al azar y las redes empresariales, políticas y académicas que habían construido sus impulsores eran vitales para consolidar sus apuestas.

De hecho, la idea de recuperar caudillos anticomunistas estuvo muy presente entre sus impulsores, a tal grado, que tal vez debido a ello, para los implicados su labor significaba una especie de apostolado. En las páginas de *El Machete* podemos ver muchas de sus apariciones fulgurantes y polémicas. Uno de los nombres que se repite escribiendo opúsculos anticomunistas es Carlos Roel. Periodista antisemita, este autor colaboraba con la revista *Reacción* y con la publicación vinculada a José Vasconcelos, *Timón*.[33] Entre sus varios libros, encontramos *La mentira marxo-bolchevique*, un texto de 70 páginas destinadas a realizar distintos tipos de diatribas en contra del comunismo.[34] Desde su propuesta teórica hasta su organización política, desde los periódicos estadounidenses hasta los intelectuales franceses, todo lo que sonara a comunista, judío o socialista era atacado por el escritor. Su argumentación en contra del "comunizante" gobierno mexicano, establecía que a cambio del supuesto sistema colectivista que se trataba de implantar, lo mejor sería avanzar hacia el fascismo, ya que "[...] lleva en sí el embrión del neo-liberalismo".[35] En buena medida el desarrollo de los procesos que a juicio de Roel, ponían en riesgo el bienestar de los obreros mexicanos, se debía al desconocimiento que había sobre el comunismo, algo que tenía a su vez una raíz en la "[...]propaganda colosal desarrollada en el mundo por el gobierno bolchevique y la Komintern, que [...] se ha aunado —contra Italia, Alemania y el Japón— la publicidad de los grandes imperios anglo—sajones y la de Francia, al menos, la del Frente Popular".[36] Por estos motivos todos los que leían el periódico en México, debían desconfiar de las fuentes inglesas, francesas y estadounidenses, o sea, de la mayoría de las noticias internacionales, que eran fundamentalmente distribuidas por agencias de aquellos países.

Finalmente, el periodista concluía haciendo un llamado a "[...] precaverse de todos esos Frentes Populares, Uniones de Mujeres Antifascistas, Ligas Antiimperialistas y Contra la Guerra, Casas de Cultura o Ligas de Escritores y Artistas Revolucionarios, Universidades Obreras, Coaliciones Democráticas Anti-fascistas, etc. que no son sino medios de propaganda de la mentira bolchevique".[37] Con ello daba cuenta de la mayoría de las organizaciones periféricas que había fundado el PCM. Lo interesante es que este organismo no es nombrado, sus impulsores y militantes destacados no aparecen mencionados, sus estrategias locales no son cuestionadas, ni tampoco lo son sus planes de divulgación. La "propaganda colosal" proviene, para Roel, directamente desde la Internacional Comunista, sin participación de ciudadanos mexicanos. Éste fue uno de los principales límites de la argumentación de los sectores fascistas nacionalistas, quienes culparon al exterior de los problemas del país, ocultando los conflictos locales detrás de la intervención extranjera. La propuesta de Roel es de las menos panfletarias, pero no por ello dejaba de caer en los lugares comunes de la propaganda anticomunista.

Por supuesto, hubo entre los sectores anticomunistas voces templadas y mucho más reflexivas. Ya hemos destacado la apreciación de Luis Islas García, quien en su libro *Organización y propaganda comunista*, analiza este aspecto con los conocimientos de un ex militante, pero sin la virulencia que estos solían tener.[38] De igual modo, Modesto C. Rolland un antiguo funcionario estatal y que ocupara distintos puestos en la administración pública, en 1932 lanzó un folleto comparando el comunismo y el liberalismo, criticando algunas perspectivas del agrarismo y del laborismo como mecanismo para resolver los problemas públicos.[39] Este texto estaba dedicado a la Unión de Veteranos de la Revolución, que tendió a derechizarse a lo largo de la década y ser confundida con las milicias de los camisas doradas. Pese a ello en 1939, la Imprenta Molina M., sacó una segunda edición, la que al igual que la primera se repartía gratis a quien estuviera interesado.[40]

En sus planteamientos encontramos una fuerte relación entre lo que él entendía como los objetivos incompletos de la Revolución y su rechazo al comunismo:

Es preciso combatir el Comunismo, pero también ES NECESARIO LUCHAR CONTRA LA MISERIA, lo cual sólo puede lograrse con un programa radical, científico y racional. Ya no es tiempo de disposiciones a medias ni cataplasmas sociales. Ha llegado el momento de atacar virilmente los problemas que la Revolución no ha resuelto y poner toda nuestra inteligencia y todas nuestras energías en la obra.[41]

A esas alturas, Rolland trabajaba como ingeniero en la Secretaría de Comunicaciones y Obras Públicas junto al General Francisco J. Múgica. Sus propuestas apuntaban a fortalecer el municipio y sus críticas al comunismo tenían que ver precisamente con sus apreciaciones y debates sobre este plano. Sin embargo, este tono de intercambio de ideas y diálogos reconociendo las diferencias, pero no convirtiendo al opositor en enemigo, no fue lo común en las publicaciones.

Otro actor anticomunista importante y también vinculado a la burocracia estatal, fue Gustavo Saénz de Sicilia, director de la Confederación de la Clase Media (CCM). Según sus propias declaraciones, esta confederación incluía unas cuarenta organizaciones, con un total de 162 mil miembros, que realizaban todo tipo de actividades, entre las que no se descartaban iniciativas armadas en contra del gobierno cardenista y el Partido Comunista Mexicano.[42] "Esta febril actividad de la clase media es un reflejo de la agitación política sin precedente que ha reinado en México durante los dos últimos años",[43] escribió George Stern, periodista estadounidense, como introducción a una entrevista a Sáenz de Sicilia. No era casualidad que la entrevista fuera concedida a un periodista del país vecino.[44] Si bien la CCM no planteaba en su declaración de principios ni en su plan de acción ninguna línea que la situara en una red internacional, sus impulsores hicieron un esfuerzo especial por aprovechar las tramas transnacionales a su favor. Y la entrevista fue sólo un pequeño eslabón de estas actividades.

Esta entidad desde 1936 pidió al gobierno medidas anticomunistas, como prohibir la difusión de la propaganda comunista por correo. Redactaba regularmente un *Boletín de prensa* donde realizaba todo tipo de acusaciones de corte nacionalista. Pero quizás su iniciativa de mayor envergadura fue la convocatoria a un fallido Primer Congreso Anticomunista Iberoamericano, que se desarrollaría en La Habana, en septiembre de 1937.[45] Al momento de organizar este encuentro, la preocupación por el ámbito editorial fue el tema central. Se buscaba que con el apoyo de todos los concurrentes se creara un buró de publicidad para imprimir propaganda anticomunista para todo el continente. Esto se consideraba un paso inevitable para comenzar a institucionalizar un organismo de carácter continental que dirigiera las luchas anticomunistas y *esclareciera* sus pilares doctrinarios.[46] Se pretendía que esto sirviera para desvanecer "[...] las calumnias que, en favor del comunismo lanzan los radicales contra los gobiernos nacionalistas con toda su falacia demagógica".[47]

La presencia editorial de la CCM en México fue relevante tanto a nivel de su presencia en medios de comunicación, como a través de distintas proclamas, volantes y manifiestos que solían imprimir por miles. Y aunque su principal evento internacional hubiera fracasado, sus impulsores hacían una evaluación positiva: "[...] para demostrar la eficacia de nuestro trabajo, nos basta con invocar el criterio del enemigo al respecto; en todas las ocasiones posibles, los oradores y los escritores de la CTM, del Partido Comunista, de la Comisión de Defensa Proletaria de la Cámara de Diputados, mencionan en primer término a la CCM".[48]

De igual modo, *Vida: revista de orientación* señalaba con beneplácito en sus páginas bibliográficas que los libros y folletos anticomunistas habían comenzado a multiplicarse.[49] En 1941, *Ayer, hoy y mañana* de Jesús Guisa y Azevedo, otra diatriba en contra del comunismo, basaba su argumentación en varios de estos textos.[50] Llamaba a *don* Carlos Roel "muy conocedor de la materia". El mecanismo de "autorización intertextual", que establece que algo es verídico porque otros textos lo refieren, aunque el origen de la información no sea comprobable, era algo regular para estas publicaciones. Así, Roel basaba la mayoría de sus declaraciones en libros de dudoso origen, poco consultables en México, fuentes orales o testimonios de disidentes del comunismo que demostraban "auténticamente" sus palabras. Una de sus pocas referencias concretas se refiere a un artículo sobre el "problema judío", aparecido en la revista *Universidad*, aunque se menciona precisamente para rebatir lo que planteaba.

Ahora bien, más allá de estos atisbos fragmentarios, planes fracasados, nombres de algunos autores y editoriales, en términos concretos el devenir de la historia de la edición impulsada por los sectores de la derecha radical mexicana permanece aún difuso. Los investigadores apenas se han detenido en este tema, ni aquellos interesados en el mundo de los libros, ni quienes se han especializado en la historia de las derechas le han prestado la debida atención. Tal vez una importante excepción son las recientes investigaciones sobre las redes de Editorial Polis y de Manuel Gómez Morín y del recién mencionado Jesús Guisa y Azevedo, su fundador.[51] De hecho, esta iniciativa, que publicó varios de los textos citados más arriba, fue investigada por la Secretaría de Gobernación debido a sus actividades anticomunistas.[52] El plan organizativo de la sociedad editorial, dividida en un sello editorial (Polis) y una distribuidora (Lectura), basaba su funcionamiento en la carencia de un mercado del libro mexicano y en su dependencia de las publicaciones españolas. De igual modo, se reconocía genealógicamente vinculada con los esfuerzos vasconcelistas de inicios de la década de 1920 y con el trabajo que realizaron varios intelectuales al alero de la Colección Cvltvra en ese mismo periodo. Sin mencionar en sus páginas fundacionales al comunismo, se refería oblicuamente a la situación: "[...] en los últimos años, las necesidades de lectura, sobre todo de problemas sociales, [han tenido] que satisfacerse con el consumo de ediciones, apócrifas en la mayoría de los casos, de libros abiertamente unilaterales que no traen preocupación alguna de conocimiento o de investigación y que representan un mero valor de propaganda".[53] Los organizadores, Manuel Gómez Morín, Antonio L. Rodríguez y Jesús Guisa y Acevedo, se proponían como objetivo impactar en la cultura nacional, pero como demuestra su plan de trabajo, 6 de las 10 páginas que lo componían estaban orientadas al modelo de negocio, más allá de las justificaciones político ideológicas. El primer año esperaban imprimir 15 millones de páginas, lo que permitiría a los socios recuperar casi la mitad de la inversión de 25 mil pesos que se pretendía recaudar mediante acciones al portador.[54] En el peor de los casos, el negocio podría sobrevivir tres años, antes de desaparecer por problemas financieros.[55]

Por supuesto más allá de las previsiones, los problemas comenzaron a afectar a la empresa antes incluso de publicar su primer libro. La imprenta contra-

tada por "razones internas" desconocidas se negó a última hora a llevar a cabo
la producción. Tampoco era fácil coordinar las acciones entre Monterrey,
donde se encontraba Rodríguez y la mayoría de los financistas, y la ciudad
de México, sede de la editorial. Por ejemplo, en el caso del folleto de Salazar
Mallén, *La democracia y el comunismo*, el proceso comenzó en Nuevo León,
cuando el propio autor hizo llegar el manuscrito a Rodríguez. En aquel momento, el escritor había confiado el texto con la intención de que se pudiera
divulgar popularmente su obra, por ello había preferido escribir un folleto
y no un libro. La última palabra la tendrían en la ciudad de México, Gómez
Morín y Guiza, quienes también debían gestionar con la Editorial Sayrols la
posibilidad de divulgar algunas partes del opúsculo.[56] Cuando el folleto ya se
encontraba en prensa, desde Monterrey, Rodríguez exponía que a su juicio
el texto era demasiado corto, por lo que sería necesario agregarle algún otro
material. Quizás por eso la versión final, que es una especie de definiciones
o glosario sobre el comunismo, tiene dos partes, "La democracia y el comunismo" y "El comunismo y la cultura". Ambas secciones con su propio prólogo
y con variadas reiteraciones.

Pese a estos problemas, para enero de 1937, Gómez Morín reconocía que
"[...] además de Cabrera, que está ya listo, hoy quedará terminado el folleto de
Salazar u están en prensa un 'Chesterton' y una 'Vida en las haciendas mexicanas', de Lola García Pimentel. Entrarán en prensa, luego, uno o dos folletos de don José [Vasconcelos], la traducción de la novela 'Estudiantes checa
y muerte' y una cosa que parece ser muy interesante que se llamará 'Mensajes
al Jefe del Estado', colección de estudios breves sobre diversos problemas nacionales".[57] Después de estos trabajos, vendrían algunas traducciones de textos anticomunistas estadounidenses, reimpresiones de libros españoles y otros
trabajos historiográficos sobre México. Sin embargo, una nueva carta, a sólo
seis meses de esta auspiciosa evaluación, señalaba que muchos de los problemas habían sido irresolubles, por lo que se proponía "[...] dejar a la editorial
en libertad para que vaya encontrando su camino".[58]

Una senda diferente pareció tomar la parte de la sociedad destinada a la distribución. Rápidamente se gestó un boletín bibliográfico, el cual se convirtió
en una revista al poco andar. *Lectura. Revista crítica de ideas y libros* se publicó
quincenalmente desde 1937, atravesando buena parte del cardenismo, y con-
tinuando activa hasta la década de 1970. Sobre esta publicación, Guillermo
Sheridam escribió: "Una revista singularmente violenta, la única que se asume
declaradamente fascista".[59] Por sus páginas pasaron textos de los principales

escritores de la derecha anticomunista, con todos los matices que involucraba, pero centrándose especialmente en la situación española y mexicana. Estados Unidos también era evidenciado como la antítesis de los valores tradicionales españoles monárquicos. Aunque en realidad la reivindicación ideológica podía retrotraerse a una raigambre aún más antigua: "Aquí está la verdadera doctrina reaccionaria, la que viene de la Edad Media y se definió con Santo Tomás de Aquino. La Universidad de Lovaina pretende, y ha logrado ya, hacer moderno y actual, y necesario a la vida presente, el contenido doctrinal del siglo VII".[60] Con estas palabras se presentaba el folleto de Guisa Azevedo *Lovaina, de donde yo vengo*, en la sección Los libros que deben ser leídos.

Los alcances que podemos percibir en *Lectura. Revista crítica de ideas y libros*, no se reducen a escritores mexicanos, estadounidenses y europeos, sino que se incluyen textos de peruanos, nicaragüenses, venezolanos y otros latinoamericanos.[61] Pero en general actuaba como mecanismo de difusión de la casa editorial. Se reproducían pequeños fragmentos de los libros y se integraba al final del texto una imagen de su portada. Algo similar sucedió por ejemplo con *México, el país de los altares ensangrentados* de Frances Clement Kelley, una obra originalmente publicada en Estados Unidos en clara polémica con la visión anticlerical de Anita Brenner expuesta en *Idols Behind Altars*.[62] Aunque en este caso se incluyó una lista de textos, en castellano y en inglés, considerados necesarios para conocer la historia de México. (Sí se publicó una mini portada, pero esta vez fue del libro del Dr. Atl, *Ante la carroña de Ginebra*). La lista concluía con un comentario del traductor, Guillermo Prieto Yeme: "Leer los libros de esta lista en el orden en que aparecen, es muy ventajoso para quien desee formar juicio, propio, sin sectarismos, y capacitarse para leer las obras de propaganda parcial e interesada que abundan en la literatura histórica mundial referente a México".[63] El énfasis de la bibliografía estaba puesto en la cuestión religiosa y da cuenta del interés de los escritores y en especial de Guisa y Azevedo por construir un corpus editorial amplio que conformara la biblioteca formativa del fascista mexicano. La propuesta, precaria para este periodo, en ningún caso era anodina ni mucho menos carente de planificación.

Otro de estos esfuerzos relativamente articulados fue la serie El Socialismo y el Comunismo ante el Sentido Común editada desde 1936 por la Acción Cívica Nacional (ver cuadro No. 3).[64] El objetivo de estos textos apuntó a discutir los temas sensibles para la derecha mexicana, la educación socialista, la reforma agraria y la relación entre la Iglesia y el Estado, pero enfocando el debate desde las nociones teóricas del comunismo o desde las experiencias atribuidas a España y Rusia (en general, en este periodo la propaganda de la derecha no utilizó el nombre de Unión Soviética). Su conclusión y punto de partida era: "En México estamos bajo un régimen socialista. Hay la tendencia a implantar la Dictadura del proletariado. Si no lo evitamos, nos llevará a la misma desgracia a que ha llevado a España y a Rusia".[65] Con estas anteojeras, la Acción Cívica Nacional se esforzó por realizar quizás uno de los esfuerzos editoriales más importantes y sostenidos realizados por los pequeños grupos anticomunistas.

Los textos que se publicaron fueron editados en México, pero muy probablemente se escribieron en España en el contexto de la Guerra Civil, ya que la mayoría de los temas no se relacionaban con las condiciones concretas del gobierno cardenista, sino que buscaban una aplicación global. Sólo en el número 15, dos años después de su aparición, la serie se ocupó de los temas coyunturales mexicanos, aunque desde el tomo 3 se incorporaron llamadas o pequeñas notas sobre casos mexicanos, evidentemente adicionados a un texto ya escrito. Además, la misma colección apareció en Chile durante el periodo. En este caso se enfatizaba que la campaña no tenía fines de lucro, por lo que se cobraba sólo el costo de impresión de los folletos para continuar con la labor propagandística. La versión mexicana señalaba que su precio era de 10 centavos con pasta y 5 sin ella. Se podían solicitar directamente al licenciado E. Gutiérrez Nájera.

Esta acción en red transnacional tampoco era ajena al cedillismo ni a los camisas doradas. Ambos grupos se relacionaron estrechamente con organismos e individuos que se dedicaban precisamente a desarrollar planes cuyo objetivo superaba con creces el territorio mexicano. Por ejemplo, el líder de los dorados Nicolás R. Rodríguez, exiliado en Estados Unidos, estrechó lazos con algunos personeros del nacional socialismo alemán. Uno de ellos, Hermann Schwinn, residente en Los Ángeles, California, además de librero, dirigía parte importante del aparato de propaganda nazi en la costa oeste de Estados Unidos. Estaba vinculado a las librerías The National Book Mart y The Continental Book Shop, y a través de la frontera, vía Guaymas, enviaba regularmente propaganda con destino a la ciudad de México.[66] Este tipo de apoyo entre militancias de la derecha radical fue clave para la proliferación de iniciativas que podían fácilmente traspasar los límites nacionales, ya fuera propaganda nazi o los folletos que la Acción Cívica Nacional hizo circular en el México cardenista.[67]

Los primeros números de estos aparecieron con un sencillo dibujo en la

Cuadro No. 3

Serie El Socialismo y el Comunismo ante el Sentido Común editada por la Acción Cívica Nacional

No. 1	Qué cosa es el socialismo y qué el comunismo; La verdadera finalidad del socialismo; El materialismo histórico	1936
No. 2	El socialismo y la propiedad	1936
No. 3	El socialismo y la familia	1936
No. 4	El socialismo y el gobierno	1936
No. 5	El socialismo y Dios	1937
No. 6	Los horrores del antiteísmo socialista en España	1937
No. 7	Los horrores del antiteísmo socialista en Rusia	1937
No. 8	Los horrores del antiteísmo socialista en México	1937
No. 9	Cómo desarrolla su acción el socialismo	1937
No. 10	La dictadura del proletariado; ésta y el campesino	1937
No. 11	La dictadura del proletariado y el obrero	
No. 12	Malos resultados del socialismo y el comunismo	1937
No. 13	El O. G. P. U. o Cheka	1937
No. 14	Solución católica a la Cuestión Social	1938
No. 15	Refutación de las falsedades que contra la Religión, la autoridad y la pureza, enseña la Escuela Socialista	1938
No. 16	Frutos del comunismo	1938
No. 17	Resumen de todos los folletos anteriores	1938

portada. Un hombre en overol blandía en su mano izquierda una bandera roja y negra, mientras pisoteaba el emblema patrio mexicano. Esta vestimenta se había convertido en uno de los principales símbolos de las luchas obreras, y era representada a diestra y siniestra por los muralistas y grabadores de la LEAR. Para los comunistas el overol significaba el esfuerzo de hombres y mujeres por trabajar en pos de una sociedad revolucionaria. Por lo que pese a la sencillez "infantil" de los dibujos en sus portadas iniciales, la apuesta no carecía de un análisis detenido de la retórica discursiva de sus oponentes. De igual modo, el uso de tres tintas en la portada contrastaba con los ejemplares chilenos impresos a un solo color, algo que al menos advierte que los recursos disponibles por los editores mexicanos no eran tan escasos. Esto se mantuvo en los primeros números editados.

Con el correr del tiempo, la calidad técnica de la publicación fue incrementándose y en el octavo fascículo incorporó fotografías e incluso posteriormente aparecieron viñetas que retomaban con mayor profundidad el tema que abordaba el texto. Por ejemplo, en el caso de la portada aquí reproducida (Imagen No. 12), correspondiente al Número 12 titulado *Malos resultados del socialismo y el comunismo*, recupera una de las nociones arquetípicas con las cuales la Iglesia Católica atacó a los militantes comunistas, la idea del vampiro. De hecho, esta imagen también se combinaba con la figura de perversión anticlerical que representaba La Pasionaria, algo que fue denunciado como parte de las campañas de desprestigio contra los comunistas mexicanos patrocinadas por la Acción Cívica Nacional.[68]

Esta figura es aún más interesante pues nos puede conducir a una línea transversal del discurso anticomunista. Según su argumentación, los objetivos del PCM eran arrebatar la virilidad a los hombres mexicanos, especialmente, aquella que había sido ganada gracias a su participación en los procesos bélicos revolucionarios. Por ejemplo, la Asociación Nacionalista de Pequeños Propietarios Agrícolas, también parte de la CCM, manifestaba que, "[...] no permitiremos que los malvados comunistas prediquen lo que ellos llaman *El amor libre*, es decir, la libertad de nuestras mujeres, nuestras hermanas, nuestras hijas, sean entregadas cuando y como mejor les convenga a los seductores! Nosotros los campesinos somos hombres y sabemos velar por la honra de nuestros hogares".[69] Discursos similares eran utilizados por diferentes agrupaciones anticomunistas orientadas hacia distintos grupos, como los empleados particulares, los militares o los burócratas gubernamentales, con el objetivo de oponerse a los modelos de masculinidad resaltados por el comunismo, y también por el gobierno, que se enfocaban en la sindicalización y en la defensa de los planes estatales como principales atributos masculinos.[70]

Volviendo a la Serie El Socialismo y el Comunismo ante el Sentido Común, con el paso de los números la intervención del desconocido editor mexicano fue aumentando. A las pequeñas alteraciones que se hacían inicialmente se agregaron con mayor frecuencia referencias a otros documentos e incluso a periódicos. El ejemplar arriba mencionado no sólo se refiere a otros números de la misma colección, sino también a periódicos como *Excelsior* o *El Universal*. De este último por ejemplo retoma una noticia que señalaba que algunos ejidos en Puebla se estaban utilizando para cultivar mariguana, lo que comprobaba que "[...] las tierras expropiadas suelen ser utilizadas con fines perversos".[71] También se ofrecían algunos libros disponibles en las ofi-

Imagen 12
Folleto Acción
Cívica Nacional.
(Archivo del
autor).

cinas de la Acción Cívica Nacional a quien quisiera profundizar en los temas mencionados.

Entre ellos encontramos *Así es Moscú* de José Doulliet[72] y *Rusia al desnudo* de Panait Istrati, entre otros.[73] Algunos de estos textos provenientes en general de Madrid, también son mencionados por Carlos Roel en sus argumentaciones anticomunistas.

Cada ejemplar incorporaba en las pastas resúmenes pequeños de todos los números de la colección. De hecho, cada párrafo estaba numerado de tal modo que se dejaba constancia de la unidad que representaban. También probablemente esto respondía a un mecanismo para facilitar su estudio, especialmente por su semejanza que podría tener con las lecturas religiosas, divididas en capítulos y versículos. Así podemos encontrar referencias exactas a temas tratados anteriormente en determinados capítulos. Esta forma de manejar las lecturas posibles no era algo ajeno a muchas de las publicaciones políticas del periodo.

De ese modo, en los textos anticomunistas encontramos numerosos elementos que también fueron el centro de la actividad editorial de la izquierda mexicana durante la década de 1930: su primigenia vinculación a España, la búsqueda de mejoras técnicas, la puesta en el mercado a bajo costo, la utilización de imágenes, su inserción en una red transnacional hispanoamericana, entre otras cosas. De hecho, en algunos casos estas semejanzas fueron utilizadas por los sectores anticomunistas para poner en circulación textos apócrifos bajo el nombre del PCM. "Pedro Lombardo Torrescano" escribió un pequeño folleto explicando por qué Saturnino Cedillo no era un traidor de la Revolución. El opúsculo apareció con el nombre de Publicaciones del Partido Comunista de México y fue escrito en Mixcoac en marzo de 1938, precisamente en los momentos claves del enfrentamiento entre Cárdenas y el líder potosino. En sus páginas, además de las loas al carácter revolucionario de Cedillo, se proponían frases como esta: "La solidaridad racial, sacrificada para implantar doctrinas impracticables que difunden los mismos mexicanos al oro que STALIN arranca al pueblo ruso".[74] Por supuesto, ninguna de las referencias del texto concuerdan con la realidad, el autor trataba de sonar a algo parecido a Vicente Lombardo Toledano, quien precisamente vivía en Mixcoac; retomaba como fecha de publicación un mes crucial para la historia reciente de México asociado a la expropiación petrolera; usaba en la portada un esquema similar a otros folletos del Partido, pero a esas alturas la Editorial Popular era su única empresa oficial; y finalmente, se olvidaban de un detalle relevante, ningún texto de Vicente Lombardo Toledano fue publicado a través de las imprentas del PCM.

Precisamente, el máximo dirigente de la CTM fue uno de los blancos favoritos de las críticas anticomunistas, pese a no ser un militante de dicho partido.[75] Su activismo obrero, con alcances continentales, su capacidad para dialogar con una buena parte de la izquierda, su inserción intelectual a través de la Universidad Obrera, sus vínculos con los exiliados españoles, sus labores en el ámbito editorial y especialmente, sus fluidas relaciones con la Internacional Comunista, lo convirtieron en una de las principales amenazas para los sectores nacionalistas y anticomunistas. Esto incluso motivó campañas nacionales de los sindicatos ligados a la CTM, para evitar las acusaciones y calumnias, que solían ser reproducidas por periódicos como *La Prensa*, *Novedades*, *Ex-*

celsior, El Universal y *El Gráfico*.[76] En uno de estos casos, el mismo Lombardo Toledano escribió a Lázaro Cárdenas: "No me hubiera atrevido a escribir a usted estas líneas para protestar contra la calumnia vil que entraña la mencionada información, porque es tan burda, en efecto, esa mentira, que no me afecta siquiera [...] Lo que me mueve a enviar a usted esta carta, es el hecho de que sean los jefes de la policía los que propalen la calumnia".[77] Pese a las múltiples amenazas de muerte que solían prodigar los sectores fascistas en contra del dirigente sindical, especialmente a través de volantes, Lombardo Toledano evitaba polemizar públicamente con los grupos radicalizados de la derecha.[78]

En otro de los textos apócrifos utilizados por la derecha mexicana y atribuidos a Lombardo Toledano, el retruécano de la información quedaba en evidencia. Un misterioso texto, mimeografiado, con la reproducción de un informe confidencial ultrasecreto, llegó a las manos de un militante fascista, quien lo ponía a disposición del presidente de México. "Copia de este reporte fue entregado por persona que conoce todos los secretos de la CTM y traducida al inglés. El texto que sigue es a su vez una traducción de dicha versión inglesa"[79], explicaba la nota preliminar. En sus dos páginas, Lombardo Toledano se refería con devoción al "Jefe Stalin", enfatizaba la ignorancia de los mexicanos, la "manejabilidad" de Cárdenas y declaraba que el comunismo se apoderaría del país a más tardar en 1940, fecha de la próxima elección presidencial. La reproducción del informe concluía invitando a los lectores a hacer un bien al país sacándole copias y difundiéndolo.

La utilización de textos apócrifos para denostar a los adversarios ha sido algo común en la historia política mexicana.[80] Sin embargo, en estas ocasiones el objetivo era un tanto menos evidente, ya que perseguían confundir a los seguidores comunistas y a los partidarios del gobierno. Por lo general, no eran textos que atacaran directamente al comunismo, sino que buscaban crear conflictos en su interior y dividir a quienes podían ser aliados en determinadas políticas.[81] Esto evidencia, por un lado, la astucia de quienes los impulsaron, pero también, por otra parte, la fuerza que había adquirido el trabajo editorial del comunismo en el escenario político cultural mexicano. Sus prácticas eran reconocibles, sus impulsores identificables, sus lectores un grupo importante, sus propuestas visuales habían comenzado a ser familiares para los sectores politizados, por lo que poner a circular un texto apócrifo podía traer alguna ganancia para sus editores.

De hecho, a grandes rasgos, debemos considerar que a diferencia del ámbito editorial de la izquierda, que se esforzaba por consolidar bibliotecas, colecciones, libros de gran volumen y de mejor factura técnica, el anticomunismo continuaba haciendo énfasis en la circulación de panfletos, volantes y proclamas. Estos se lanzaban en los mítines, se pegaban en las paredes, se repartían en las iglesias. Tal vez por ello, quedan menos vestigios de sus actividades editoriales. La evaluación de estos sectores era que este tipo de publicaciones efímeras podía cumplir con mayor eficacia su objetivo de agitación. Todavía en 1936, el proyecto anticomunista establecía que la mejor base para toda propaganda era la viva voz, que quedaba marcada en los oyentes y que construía prosélitos. Pero si esto no se podía, se debía avanzar en publicaciones de cuatro índoles diferentes: "[...] edición de folletos monográficos[...]; edición de hojas sueltas, en forma completamente sencilla y popular; reproducción de los trabajos extranjeros que por su importancia pueden servir en México[...]; y publicación de carteles con demandas concretas, ilustrados o con gráficas, publicaciones de leyendas muy sencillas".[82] El comunismo cada vez enfatizaba más otras utilidades de los impresos y trataba de evitar sólo realizar la "agitprop".

En este ámbito los sectores conservadores contaron con un aliado que la izquierda no poseía: podían recurrir a algunos diarios de circulación nacional para denostar las campañas comunistas. *La Prensa,* por ejemplo, en febrero de 1940 denunciaba la circulación entre los obreros y en los cuarteles de un panfleto que llamaba al levantamiento armado. A juicio de este periódico, el supuesto documento tenía por encabezado "Primer Congreso Nacional Extraordinario. La situación nacional e internacional y las tareas del Partido".[83] En sus páginas se convocaba a armar a los campesinos y a eliminar a los elementos reaccionarios que amenazaban la revolución. Para explotar el sensacionalismo, *La Prensa* confundía un documento interno que manifestaba, entre muchos otros elementos, el apoyo al gobierno frente a la sublevación de Almazán, con un proyecto "terrorista" inexistente.[84]

Este tipo de disputas editoriales, por supuesto, servía para justificar, el enfrentamiento entre almazanistas y comunistas que se extendía con violencia a través de distintos lugares de México. En Toluca, a fines de febrero de 1940, un mitin del PCM fue disuelto violentamente por seguidores de Juan Andrew Almazán. Incluso en este zafarrancho la imprenta el Libro Mayor fue atacada por los almazanistas. Tres días después los militantes de izquierda quisieron cobrar revancha dirigiéndose a las instalaciones del comité almazanista. "En estas oficinas había cerca de 40 ciudadanos los cuales estaban prevenidos, pues en la azotea tenía ladrillos, piedras y otros portaban armas"[85], informó un agente del Departamento Confidencial. El enfrentamiento provocó varios heridos a bala, cerca de 50 detenidos y la preocupación de la Secretaría de Gobernación en la ciudad de México. La sección 15 del Sindicato de Trabajadores de la Enseñanza de la República Mexicana (STERM) se quejó de que los manifestantes habían sido ametrallados por los almazanistas. Este ambiente de crispación política partidista se repetía en muchos lugares del país[86], por lo que las convocatorias y publicaciones del PCM, enfatizaban los riesgos que representaba la derrota de Manuel Ávila Camacho en las próximas elecciones. El apoyo al candidato gubernamental se consideraba parte del proyecto comunista de colaboración con el cardenismo y estaba muy lejos de contemplar un levantamiento armado en contra del gobierno como planteaban los almazanistas.

Entre las publicaciones de la Editorial Popular sólo dos libros incluyen en sus títulos el nombre de una persona. El primero se refiere a Stalin, algo presumible, y el segundo se titula con la frase *El enemigo es Almazán*. Aunque este texto es un ataque al candidato opositor, su centro de atención se enfoca en los desafíos que representaba para el PCM la futura elección y en cómo manifestar su alineamiento con Ávila Camacho. Su subtítulo es "Informe del compañero Hernán Laborde, Secretario General del Partido Comunista Mexicano, al pleno del Comité Nacional, reunido en México del 16 al 20 de septiembre de 1939".[87] En el contexto de crecimiento que atravesaba el partido, más allá de los peligros que representaba la derecha radical, su objetivo y sus mayores preocupaciones se cernían sobre otras fuerzas políticas de izquierda que pudieran disputarle el espacio que habían conquistado al alero del gobierno cardenista. Esto es precisamente lo que veremos en el siguiente capítulo.

Debates, conflictos y querellas:
Las pugnas con Editorial América

H ASTA EL MOMENTO HEMOS dado cuenta de algunos de los conflictos importantes para comprender los límites y problemas que enfrentó el esfuerzo editorial del Partido Comunista. En el presente capítulo corresponde profundizar particularmente en su conflictiva inserción en el escenario político y en especial en el de las izquierdas en México.

Indudablemente la primera mitad de la década, marcada por su línea de clase contra clase, motivó su aislamiento de otras fuerzas, mientras que, como vimos, las autoridades gubernamentales optaron por la persecución. Sin embargo, al avanzar el sexenio de Lázaro Cárdenas su política sectaria dio paso al acercamiento tanto con el Estado como con otras agrupaciones de izquierda, sindicatos y organizaciones gremiales. De ese modo, mantener *la unidad a toda costa* significó también dejar de lado el carácter polémico que muchas de sus publicaciones habían desplegado. Uno de los elementos mencionados recurrentemente para ejemplificar este proceso es la desaparición de *El Machete*, que según su propio epígrafe servía para "cortar la caña, para abrir las veredas en los bosques sombríos, decapitar culebras, tronchar toda cizaña y humillar la soberbia de los ricos impíos".[1] El 16 de septiembre de 1939 dejó de publicarse para dar paso a un periódico con un nombre más anodino, *La voz de México*. El objetivo de este cambio, según por sus gestores, era llegar a un público más amplio, para lo que se requería un instrumento menos dogmático, más abierto a quienes pensaban diferente.[2] Por supuesto que este intento por mostrarse como un partido conciliador tuvo sus límites y a lo largo de estos años a través de sus publicaciones se presentaron incontables discusiones públicas, acusaciones virulentas y fuertes cuestionamientos en contra de los considerados enemigos políticos.

Con el ánimo de no perder el hilo de la discusión en torno al ámbito editorial, a continuación nos detendremos en una situación especialmente complicada que debió enfrentar el comunismo. Se trata de analizar las polémicas sostenidas con el librero, militante y editor Rodrigo García Treviño, lo que puede ayudarnos a comprender las múltiples facetas de los conflictos editoriales. Esto significa entrar directamente a los cuestionamientos que existieron sobre la función del editor, algo que como hemos visto recién comenzaba a autonomizarse durante el periodo. Hasta esas fechas los límites entre el editor, el impresor, el escritor, el intelectual, tenían unas fronteras muy porosas. De igual modo, podemos percibir el peso de las traducciones, su relevancia de la conformación del catálogo editorial y finalmente, la importancia de las redes tanto para la producción de material impreso como para su circulación. A través de estas circunstancias, esperamos poder dar un vistazo al amplio panorama de los desafíos que afrontaron los comunistas una vez que su presencia editorial comenzó a expandirse.

García Treviño, la némesis comunista

El historiador y político polaco, Isaac Deutscher señalaba de manera tajante: "El ex comunista es el *enfant terrible* de la política contemporánea".[3] Estas palabras se ajustan precisamente a la relación que se estableció entre el librero/editor y sus antiguos camaradas. García Treviño fue un participante activo de la Confederación de Trabajadores de México (CTM) al lado de Vicente Lombardo Toledano; se vinculó a los sectores apristas que se encontraban exiliados en el país; cuando una nueva oleada de emigrados europeos arribó al país, se relacionó con ellos; apoyó en parte a Trotsky con su pluma y con sus libros. De ese modo, a partir de sus prácticas cotidianas, García Treviño desplegó una propuesta particular y conflictiva sobre su labor como editor, político e intelectual.

Este actor ha sido mencionado en muchos trabajos historiográficos que se centran en el desarrollo político del México cardenista. Como una sombra, su figura aparece asociada a los principales debates del periodo, pero casi nunca los investigadores se han dedicado a estudiar sus actividades, motivaciones y propuestas.[4] No corresponde con el héroe militante, ni menos con el político preclaro, tampoco con el idealista ingenuo pero ejemplar. Al contrario, es un agente incómodo, especialmente debido a la imposibilidad de encasillarlo dentro de los márgenes ideológicos, a sus sorpresivos giros políticos, a sus querellas infructuosas y virulentas contra otros militantes. A mi juicio, son precisamente estas situaciones lo que lo transformaron en un actor relevante dentro del escenario de la izquierda, no para explicar las decisiones de partidos o del gobierno, sino para comprender el dinamismo político de aquel momento, donde las definiciones y las prácticas estaban en un constante proceso de rearticulación y los actores muchas veces eran incapaces de seguir el ritmo de los cambios.

García Treviño fungió como uno de aquellos intermediarios (no transparentes) entre la producción de ideas y representaciones y su concreción en productos materiales, libros, folletos u otros dispositivos. Durante este periodo, dirigió la Editorial América y la revista *Acción Social*; participó en la revista *UO* de la Universidad Obrera, en la revista *Clave* vinculada al trotskismo, en la revista *Futuro*, ligada a Vicente Lombardo Toledano; publicó cotidianamente en diarios como *Excelsior*, *El Popular*, *El Nacional*; en su labor universitaria apoyó algunas revistas y especialmente impulsó Ediciones de la Sociedad de Estudiantes Marxistas de la Escuela Nacional de Economía. Fue quizás uno de los principales actores del ámbito editorial de la izquierda mexicana, pero antes de entrar de lleno en estas temáticas revisemos brevemente algunas líneas de su biografía relevantes para comprender este fragmento de historia.

Aunque no poseemos muchos detalles, algunos rastros quedaron de su paso por el Partido Comunista de México (PCM). Nacido en 1902, proveniente de Zamora, Michoacán, su militancia comenzó a fines de la década de 1920. De hecho, fue objeto de una investigación por parte de los agentes confidenciales de Gobernación en 1928, por sus actividades vinculadas al comunismo y en los años posteriores al parecer debió pasar un tiempo recluido en las Islas Marías.[5] Como ya vimos, este tipo de experiencias solía fortalecer los lazos de los militantes, especialmente si consideramos que muchos de quienes pasaron a principios de la década de 1930 por este espacio carcelario terminaron siendo dirigentes del PCM.[6]

No sabemos bien, qué motivó el alejamiento inicial de García Treviño del PCM, pero esto no fue extraño para quienes comenzaron a militar durante la década de 1920. Recordemos las reveladoras cifras que nos entrega Barry Carr: sólo 256 de los varios miles de militantes que el partido tenía en 1939, se mantenían desde el periodo 1929-1935.[7] Esto puede explicarse en parte por un elemento que propone José Revueltas. A su juicio, los vínculos entre los militantes no eran políticos ni ideológicos, sino orgánicos. Y aunque no profundiza qué significaba esto, según la interpretación de Fuentes Morúa, el escritor quiso decir que la "[...] relación era pragmática, operativa y funcional, despojada de principios teóricos y políticos".[8] Quizás fue el mismo proceso formativo ideológico de García Treviño lo que motivó la ruptura. Su alejamiento del PCM, a diferencia de muchos otros, no incidió en un abandono del marxismo. Al contrario, continuó aplicando las "tesis marxistas" a la realidad mexicana, de modo de complejizar el entendimiento de los procesos que se desarrollaban en el país.[9] En esto debemos considerar que García Treviño se convirtió en un académico de la Escuela Nacional de Economía, que comenzó a dar clases en la Universidad Obrera y además realizó algunas giras por el país dando conferencias "sociológicas", defendiendo los alcances de las reformas impulsadas por el cardenismo.[10]

De ese modo, se produjo un acercamiento relevante con Vicente Lombardo Toledano, uno de los principales enemigos del PCM durante la primera mitad de la década. Tal fue la cercanía, que García Treviño fue uno de los integrantes del primer comité ejecutivo de la Confederación de Trabajadores de México (CTM) fundada a inicios de 1936 y además colaborador continuo de la revista *Futuro*. Algo que posiblemente no consideraba era que, cardenismo mediante, ambos sectores comenzarían a acercarse cada vez más, especialmente después de la bullada visita de Lombardo Toledano a la Unión Soviética.[11] En ese nuevo contexto, algunos proyectos que estaban asociados al lombardismo, comenzaron a volverse más activamente marxistas y en 1937, García Treviño fue elegido para dirigir su proyecto editorial.

En junio de ese año, Ediciones del Centro de Estudios para Obreros y Publicaciones de la Universidad Obrera de México se transformó en la Editorial América. Para comenzar a andar recurrió a la publicación de un breve folleto traducido en España: *El capital bajo el manto del Papa* de Nicolás Bujarin. Esto no era extraño para este tipo de iniciativas. Como vimos, Ediciones Frente Cultural, Editorial Popular y otras, habían tenido la misma práctica hasta poder producir textos originales.

"Iniciamos nuestra vida editorial con esta pequeña gran obra, porque consideramos que existen sobrados antecedentes históricos nacionales y hechos presentes que hacen necesaria su difusión",[12] se explicaba en unas breves palabras inaugurales. Esto apuntaba en dos direcciones muy diferentes. Por un lado, explícitamente se intentaba utilizar el espacio editorial para intervenir en los debates públicos del México cardenista, donde la cuestión religiosa estaba en primer plano. Sin embargo, la elección de la obra de Bujarin extrañaba un contenido implícito que no podía pasar desapercibido para los militantes de la izquierda marxista. El autor elegido había sido detenido por las autoridades soviéticas y acusado de traición, por lo que estrepitosamente había caído del olimpo estalinista y su nombre tachado de las listas de obras recomendadas por el PCM.[13] De inmediato, la editorial tomaba distancia del canon oficial soviético, sin renunciar a su vinculación con el marxismo.

Eso sí, el esquema de funcionamiento seguía los mismos patrones que desarrollaba el Partido Comunista y otros sectores políticos. En otras palabras, en lugar de crear una sola editorial que centralizara el trabajo, se crearon varias empresas independientes entre sí, que enfrentaban públicos diferenciados y actuaban como una verdadera red, publicitándose mutuamente, compartiendo prensas, traductores y originales.[14] Para dotar de autonomía a la distribución del material impreso y que los consumidores no concurrieran a los lugares identificados exclusivamente con el lombardismo, se recurrió a la Librería Ariel, ubicada en Donceles 97, y que decía poseer "[...] el más amplio y selecto surtido de obras sociales y de actualidad".[15] En este lugar además solían reunirse los integrantes de la Liga de Escritores y Artistas Revolucionarios (LEAR).

En un principio la aparición de la Editorial América debió causar un poco de confusión en el Departamento Editorial de la Universidad Obrera, el núcleo central de este proyecto. De hecho, en la revista *Futuro* se publicaron varios anuncios sobre la próxima aparición del libro de L. Segal, *Principios de economía política*. En abril lo editaba dicho Departamento, en mayo Ediciones del Centro de Estudios para Obreros y finalmente en junio, salió bajo el sello de Editorial América.[16] Después de la fundación de esta empresa, el Departamento dejó de lado la publicación de textos de teoría marxista general y se concentró en estudios y monografías realizados por sus profesores y estudiantes.[17] Para comprender la importancia que la Universidad Obrera daba al libro podemos recuperar las palabras que introducían a uno de sus cursos: "Para la educación del trabajador es necesario enseñarle a conocer lo que es el libro, cómo se hace, cómo se ilustra y cómo se convierte en el mejor instrumento de la cultura humana".[18] El director de esta sección era el escritor Francisco Orozco Muñoz y los contenidos del taller iban desde elementos manuales como la encuadernación hasta variables psicológicas sobre la lectura.

El alcance que llegó a tener la editorial podemos verlo sucintamente en las palabras del ya citado dirigente socialista chileno, Clodomiro Almeyda, quien en sus memorias escribió: "Muy pronto aparecieron en Chile [a fines de los

30], publicados por la Editorial América, de México, los *Manuscritos econó-mico filosóficos*, de Marx, que recién habían sido descubiertos en Europa y que revolucionaron el ambiente intelectual de avanzada, sentando las bases de una verdadera antropología marxista en la que se articulaban armónicamente sus puntos de vista filosóficos con sus concepciones económicas [...] Su influencia en mí fue enorme y decisiva".[19] Además de la misma editorial menciona la obra de Norbert Guterman y Henri Lefebvre, *Qué es la dialéctica*, una antología titulada *A la luz del marxismo. Método dialéctico y ciencias humanas*, el texto también recopilatorio *El materialismo histórico según los grandes marxistas y antimarxistas*, entre otros. En resumen, explica: "Lo notable es que la calidad de esa literatura era bastante elevada. El hecho de que haya llegado a mis manos cuando yo tenía entre quince y veinte años, me evitó tragarme toda una literatura del llamado "marxismo vulgar", la que antes y después de esos años ha constituido la fuente principal para entrar en contacto con esa ideología, y que más ha contribuido a deformar que a formar políticamente".[20] Esto obedecía a la escrupulosidad en la elección de cada texto publicado, que se buscaba se ajustaran a los requerimientos de la Universidad Obrera y sus planes de estudio. Por ejemplo, en el caso del mencionado *A la luz del marxismo. Método dialéctico y ciencias humanas* se optó por quitar algunos artículos que estaban orientados a la sociología y otros que ya habían sido publicados en México, de tal modo que el contenido del libro "[...] metodológicamente considerado constituye un conjunto armónico, cuyo punto de partida es la filosofía marxista".[21] Esto no significaba un rechazo a la sociología, sino la búsqueda de claridad respecto a las diferentes perspectivas de análisis. Esto quedaba claro con la posterior publicación de *Introducción a la sociología* de Armand Cuvillier.[22] En lugar de publicar lo que estuviera disponible, Editorial América establecía un orden en su catálogo con tal de que la difusión del marxismo respondiera a las necesidades que sus impulsores percibían en el México cardenista.

Ahora bien, la editorial permitió a García Treviño posicionarse no sólo como un editor e intelectual, sino aumentar su presencia política. Las decisiones sobre qué se publicaba y qué no, fueron un primer escalón en sus atribuciones. De hecho, antes de ver cuáles fueron los intereses generales del editor al momento de construir el catálogo de Editorial América (ver Anexo No. 4), debemos enfatizar que al igual que otros actores, se caracterizó por intervenir explícitamente en las lecturas que los libros podían presentar. En otras palabras, trató de controlar lo más que pudo la *recepción* de las obras, a través de incluir en ellas todo tipo de marcadores textuales, introducciones, prólogos, comentarios, apéndices, bibliografías, entre otros. Quizás el caso más interesante es una nota de advertencia aparecida en *Principios de economía política* de L. Segal. Este aviso comienza de la siguiente manera: "Generalmente el editor de un libro no tiene por qué ni para qué estar en acuerdo o en desacuerdo con su autor. En el caso presente, y por lo que en lo personal se refiere al firmante de esta advertencia, no sucede, sin embargo, así".[23] Después de estas palabras García Treviño expresa su disconformidad con el último párrafo de Segal, el cual convocaba a los lectores a unirse a los esfuerzos de la Internacional Comunista y Stalin en contra del fascismo. A su juicio, estas ideas eran erradas, porque el triunfo sólo podría lograrse mediante la acción de la clase obrera y al asegurar esto, también explicaba que no hacía propaganda de sus propias ideas, sino "[t]rato, simple y sencillamente de cumplir con un elemental deber de lealtad para con mi propio pensamiento".[24]

La práctica de modificar los textos para eliminar las referencias comunistas también afectó a organizaciones como la LEAR o a autores cuyos libros resultaron los principales *best sellers* de la Editorial América. En el homenaje póstumo que realizó *Acción Social, revista teórica de la CTM*, al recientemente fallecido escritor argentino Aníbal Ponce, el editor García Treviño decidió incluir una nota explicatoria a una disertación que había ofrecido este intelectual unos días antes de su muerte. "Fue, originalmente, una conferencia leída ante el Comité ejecutivo de una organización de intelectuales de izquierda de México, cuyo nombre no mencionamos por dos razones; primera, para no herir susceptibilidades; y, segunda, porque las orientaciones y justas críticas que contienen pueden considerarse como de carácter general".[25] Más allá de que las palabras de Ponce se adecuaran a muchos de los militantes de izquierda, la anulación del lugar donde se dio la conferencia, en vez de no herir susceptibilidades, fácilmente podía ser leído como una apropiación injustificada por parte del editor. Y si consideramos que muchos de los integrantes del Comité Ejecutivo de la LEAR (organización que cobijó el discurso del argentino) no tenían buenas relaciones con García Treviño, la situación resultaba aún peor. Para concluir con sus modificaciones, el editor reconoce que el título del texto tampoco corresponde al que su autor puso originalmente.

En este mismo sentido, la apuesta principal de la editorial, como vemos en algunos libros antes mencionados, fue la traducción o elaboración de manuales o libros de texto.[26] Éste era (y continúa siendo) el principal negocio del mercado editorial mexicano y la Guerra Civil Española abrió un importante espacio para los productores locales. Cada ejemplar no era considerado sólo material de lectura, sino también herramienta de estudio, por lo que la calidad de la edición, el tamaño, e incluso los márgenes de la composición tipográfica, debían facilitar este tipo de uso.[27] Y algo pedagógicamente muy importante, en lugar de entregar las respuestas ya digeridas, se debía buscar que los lectores-estudiantes desarrollaran sus propios procesos de aprendizaje.[28] Por supuesto, esto explica el interés de García Treviño por restringir las interpretaciones posibles en cada lector.[29]

La inserción de Editorial América en una red más amplia, con características incluso transnacionales, podemos verla en las publicaciones que hizo de Aníbal Ponce. La editorial lanzó dos obras importantes del exiliado argentino: *Humanismo burgués y humanismo proletario* (póstuma) y una segunda edición de *Educación y lucha de clases*. Estos textos según la propia editorial se transformaron en un éxito de ventas. Del primero mencionado se realizó un tiraje de 3,050 ejemplares.[30] Mientras que del segundo, cuyo origen nos remite a Buenos Aires, en sólo seis semanas se vendieron los tres mil que también se había imprimido. En unos pocos meses se realizaron tres reimpresiones y todavía en la década de 1950 era considerado uno de los principales libros de ciencias sociales publicados en México.[31] En la Imagen No. 13 se reproduce la portada de este texto, que aún se encuentra disponible en las librerías de viejo de la ciudad de México.

Para lograr este impacto, la Universidad Obrera en su revista *UO*, reprodujo algunos textos de Ponce antes de que aparecieran los libros referidos, recurriendo a la articulación de la red editorial que potenciaba el trabajo interrelacionado de cada una.[32] Pero, en realidad, fue la labor incansable del escritor argentino lo que potenció el trabajo editorial de la izquierda en su conjunto, lo que a su vez generó muestras de apoyo y también de rechazo.[33] De hecho, según Javier Garciadiego, Ponce marcó el inicio de una tibia transformación en el Fondo de Cultura Económica, desde la publicación de manuales para los estudiantes de economía hacia su inserción en las ciencias sociales, la política y la filosofía. El historiador mexicano se pregunta al respecto, "[...] tal vez aquí esté la semilla de lo que luego florecería con los exiliados españoles".[34] Ponce había llegado a México gracias a las gestiones de Alfonso Reyes cuando era embajador en Argentina[35], y una vez arribado se vinculó también a Cosío Villegas, por lo que este tipo de colaboración pudo marcar un antecedente para el proyecto tanto del FCE, como de la Casa de España. Aunque

Imagen 13
Portada Ponce,
Aníbal, *Educación
y lucha de clases*,
México: Editorial
América, 1937.

dada la debilidad de ambas instancias recién gestadas en aquel entonces, si algunas instituciones pudieron aprovechar su presencia en el país, éstas fueron la Universidad Obrera y Editorial América.

En su labor como editor, Rodrigo García Treviño también se relacionó estrechamente con los militantes del APRA (Alianza Popular Revolucionaria Americana). De hecho, fue uno de los no peruanos que ingresó al Comité Aprista de México.[36] Estos nexos le permitieron establecer un discurso común entre la CTM y el APRA en determinadas coyunturas políticas y desarrollar algunos proyectos editoriales en conjunto. Por ejemplo, una de estas iniciativas fue *Haya de la Torre, el indoamericano*, escrito por el exiliado Felipe Cossío del Pomar.[37] En este libro se reivindicaba no sólo al dirigente peruano, sino también la importancia que tenía México para desplegar la unión continental. Así, las propuestas políticas e incluso las simbólicas, trataban de hacer converger los intereses de ambos países.

Otro de los aportes que hizo la Editorial América y García Treviño al aprismo, quizás aún más relevante, fue el apoyo en la instalación de un proyecto editorial propio. El primer paso de este proceso fue la consolidación de la revista *Trinchera Aprista*, que pasó de ser un boletín casi interno a convertirse en una publicación de carácter teórico-político. Por otra parte, el Comité Aprista de México se embarcó en la constitución de la Editorial Manuel Arévalo, la cual imprimió la serie Cuadernos de Cultura Popular.[38] Por supuesto, en esta relación ambas partes fueron beneficiadas y la empresa mexicana aprovechó los contactos del aprismo a nivel continental para granjearse agentes en distintas partes del continente.[39]

De ese modo, la Editorial América logró establecerse de manera eficaz como una tribuna que entrelazaba los intereses editoriales, los objetivos políticos y las propuestas intelectuales de sus impulsores. Veamos ahora con más detalle cómo esta situación operaba en determinadas coyunturas y hasta qué punto entraba en conflicto con las iniciativas del PCM.

Las luchas por la traducción

En octubre de 1938, la Editorial América lanzó al mercado *La mujer* de Augusto Bebel. Este libro era la traducción de uno de los clásicos de la literatura socialista[40], que había contribuido a iniciar la interpretación marxista de ciertas corrientes del feminismo, convirtiéndose en un verdadero *best seller* en Europa. Junto a este texto, previamente habían aparecido *La revolución sexual* de Hildegart y Riazanov y *La mujer nueva y la moral sexual* de Alexandra Kollontai, ambos publicados por el sello editorial de la Universidad Obrera, por lo que este tipo de publicaciones no era una novedad para la izquierda marxista mexicana.[41]

El problema surgido en torno a *La mujer* de Bebel nos puede permitir visibilizar una serie de discusiones intelectuales, políticas y editoriales, emergidas a la superficie a partir de la disputa por la traducción correcta del marxismo.

El conflicto comenzó a través de una crítica marginal relacionada con la edición seleccionada para llevar a cabo la versión mexicana. El error, a juicio de un texto aparecido en la página orientada a los problemas de las mujeres en *La voz de México*, consistía en recurrir a la traducción que había realizado

Emilia Pardo Bazán en 1906, ya que, "Por boca de ella misma sabemos que el libro fue recortado casi dos terceras partes del original y que ha suprimido todo lo que en su época pudiera ofender a la clase burguesa de ideas estrechas".[42] Si era una edición que poco había servido a los intereses revolucionarios en España a principios de siglo, el comentario lamentaba que se vendiera de manera tan profusa, un libro que no ayudaría a las mujeres en sus luchas contemporáneas.[43]

El primer golpe había sido lanzado, y el director junto con el presidente de la Editorial América, Xavier Icaza, escribieron en *El Nacional* una extensa defensa de su publicación. Entre otras cosas, señalaban que la traducción había sido escrupulosamente cotejada con la versión francesa de 1891 (considerada "definitiva" por su autor), y que algunos párrafos omitidos por Pardo Bazán habían sido reinsertados con base en la edición española de 1937. De hecho, esto estaba advertido en el mismo libro, en una nota del editor.[44] Habían incluido traducciones de prólogos, notas, introducciones, que la hacían más completa que otras versiones en castellano, por lo que anunciaban irían a los tribunales de justicia para recuperar económicamente los prejuicios que la acusación había ocasionado. "Lamentamos, además, que el libro de Bebel, tan atacado y criticado por los reaccionarios y fascistas del país, haya sido colocado por el órgano del Partido Comunista de México en el índice de las obras prohibidas",[45] concluían.

Frente a estas declaraciones públicas *La voz de México* contragolpeó desde la portada. Ahora la acusación no sólo se centraba en el problema de la edición, sino en el carácter arbitrario y contrarrevolucionario del libro, cuyo responsable final era Rodrigo García Treviño, sin mencionar a Icaza u otro involucrado.[46] La acusación subía de tono: "Este se ha comportado como vulgar mixtificador no sólo en la obra de Bebel ahora comentada, sino en la de Segal que también mutiló arbitrariamente para defender a su correligionario Trotsky".[47] Como ya vimos el editor había puesto una nota de advertencia al final de dicho libro. A la nueva denuncia se agregaba que la intención del editor era hacer creer a la opinión pública que el periódico comunista estaba en contra de la divulgación de literatura marxista. Finalmente, ya que la cuestión competía a los marxistas en su conjunto, solicitaba que se instaurara un Tribunal Revolucionario que se pronunciara sobre el carácter del libro, " [...] en lugar del terreno de pica-pleitos a donde se nos pretende llevar".[48]

García Treviño esta vez respondió en solitario. Aceptaba someter la polémica a un Jurado de Honor y proponía que dictaminara si: "dados los elementos con que se cuenta en nuestro país, si se nos podría pedir que hiciéramos más de lo que hicimos [y] si nuestras ediciones de los libros mencionados, dadas las condiciones actuales de México y del mercado mundial de libros de izquierda, son útiles o no para la difusión del marxismo".[49] En otras palabras, pedía que los integrantes de dicho comité exploraran una serie de problemáticas que iban mucho más allá de sancionar fragmentos faltantes. La única forma de conocer el valor de su publicación era evaluar la producción de los libros de la izquierda en México.

El tercer texto de *La voz de México* esta vez no sólo apareció en portada, sino que, en contra de lo normal, fue firmado por el director del periódico, Valentín S. Campa. El también dirigente ferrocarrilero se refería con mayores detalles a la instauración del Jurado de Honor. Lo primero sería establecer si el libro estaba mutilado o no, si este problema había sido intencional, por lo que García Treviño sería un calumniador, y finalmente le pedía al jurado: "Fallar sobre si todo revolucionario con ética intelectual, tiene no sólo el derecho, sino la obligación de señalar toda omisión en las ediciones. Fallar sobre si es o no contrarrevolucionario mutilar o modificar arbitrariamente una obra en aspectos esenciales y revolucionarios de la misma".[50] Esto es relevante para comprender la función que otorgaban desde el PCM a los intelectuales en cuanto a su trabajo editorial. La fuerte relación entre el intelectual y la ética revolucionaria los llevaba incluso a plantear que la omisión podía ser considerada una actitud condenable. Por su parte, el director de la Editorial América, también argumentaba en torno a estos mismos elementos. Sin embargo, añadía un tercer factor: la ética comercial. Preocupado por su empresa, veía también en la campaña de *La voz de México* un intento por menguar el esfuerzo de difusión del marxismo que estaba realizando.[51] La disputa por el texto de Bebel se insertaba de lleno en la doble propiedad de los libros, por un lado, dispositivos culturales-simbólicos y por otra parte, mercancías de consumo. Dada las condiciones de la producción local, las traducciones eran una fuente importante de recursos para las editoriales, por lo que el prestigio asociado a esta labor era un elemento comercial que no se podía perder. En una de las traducciones más relevantes para el marxismo que hizo la Editorial América, *Economía política y filosofía* de Karl Marx, el propio García Treviño planteaba: "Aunque hubiera sido posible proceder de otra manera, se ha resistido a la tentación de hacerlo, por considerarse que ello hubiera equivalido a completar a Marx, corriéndose, por ende, el peligro de falsear la manera en que enfocaba los grandes problemas filosóficos, económicos y sociales cuando estaba dando los primeros pasos firmes en el terreno de lo que después había de llevar su nombre: el marxismo".[52] El editor prefería perder en lo que se refería al estilo literario, pero ajustarse lo más posible al texto original. Esta rigurosidad como manifestación de la calidad editorial, sólo podía asociarse a un mercado que comenzaba a ser cada vez más competitivo.

Junto a estas características del debate, también podemos atisbar otras situaciones. Por ejemplo, *La voz de México* ofrecía poner a disposición del jurado, las versiones alemana, inglesa y francesa del libro (después sumará la edición belga). Mientras que García Treviño ofreció las versiones en castellano de 1893 y 1937. En otras palabras, la presencia de al menos ocho versiones diferentes (contando la de Pardo Bazán y la de Editorial América), nos remite, en contra de lo asumido historiográficamente, a una circulación amplia y extendida de ciertos libros de marxismo en México. Y aunque su lectura fuera restrictiva, al menos sus planteamientos eran conocidos para que los medios de comunicación cobijaran una discusión al respecto.

De igual modo, Campa en su artículo acepta la conformación del jurado propuesta por García Treviño. Este sería integrado por Raúl Noriega, director de *El Nacional*, en calidad de presidente del organismo. Además, se propone como integrantes a Alejandro Carrillo (secretario general de la UO y dirigente de la CTM), Enrique González Aparicio (director del Banco de Fomento Obrero y de Crédito Industrial y catedrático universitario) y a José Zapata Vela (editor y autor del libro *La educación y la cultura socialistas*). A este grupo se suma, Rafael Sánchez de Ocaña, quien estudiaría el asunto y presentaría su dictamen. Al igual que en el caso de las múltiples versiones disponibles, aquí podemos ver la presencia de una *intelectualidad en construcción*, que ya es reconocida como experta en marxismo y al mismo tiempo en los procesos editoriales. En otras palabras, las lecturas y las prácticas asociadas al mundo de la edición de la izquierda mexicana no pueden ser consideradas tan fácilmente como procesos precarios, ni menos desvinculados de la discusión teórica que movilizaba el marxismo mediante sus canales globales de difusión.[53]

A partir del 27 de octubre, las pruebas en contra de la edición de García Treviño aparecerán casi a diario en *La voz de México*. Los recursos son variados, desde una crítica sarcástica a su labor (exponiendo: "Cuando uno se mete a editor no debe confundir la prensa con las tijeras"[54]), pasando por denostar al "ultraizquierdista" librero,[55] hasta el uso de fotografías de fragmentos[56] supuestamente cercenados, nos grafican la multiplicidad de recursos técnicos del periódico para debatir en el escenario público. Incluso, la vinculación del diario con conferencias y otro tipo de actividades, tan importante en el periodo, será utilizada por Miguel Ángel Velazco, para exponer las posturas del PCM en relación con este debate. Lo interesante es que dicha conferencia la organizó la Sociedad de Estudiantes Marxistas de la Escuela de Economía, una de las organizaciones culturales más activas en la difusión del marxismo y en especial del lombardismo.

Un mes después de iniciado el debate, las prensas aún le dedicaban espacio. A fines de noviembre, Isabel de Cossío, escribió un texto donde analizaba detenidamente desde una postura feminista el libro editado por García Treviño. Después de revisar palabra por palabra, su conclusión seguía siendo que todo era un crimen. La nota, que esta vez había vuelto a la sección Nosotras las mujeres, explicaba que a México, de las 59 ediciones existentes en el mundo, sólo habían llegado algunas ediciones completas "...pero según García Treviño como en el país de los ciegos el tuerto es rey, consideró que 'dados los elementos con que se cuenta en nuestro país', podría difundir su edición mutilada, impunemente. ¿Desde cuándo la falta de elementos justifica la edición de publicaciones mutiladas y falseadas? Eso se llama gansterismo literario y nada más".[57] Pero más allá de la mirada pesimista de Cossío sobre el mundo de los libros, esto no era suficiente para comprobar que el editor actuaba de mala fe. Siguiendo la retórica del periodo, además señala que al asegurar que la autorización para publicar la obra en México la había obtenido de la Editorial Marxista de Barcelona perteneciente al POUM[58], se inculpa de pertenecer al trotskismo. Y dada esta situación: "Natural es que un trotskista dé a otro autorización para engañar, desorientar y mal informar a los trabajadores de México".[59] Las redes editoriales transatlánticas continuaban fluyendo pese a los problemas generados por la Guerra Civil, aunque esta vez la producción material debió hacerse en el ámbito local. Este tipo de relación comenzaba a augurar el trasvase de muchos proyectos editoriales desde España hacia México y América Latina. Después de esta explicación la autora revisa varios párrafos, para concluir que no sólo es necesario dejar de leer el texto, sino que se debía pedir el reembolso del dinero.

Ahora bien, hay un contexto político que es necesario mencionar para comprender otra faceta de la disputa. En el mismo periodo que esta polémica aparecía en la prensa, se discutía en las instancias estaduales una reforma al Artículo 34 Constitucional, presentada por Cárdenas, que entregaría la ciudadanía a las mujeres. Este paso legislativo era uno de los primeros en el proceso de obtención del voto femenino.[60] Su incorporación a los procesos electores concitaba el interés de los distintos grupos políticos, que realizaron esfuerzos por atraer la atención de las posibles nuevas votantes. De ese modo, cuando García Treviño decidió publicar el libro, había una clara intencionalidad de intervenir en el debate público sobre el nuevo rol de la mujer en la sociedad. Y esto era aún más evidente en el caso de las argumentaciones comunistas, que pretendían hacer de la nueva ciudadana una revolucionaria más.[61]

Finalmente, el debate público sobre *La Mujer* de Bebel se fue diluyendo, como solía suceder con estas polémicas, y no hay constancias de que el tribunal de honor se pronunciara sobre el asunto. Lo que sí sabemos es que Rodrigo García Treviño a inicios de diciembre de 1938 ya no figuraba al frente de la Editorial América.[62] Este conflicto sin duda abonó en su salida, pero no fue la única causa.

Aprista y trotskista a medias

Las tensiones entre García Treviño y Vicente Lombardo Toledano, según Olivia Gall, comenzaron a incrementarse a partir del acercamiento de este último con el comunismo. Uno de los puntos relevantes de este proceso de ruptura fue que como miembro de la Comisión Técnica Consultiva del Comité Nacional de la CTM, el editor se negó sucesivamente a dar declaraciones o signar manifiestos en contra de Trotsky.[63] Esto lo puso en problemas, ya no sólo con el PCM, sino con Lombardo Toledano, quien se mostró opuesto a la presencia del ex líder bolchevique en México, adhiriendo a la posición de la URSS.[64]

Según expone Ricardo Melgar Bao, en un extenso informe dirigido al líder del APRA, Víctor Raúl Haya de la Torre, Rodrigo García Treviño le planteaba su desazón con las posturas estalinistas que había comenzado a defender el líder de la CTM. A juicio del historiador, "...sentía que el fantasma soviético atenazaba sus respectivos campos de acción".[65] De igual modo, García Treviño en este informe fue uno de los primeros que percibió el giro hacia la derecha que comenzaba a desarrollar el gobierno cardenista, menos interesado en la solidaridad continental, y mucho más preocupado de mantener buenas relaciones con el vecino del norte después de la expropiación. Desde su cargo en la CTM, había tratado de mantener unidos los esfuerzos latinoamericanistas de esta agrupación sindical y el APRA, pero al parecer el Congreso Mundial contra la Guerra y el Fascismo, desarrollado en México en septiembre de 1938, fue el golpe final a todo entendimiento. Y no sólo eso, el mismo comité aprista mexicano tuvo que salir a explicar públicamente cuál había sido su actuar en aquella reunión para no quemar definitivamente sus relaciones con el gobierno.[66]

De ese modo, la posición de García Treviño comenzó a ser leída por los diferentes actores como perteneciente al trotskismo. Sin embargo, el editor se esforzaba en señalar que era integrante de la CTM y no estaba subordinado a la agrupación del exiliado soviético. Este debate pasó finalmente a las prensas, aunque esta vez ya no a Editorial América, sino que fue publicado por la Sociedad de Estudiantes Marxistas de la Escuela Nacional de Economía. Para insertar las discusiones en dinámicas más relevantes que las querellas personales, García Treviño tituló el texto: *El Pacto de Múnich y la Tercera Internacional*.[67] El libro reúne los artículos que había escrito para *El Popular* y la versión mecanografiada de una conferencia organizada por la propia Sociedad de Estudiantes. Se esforzaba en exponer sus propuestas, "[...] considerando que ningún marxista tiene derecho a hacer un uso doméstico de sus pensamientos, he expuesto públicamente mis convicciones".[68] Pero pese a los intentos por recurrir a este tipo de argumentos, el texto consiste en una explicación personal de sus posiciones políticas. En primer lugar, señala que no renunciaría a sus responsabilidades en la CTM y que tampoco cobraba un centavo en las nóminas del Estado. Además, acusaba a los comunistas de defender el imperialismo durante el Congreso Mundial contra la Guerra y el Fascismo. Sólo la intervención de los apristas peruanos había podido subsanar a última hora este intento de sabotaje.

Finalmente, para establecer que si bien compartía algunos elementos de la crítica que hacía Trotsky a la dictadura estalinista, pero no estaba de acuerdo con sus prácticas políticas, señala directamente: "Si sus predicas hubieran sido acogidas por las masas se hubieran obtenido resultados definidamente contrarrevolucionarios".[69] Esto le había costado ser tachado en el periódico *IV Internacional, órgano de la Liga Comunista Internacional*, de "filisteo... que toca las puertas de Stalin", "pretendido magister del marxismo", "los títulos de contrarrevolucionaria y derrotista que Treviño aplica a nuestra línea son una repetición de las calumnias stalinianas".[70] En la revista *Clave,* una de las principales publicaciones trotskistas del periodo, también aparecieron requerimientos en contra del editor.[71]

Su rechazo al "...uso doméstico de sus pensamientos", que lo obligaba a exponer en detalle sus ideas, finalmente había terminado por aislarlo de las principales fuerzas políticas que pugnaban por construir una izquierda marxista mexicana.

El aislamiento final

"La forma en que en México se organizará, pues, el frente popular, es originalísima; mientras que en otros países las agrupaciones políticas de este nombre han sido el resultado de conveniencias y de pactos libremente adoptados por diversos partidos, en México se organizará por un acuerdo gubernamental",[72] explicaba García Treviño en una revista del sindical de los trabajadores del hierro. En México el proceso se estaba realizando de arriba hacia abajo, por lo que el resultado final abría un amplio margen de duda sobre el devenir político. Con ello criticaba la extendida idea de que el gobierno cardenista correspondía a un Frente Popular, se distanciaba de las políticas pequeño burguesas del régimen y ponía el énfasis en el error político que costó caro al PCM y contribuyó a consolidar la institucionalización del partido único, el cual adquirió en aquel momento el nombre de Partido de la Revolución Mexicana (PRM).

A su juicio, este análisis era el resultado de la aplicación del marxismo a la realidad mexicana. Por supuesto, un marxismo a la García Treviño.[73] Poco espacio queda para analizar los matices que en ese momento había tratado de instalar el editor. Sin embargo, es relevante mencionar la originalidad que estuvo asociada a su labor de difusión, de creación intelectual y de práctica política concreta. Su ubicación en el entramado de estos tres ejes le permitió convertirse en un actor relevante y al mismo tiempo desplegar su propia visión sobre lo que estos campos debían ser.

El escenario conflictivo generado entre las diversas organizaciones de la izquierda en lugar de contener el debate, sirvió para la difusión de los impresos de todos los implicados. En este contexto el PCM, no sólo fue capaz de aprovechar sus relaciones con la CTM, su periódico, sino también con el gobierno e incluso con sectores progresistas desvinculados del sistema partidista. *La voz de México* entró de lleno en estos combates editoriales, al igual que Editorial Popular. El resultado final fue la dinamización de las actividades, el aumento en la circulación y finalmente una profundización en las variables ideológicas de lo que significaba editar.

El escenario de exilios, ya fuera español, sudamericano o soviético, movilizaba desde el propio territorio mexicano la constitución global del esfuerzo comunista. En este sentido aún queda pendiente observar una variable relevante: el uso editorial que el PCM dio a sus relaciones con Estados Unidos.

CAPÍTULO VII

Los usos Editoriales del espacio fronterizo entre México y Estados Unidos

EL PRESENTE APARTADO BUSCA analizar cómo la frontera entre México y Estados Unidos fue utilizada por los militantes comunistas para potenciar sus trabajos editoriales en ambos países. Este espacio no sólo sirvió para el trasiego de publicaciones clandestinamente, sino que se convirtió en un eje articulador del debate sobre las posibilidades de hacer la revolución más allá de todo nacionalismo. Si existía la posibilidad de unir a todos los proletarios del mundo, esto primero debía ponerse a prueba en los países vecinos.

Historiográficamente las relaciones entre el comunismo de ambos países han sido estudiadas en sus dinámicas cupulares, donde el PC estadounidense (PCEU) cumplió una función de tutelaje ideológico y político sobre las estrategias y tácticas de la sección mexicana.[1] Esto venía estructurado de esta forma desde las políticas centrales de la Internacional Comunista. Textos como el siguiente solían encabezar las relaciones entre las contrapartes estadounidense y mexicana: "Sobre la base de las informaciones cambiadas y de las discusiones habidas con los representantes del PCM, el BP del PCEU decide enviar al CC del PCM sus opiniones fraternales sobre algunos de los problemas que enfrentan el movimiento obrero y democrático de México".[2] De ese modo la subordinación podía esconderse tras las *opiniones fraternales*.

Sin embargo, más allá de estas dinámicas dirigenciales, las siguientes páginas se proponen explorar cómo se desarrollaron estas relaciones a partir de los militantes vinculados al trabajo editorial. Con este objetivo se consultaron fuentes disponibles tanto en México, en el archivo del Centro de Estudios del Movimiento Obrero y Socialista (CEMOS), en el Archivo General de la Nación y algunos acervos locales, como en Estados Unidos, incluyendo repositorios en la Wisconsin Historical Society, que resguarda los archivos de algunos militantes estadounidenses del periodo y la colección de Documents of 20th-Century Latin American and Latino Art en el International Center for the Arts of the Americas at the Museum of Fine Arts, de Houston, Texas. Por supuesto, aún quedan numerosos repositorios que consultar en Estados Unidos, pero se espera que a través de los documentos aquí mencionados el lector pueda formarse al menos una idea de los problemas esbozados. Pues, además, hay que considerar que a nivel dirigencial podemos acceder a los impresos, libros, folletos, pero si nos detenemos en las bases partidistas los archivos apenas nos entregan pequeños fragmentos. Por ello el desafío respecto a las fuentes se vuelve un tema aún más relevante.

En términos generales, pese a lo limitado del corpus documental disponible, se pretende contribuir a complejizar nuestro conocimiento sobre la historia del comunismo en una perspectiva transnacional, donde precisamente las fronteras se transforman en actores centrales de los procesos políticos.

La frontera y el comunismo

Antes de avanzar, me parece necesario problematizar la relación entre frontera y comunismo. Como base del movimiento comunista internacional encontramos la idea de que las fronteras entre los trabajadores son mecanismos "burgueses" para debilitar la organización y reducir las posibilidades revolucionarias. Hasta allí la propuesta teórica. Sin embargo, a la hora del funcionamiento práctico de los partidos y especialmente a partir de su desarrollo histórico, las diferencias nacionales afloraban por todos lados. Las secciones o regiones de un país u otro compartieron ciertas líneas ideológicas, pero mantuvieron diferencias importantes a la hora de llevar a cabo sus prácticas políticas. Muy lejos podemos colocar a un comunista chileno con su tradición organizativa proveniente del norte salitrero, de un PCM inmerso en el cardenismo o el comunismo cubano en medio del proceso revolucionario abierto con la caída del dictador Gerardo Machado. Cada uno de estos partidos había tenido su propio proceso organizativo, sus propias formas de relacionarse con el poder y sus particulares estrategias para penetrar entre los trabajadores.[3]

Ahora bien, estas diferencias no sólo entraron en diálogo a nivel de congresos o de reuniones internacionales, hubo dos mecanismos que me parece fueron clave para reconceptualizar las fronteras al interior del comunismo continental. En primer lugar, me refiero a las dinámicas de exilio y la persecución política que afectaron a la mayoría de los países de la región, y en las cuales México y Estados Unidos, en menor medida, se convirtieron en espacios de recepción para todos estos militantes. Retomando las discusiones que propone Alejandro Grimson, sobre cómo cada sujeto lleva consigo las "fronteras" sin importar donde se encuentre geográficamente, podemos considerar que los emigrados contribuyeron a esta doble tensión: por un lado, se trataba solidaria y políticamente de eliminar las fronteras, pero, por otra parte, los contactos profundizaban la toma de conciencia sobre las diferencias reales. Aunque en la mayoría de los casos, los actores no expresaron comentarios sobre este asunto, las memorias posteriores o incluso una lectura a contrapelo de algunos debates o posturas deja en evidencia esta situación.

En el caso mexicano, la centralización política del país repercutió en el exilio, por lo que éste de manera lógica optó por radicarse en la capital, a pesar de las críticas que esto significaba por parte de algunos sectores. De ese modo, los emigrados en lugar de dispersarse aprovecharon su concentración para fortalecer sus vínculos con los actores políticos de la ciudad de México y ayudaron a estos a expandir sus redes con el extranjero, pero también siguiendo esta lógica "citadina". Así, en las redes continentales del comunismo se establecieron nexos cada vez más relevantes entre una constelación de ciudades. Un exiliado chileno, Elías Lafferte, llegó a México en 1936, había sido capturado en Santiago, antes de llegar a la ciudad de México pasó por La Habana y en apenas unos meses después dejó el país invitado y financiado por un grupo de obreros chilenos residentes en Nueva York. Este tipo de vínculos puede seguirse usando otras fuentes, y no los libros de viajes, pero en la mayoría de los casos, el resultado será muy similar, las fronteras que se debían atravesar estaban marcadas por encuentros políticos urbanos, eran en las ciudades donde afloraban los conflictos y la creatividad asociados a cada espacio fronterizo.

Hasta el momento hemos visto experiencias exitosas de inserción en el espacio editorial mexicano, Ponce, De la Plaza, Geoffroy Rivas, son algunos de los mencionados previamente. La lista podría seguir, ya que la presencia del exilio latinoamericano alcanzó prácticamente a todos los países del continente. Pero el caso de Lafferte es interesante pues evidencia la otra faceta de la recepción, aquella que resultó conflictiva. En 1936 este tipógrafo buscó integrarse a la Unión Linotipográfica de la República Mexicana (ULRM), una de las organizaciones gremiales que controlaba el ingreso laboral a los talleres de impresión en la ciudad de México y que tenía un pasado anarco-sindicalista que se remontaba a principios del siglo XX. La actitud de esta agrupación fue más bien fría, precisamente por la militancia comunista del solicitante, pero de todas maneras decidieron entregarle un apoyo monetario durante el periodo que estuviera en México. A diferencia de otros emigrados, a Lafferte no le ofrecieron un trabajo estable, sino que lo trataron como un desempleado.[4] El conflicto no tardó en aparecer. Malversación de fondos, manipulación, abuso de confianza, calumnias, fueron algunos de los epítetos que se utilizaron en los debates. En junio de 1937, el líder sindical mexicano, Carlos L. Gracidas, llegó a declarar: "Estamos inaugurando un periodo de inmoralidad".[5] Finalmente el conflicto se acalló cuando el chileno dejó el país y quienes habían sido suspendidos por apoyarlo volvieron a sus puestos en la ULRM.[6] Este caso, como algunos otros, nos ayudan a matizar la idea excluyente de que la recepción de emigrados fue siempre considerada de manera positiva y desinteresada.[7]

Ahora bien, volviendo a la idea de la reconceptualización de las fronteras al interior del comunismo continental, un segundo elemento que permitió este proceso fueron las publicaciones, el eje central de este capítulo. Los libros, folletos y otras propagandas impresas, coincidieron con la red que establecían los flujos de exiliados. La misma concentración geográfica afectaba al mundo editorial y eran las ciudades las que poseían la infraestructura necesaria para la edición a gran escala. Un afiche de los exiliados salvadoreños podía imprimirse en la ciudad de México y aparecer unos días después en San Salvador, un libro publicado en Montevideo podía replicarse gracias a un emigrado en una imprenta del DF, y un análisis marxista del latifundio venezolano podía distribuirse con mayor intensidad en Caracas, pese a estar impreso en la ciudad de México.

Pero si dejáramos el asunto hasta aquí, no daríamos cuenta de todo el proceso, para bien o para mal el comunismo puede considerarse un "movimiento del impreso", y esto afectó a todos sus militantes y no sólo a sus cúpulas dirigenciales ubicadas en las grandes ciudades.

Las porosidades fronterizas

Como hemos visto, un primer uso de los espacios fronterizos que debemos destacar fue la relevancia que adquirió la porosidad de las barreras aduanales con Estados Unidos durante la primera mitad de la década de 1930 y que posibilitó al comunismo mexicano luchar en contra de la represión desatada en su contra por el Maximato. La frontera era un espacio de tránsito, pero no sólo en dirección hacia México, y la propaganda en el exterior podía ayudar a cambiar las condiciones locales. *El Machete* era considerado entre los obreros residentes en Estados Unidos como "[...] el pan espiritual, ya que éste es el único que nos informa sobre la situación de los trabajadores de México".[8] De ese modo, las relaciones e intercambios, aunque monetariamente desequilibrados, fortalecían el trabajo comunista a ambos lados de la línea divisoria.[9]

Este tipo de actividades era seguido de cerca por los cónsules fronterizos, quienes informaban sobre los movimientos sospechosos y los implicados en la propaganda. Unas páginas atrás vimos los casos de Daniel R. Ortega, Antonio Bustos y E. Morán, quienes fueron inculpados de contrabandear propaganda comunista por el cónsul en San Antonio. Mientras los estadounidenses, Jacobo Shaffer, Emmanuel Epstein y Salomon Lipshitz, en connivencia con algunos encargados de aduanas, bajo la fachada de ser comerciantes regulares, se dedicaban a introducir militantes rojos de manera clandestina.[10]

Una vez finalizado el Maximato y abierto el periodo cardenista, la represión dejó de recaer sobre los militantes comunistas. Esta apertura significó un florecimiento del ámbito editorial, que además abrevó del proceso de instalación de la Escuela Socialista. Quienes primero aprovecharon esta situación fueron las organizaciones periféricas del comunismo, que se habían constituido bajo la idea de no mostrarse tan rojas. En este ámbito, si el periodo previo estuvo marcado por la preeminencia de la sección mexicana del Socorro Rojo Internacional, en esta nueva fase fue la Liga de Escritores y Artistas Revolucionarios, conocida como la LEAR, la que aprovechó mejor el escenario. Podemos seguir sus pasos para ver cómo se recompuso la relación fronteriza con los militantes de Estados Unidos a partir de la apertura política cardenista y la buena vecindad de Roosevelt.[11]

Uno de los primeros contactados fue Joseph Freeman, en ese entonces Secretario Nacional del Club John Reed. En su trayectoria había pasado por numerosos puestos en el ámbito editorial del comunismo, desde escritor hasta encargado de la agencia soviética TASS. Por lo que la LEAR le pedía su apoyo en "toda la asistencia que pudiera requerir". Aunque en un modo más específico le interesaba que Freeman los vinculara con una red de librerías obreras donde se pudiera vender la revista *Frente a Frente*. "We also plan to have continuous literary and artistic exchange to stretch the knots of a revolutionary culture",[12] le proponían al estadounidense.

De alguna manera, Freeman representaba el camino regular dentro de la estructura del comunismo, que se sostenía especialmente en las publicacio-

nes *New Masses*, *Daily Worker* y *Labor Defender*. Sin embargo, los impulsores de la LEAR no se quedaron sólo en estos espacios. Una carta a Bernabé
Barrios desentrelaza los canales de distribución que utilizaban para difundir
su revista. En este texto se señala que Barrios recibió 100 ejemplares, Manuel
López 50, Enrique Martínez 100, la Mutualista Obrera Mexicana sólo 3, además, se proponía venderlos en el Club [Julio Antonio] Mella, y se incluían
unas hojas sueltas con corridos de la revolución.

> Nosotros —le decía la LEAR a Barrios— pensamos estimular a los compa-
> ñeros de N.Y. que cooperen con Frente a Frente y que corran listas de do-
> nativos de una sola vez. Todo esto deberás tú también hacerlo, poniéndote
> de acuerdo con todos para elaborar un trabajo conjunto. Nosotros pensa-
> mos estimular a los compañeros de NY, estableciendo premios (pinturas,
> retratos, grabados, etc.). Hasta para estos premios sería bueno que tú nos
> sugirieras que apreciarían más los camaradas. También es necesario que te
> pongas de acuerdo con los escritores de allá y les pidas colaboración. No le
> hace que venga en inglés, nosotros traduciremos.[13]

Bernabé Barrios era un inmigrante guanajuatense que, según Juan de la Cabada, no sabía leer ni escribir, trabajaba como vigilante y su compromiso con
la distribución de los materiales impresos de la LEAR provenía de su obsesión
por todo lo intelectual, que lo llevaba incluso a recoger los diarios y revistas ti-
rados en la calle.[14] Por este motivo pese a lo extraño que resultaba que fuera un
analfabeto uno de los principales distribuidores de *Frente a Frente*, los integrantes de la Liga confiaban en sus capacidades para desarrollar esta labor. De
todas maneras, otra serie de sujetos anónimos se dedicaba a repartir, vender
o cambiar la revista. Algunos incluso llegaron a establecer servicios de envío
sin mediar ningún apoyo, con la única idea de que la propaganda era como
"...una metralleta frente a la burguesía".[15]

Este tipo de redes y colaboración le permitía a la LEAR tener una presencia transnacional. La ciudad de México y Nueva York estaban más cerca entre
sí. De hecho, el tema de las fronteras se transformó en un debate entre ambos
espacios organizativos, especialmente cuando proyectaron, junto a la League
of American Writers, crear otra revista, pero de alcance continental denominada: Sin Fronteras / All America. Esta iniciativa contaría con un Buró Editor
por México, encargado de apoyarla intelectual y económicamente y se inserta-
ría en el impulso por crear frentes únicos a lo largo del continente. Su principal promotor en Estados Unidos fue el militante Ángel Flores, por lo que fue

designado parte del Comité Editorial Provisional. En una carta enviada a este personero, Luis Arenal desde México se comprometía a nombre de la LEAR a organizar ciclos de conferencias de carácter antiimperialista en colaboración con otras organizaciones para reforzar la presencia de la publicación.[16]

Pero la situación, novedosa para muchos de los militantes, involucraba una serie de problemas prácticos, que iban desde las diferencias idiomáticas hasta la vigilancia de las autoridades de ambos países. Por ejemplo, cuando Juan de la Cabada, dirigente de la LEAR, fue encomendado para asistir a una reunión de escritores en Nueva York, se encontró con que no sabía que debía llevar un pasaporte: "Además, era sábado, se suponía que saldría el domingo y, por si fuera poco, el consulado sólo abría medio día. No tuve otro remedio que viajar con la identidad de un amigo".[17] Aunque éste era el menor de los problemas que tenía, en realidad, no sólo no tenía pasaporte, sino que carecía de dinero para costear un viaje de este tipo. Sus memorias están plagadas de penurias. Sin embargo, el desequilibrio en las relaciones con el comunismo estadounidense corría a favor del mexicano, y la Liga ponía en manos del camarada Alan Calmer, la posibilidad de que el personero "más importante para la organización" llegara a su destino: "As he hasn't any money, we are trying to raise it through collection lists and so on, but most likely won't be enough, specially considering the low exchange of the mexican money. Hope you will help in this respect".[18] Finalmente, De la Cabada logró llegar a Nueva York.

Los escritores y artistas que visitaron Estados Unidos aprovecharon la atmósfera cultural que potenciaba la penetración de sus trabajos en el país del norte.[19] Pero si bien esto era una parte importante de su labor, excepcionalmente descuidaron sus quehaceres partidistas. En su breve estadía en Nueva York el año 1935, Germán List Arzubide visitó la redacción de *New Masses*, el *Daily Worker* y el *Labor Defender*; se reunió con el Sindicato de Artistas en el Mexican Workers Club; representó a las organizaciones teatrales en la Conferencia de los Estados del Oeste del New Theatre League (donde ayudó a organizar la sección de habla española); recogió material sobre el problema de los mexicanos de Gallup; y finalmente tuvo largas discusiones con el secretario del Congreso de Artistas Americanos, Stuart Davis, sobre la mejor manera de estrechar los lazos entre los revolucionarios de ambos países.[20] Estas medidas se enfocaban en elementos muy concretos y sin frases hechas, delegando con nombres y apellidos cada una de las alternativas propuestas. Se organizarían exposiciones, se regularizaría el correo, se conseguiría la adhesión de los artistas ya consagrados, entre otras actividades, que demandarían aún mayor trabajo.[21]

Por supuesto, en contadas ocasiones los enviados resultaban con un grado menor de compromiso. Rufino Tamayo por ejemplo no sólo debió pedir disculpas por no enviar su informe a tiempo, sino que además debió explicar por qué decidió aprovechar su visita a cargo de la LEAR, para quedarse tres meses más en Nueva York. Desde las oficinas de la organización en la ciudad de México fueron categóricos en señalar a los advenedizos: " […] deben regresar a desarrollar su trabajo para la LEAR en México, a la mayor brevedad posible y avisándonos desde luego su salida".[22] En caso contrario se reservaban tomar medidas en contra de Tamayo, Antonio Pujol y Juan Bracho, que ya llevaban más de tres meses en la gran manzana.[23]

Frente a este tipo de requerimientos podemos encontrar a muchos otros sujetos que hacían gala de un compromiso inquebrantable, además de amplios conocimientos sobre estas temáticas. El Internacional Rojo, como se hacía llamar Ramón Pi Jr., trabajaba como superintendente de dos edificios neoyorquinos, pero aprovechaba cada rato de ocio para desempeñar labores de propaganda. Iba a las huelgas a apoyar a los manifestantes, recortaba noticias en los periódicos, enviaba ejemplares de revistas por correo, entre otras actividades. Elegía a los destinatarios a través de guías telefónicas de distintas ciudades y mediante un libro de direcciones, aunque "[…] la mayor parte de las veces mando a individuos que no se ni quienes son, pero he hecho grandes contactos en el Sur".[24] Este mecanismo le permitía a su juicio evadir la persecución policial sin exponer a ningún compañero. Además, incorporaba un cupón en cada envío, el que debía ser devuelto por el destinatario si el paquete había llegado sano y salvo.

Recordando algunos ejemplos de sacrificio realizados por los militantes en México, el Internacional Rojo declaraba que: "Esta forma de propaganda la vengo haciendo desde hace años y todo cuanto centavo puedo ahorrar y muchas veces ni me compro lo necesario, para cubrir gastos de correo, que muy de cierto hasta me causa rozamientos con mi compañera, ella es bastante consiente mas no todo lo suficiente para que comprenda los sacrificios necesarios que hay que hacer para nuestra causa [sic]".[25] Por estos motivos los integrantes de la LEAR se habían fijado en él, y le habían pedido apoyo no sólo para la distribución de *Frente a Frente*, sino también para la organización de una exhibición de carteles, hojas grabadas y fotografías de murales.

Un elemento importante que potenciaba este tipo de intercambio es que los integrantes de la LEAR reconocían la experiencia de los estadounidenses. Por lo que sus consejos eran bienvenidos, he incluso constantemente enfatizaban que esperaban recibir críticas sobre su propio trabajo, sin ningún tipo de condescendencia. Esto se entroncaba con los esfuerzos locales, ya fuera de mexicanos (y otros latinoamericanos) residentes o de los propios estadounidenses por conformar un frente popular que se enfrentara al fascismo. En este momento la presidencia de Lázaro Cárdenas se contempló como un ejemplo a seguir, a lo que el gobierno mexicano respondió enviando agentes propagandistas que profundizaran esta presencia.

Como recupera John H. Flores, la SEP tuvo una particular participación en este proceso y en muchos casos los enviados desde México correspondieron a militantes comunistas. Estos encontraron una nueva generación de militantes mexicoamericanos comprometidos con los sindicatos y las organizaciones obreras. Douglas Monroy analiza este cambio, que rompía con el prejuicio de que los trabajadores mexicanos por distintas presiones se desempeñaban como rompehuelgas y rechazaban la sindicalización. Este autor retoma el caso de Emma Tenayuca, una activista y teórica del Partido Comunista en Texas, conocida como La Pasionaria, quien propone junto a su esposo Homer Brooks, una serie de alternativas que permitieran mejora las condiciones laborales de sus compatriotas. El proletariado mexicano debía ponerse a la cabeza de los movimientos contra la opresión social.[26] Su artículo "The Mexican Question in the Southwest", escrito en medio de una huelga que ella misma dirigía, fue considerado el primer análisis sobre el problema mexicano realizado por un miembro mexicoamericano del PC estadounidense.[27] Esta inclusión de los mexicanos en el comunismo local no era exclusiva de Texas, sino que comenzaba a repercutir en todos los lugares donde residían inmigrantes, especialmente en California, Cleveland, Chicago y Nueva York.

El eje central de organización de estos trabajadores, que los cohesionaba a los militantes estadounidenses, era la formación de un frente popular antifascista. Por lo que los emisarios del gobierno mexicanos destinaron mucho de su tiempo a conferencias relacionadas con esta temática. El ejemplo cardenista podía apoyar los esfuerzos que se daban desde los chicanos en Los Angeles hasta los mexicoamericanos de Back of the Yard en Chicago, donde se formaron grupos como el Club Lázaro Cárdenas o el Club Vicente Lombardo Toledano. A partir de estas agrupaciones comenzaron a formarse las secciones locales del Frente Popular Mexicano, para lo cual el PCM envió delegados a las distintas ciudades estadounidenses. La conexión de estos representantes

comunistas con la SEP, volcó la mayoría de las iniciativas hacia el ámbito educativo: "[...] they would start a scholarship program for talent young students
who may return to Mexico to be trained in the arts and professions so they
could become leaders of their own people both here and in Mexico".[28] Esto
significó rápidamente la necesidad de obtener materiales impresos, lo que fue
correspondido desde México enviando una serie de publicaciones, libros de
texto y documentos mimeografiados.[29] Aunque no sabemos con exactitud los
títulos de estos impresos, John H. Flores asegura que permitieron a los militantes del Frente en Chicago, abrir una biblioteca pública de izquierda, con
textos sobre política, economía y el movimiento obrero mexicano. En este
caso la iniciativa además contó con el apoyo del Dr. Ramón Alcázar, quien se
desempeñaba como cónsul. Gracias a él, la formación de niños y jóvenes en
las nociones básicas del castellano y las iniciativas profesionalizantes de educación para adultos que había emprendido la sección educacional del Frente,
fueron complementadas con cursos avanzados sobre literatura e historia de
México.

Para promover tanto la biblioteca como los nuevos emprendimientos educativos, se estrecharon aún más los vínculos entre los militantes locales y el
PCM. Angélica Arenal, esposa de Siqueiros y corresponsal de *El Nacional*,
inauguró una serie de conferencias.[30] Otra integrante del comunismo mexicano y también adscrita a la SEP, Concha Michel aprovechaba su comisión
en Nueva York para promover el proyecto político del Frente entre los inmigrantes. Ellas no son los únicos ejemplos de los PCM "fellow travelers", se les
debe adicionar algunos miembros de la CTM, e incluso personeros como Na-
talio Vázquez Pallares, secretario general de la sección estudiantil del Frente
Popular Antiimperialista en la ciudad de México. De tal modo, la conclusión
sobre este proceso propuesta por Flores, es que finalmente las secciones del
Frente establecidas en Chicago dados los estrechos vínculos pueden considerarse verdaderas extensiones de la organización fundada en México por el
Partido Comunista.[31] Hasta qué punto esto puede extrapolarse a otros espacios geográficos estadounidenses es algo que aún está por analizarse. Pero, sin
lugar a duda, debió tener un impacto en las relaciones entre el PCEU y su par
mexicano, precisamente por ello no es extraño que cuando el PCM decidió
dar un nuevo paso organizativo y trabajar directamente con sus propias editoriales, el proceso interesara a actores a ambos lados del espacio fronterizo.

Ya reseñamos la importancia de Alexander Trachtenberg en los inicios de
Editorial Popular. Quizás este fue el lazo transfronterizo más importante que

desarrolló el PCM en la segunda mitad de la década de 1930.[32] Pero su aparición en los espacios editoriales del PCM no fue solamente en esta empresa. En una carta de Juan de la Cabada se mencionan cómo comenzaron sus nexos con el editor: "We hope that the League of American Writers will begin at once its work toward this Continental Congress. Through Harry Block, representative of the Book Union in Mexico, we have written with this purpose to Mr. Trachtenberg of the International Publishers".[33]

Esta última iniciativa era considerada la editorial de PCEU, sin embargo, al igual que Ediciones Frente Cultural, el modelo que siguió este proyecto de Trachtenberg fue precisamente *no mostrarse tan roja*.[34] Por ello, sus relaciones con organismos como la LEAR, o incluso la CTM, eran clave para su estrategia política. Por un lado, le permitía mantenerse al margen de la represión anticomunista, siendo administrada como una empresa capitalista más.[35] Por ejemplo, se realizaba el pago de las regalías, aunque fuera testimonial, se mantenía una administración extremadamente ordenada. 80 por ciento de los ejemplares que imprimió fueron enviados al extranjero, y de esa cantidad, 80 por ciento tuvo como destino la URSS. Esto significaba que sus redes de distribución se desdibujaban, o al menos eran menos rastreables. Aun así, sus libros estaban disponibles en las más de 40 librerías comunistas que existían en Estados Unidos. Para su décimo aniversario International Publishers presentó la propuesta de realizar una edición de 100 mil ejemplares de *Foundations of Leninism*, recibiendo el beneplácito de esta red de distribuidores.[36] De hecho, al parecer no realizaban ninguna publicación a menos que proyectaran vender 3 mil ejemplares o más. David Lincove, quien ha investigado con detenimiento la figura del editor señala que: "Trachtenberg denied any ties between International Publishers and the Comintern, but research based on documents in the Russian archives opened after the fall of the Soviet Union revealed that the company received funding from the Comintern either directly or indirectly through the CPUS".[37] Sin embargo, en México su presencia estuvo asociada desde un comienzo tanto al PCEU como la Internacional Comunista. Esta relación en ningún sentido puede considerarse un proceso azaroso. Al contrario, la febril actividad del editor, relacionado con librerías, bibliotecas y editoriales de prácticamente todo el mundo, evidencia que su interés por México fue una decisión política.[38] De hecho, en los intercambios entre los partidos mexicano y estadounidense, por lo general este último se comprometía, por medio del editor, a "[...] desarrollar una más amplia campaña popular de masas de agitación y propaganda en la prensa y periódicos del

Partido sobre las cuestiones vitales y los acontecimientos que se desarrollan actualmente en México y América Latina".[39]

En el Fondo Vicente Lombardo Toledano del Archivo de la Universidad Obrera, donde trabajó Harry Block, se conservan algunas de las cartas entre éste y el editor estadounidense, con quien compartía el comité editorial del *Book Union*. Esta organización había sido fundada en 1935, a partir de International Publishers, con el objetivo de crear círculos de lectura comunista y ofrecer descuentos a sus integrantes. Uno de los primeros ejemplares que distribuyó entre sus socios fue una antología de literatura proletaria estadounidense. La labor de Block en la Universidad Obrera, también se extendía a la revista *Futuro* y a otras actividades relacionadas con el ámbito editorial.[40]

Las relaciones estrechas entre ambos dieron paso a distintos proyectos y Block se convirtió en el principal mediador entre Lombardo Toledano y Trachtenberg. Uno de estos planes de colaboración fue la publicación en Estados Unidos de *Educación y lucha de clases* de Aníbal Ponce. En una de estas cartas, el profesor de la Universidad Obrera, le pregunta: "What happened to the book on *Education and the Class Struggle* which I suggested to you as a publishing possibility through Bernie Smith? I've had no word about it".[41] Aunque no sabemos si finalmente se concretó esta publicación, podemos ver cómo la red editorial extendía sus lazos a través del continente y nuevamente Ponce desempeñaba una función importante en este proceso.

Por supuesto, el argentino no era el único autor mencionado en la correspondencia. Los planes evidentemente se extendían con igual premura hacia los próceres del marxismo, Marx y Lenin, particularmente. Aunque otro de los líderes soviéticos que ocupaban un lugar entre las preocupaciones de ambos, era Trotsky. En marzo de 1938, ambos editores prepararon una obra en inglés sobre el emigrado ruso que contaría con un prólogo de Lombardo Toledano. Pero la coyuntura había impedido al dirigente de la CTM escribir el texto con el que se había comprometido, por lo que aceptarían que se publicara sin el prólogo o si lo preferían, se colocara en su lugar la resolución de la confederación de trabajadores que condenaba la presencia de Trotsky en México.

Los desequilibrios en las relaciones entre ambos extremos de la ecuación no dejaban de aparecer en cada uno de los proyectos. Mientras el dinamismo de las coyunturas mexicanas exigía rapidez en la redacción, publicaciones hechas velozmente y un sustento teórico con un perfil eminentemente político, Block constantemente insistía en que los intercambios debían hacerse...] "free if possible, and if not, at the best discount you allow comrades or publishers or poor and struggling writers".[42]

En definitiva, el uso de las diferencias, pero también de las similitudes, fue clave para comprender cómo se dieron las relaciones editoriales entre los militantes comunistas a ambos lados de la frontera. En buena medida, estos vínculos se expandieron constantemente durante el periodo, no sólo por una decisión cupular, sino que como vimos en las páginas previas, gracias a los esfuerzos sostenidos de una serie de sujetos anónimos, que al igual que el Internacional Rojo, involucraron sus proyectos de vida en la producción y difusión de los impresos comunistas.

El nuevo modelo:
La historia impresa en la URSS

P ROBABLEMENTE EL LECTOR DE este libro recuerde rápidamente una de las imágenes comunes al momento de hablar de la lectura por parte de los militantes comunistas. Me refiero a la fotografía de Tina Modotti donde se ve a un grupo de campesinos leyendo *El Machete* de manera colectiva, con sus sombreros apiñados en torno al ejemplar del periódico. Esta imagen ha marcado casi un siglo de interpretaciones sobre el despliegue del comunismo e incluso en uno de los últimos libros sobre el tema, *La rojería* de Óscar de Pablo, fue utilizada para ilustrar la portada.[1] Sin embargo, si observamos el desarrollo de la iconografía durante la década de 1930, es evidente que hubo un esfuerzo por dejar atrás este tipo de representaciones, optando por el orden, la concentración y el estudio, al momento de referirse a la lectura (Ver Imagen No. 11). Muchas de las obras vinculadas a los artistas de la LEAR, a los trabajadores gráficos y a los grabadores del Taller de Gráfica Popular, dan cuenta de este proceso. Basta hojear algunas páginas de la revista *Rumbo Gráfico*, que conjugó en sus primeros años los esfuerzos de estos artistas y obreros, para percibir que los libros, folletos y periódicos ocupaban a fines de la década un lugar muy diferente al que propusiera la fotógrafa italiana.

Este cambio fue el resultado de un proceso de maduración del ámbito editorial en el México cardenista. La amplitud de publicaciones, de espacios de lectura, de recursos materiales, era innegable y los militantes comunistas debían enfrentar esta nueva situación. La respuesta proveniente desde la Comintern, sin embargo, en lugar de potencializar los procesos creativos y aprovechar esta multiplicación de la literatura y la discusión, se propuso seguir el camino inverso. Desde 1939, se comenzó a presionar a los militantes para que se concentraran en el estudio minucioso y detallado de la *Historia del Partido*

Comunista (Bolchevique) de la Unión Soviética.[2] Esta situación coincidió con las conflictivas coyunturas internas y dio como resultado la modificación del curso que los procesos en ámbito editorial habían seguido desde principios de la década de 1930.

Veamos primero cómo las condiciones locales comenzaron a transformarse rápidamente al cerrar este periodo.

El esfuerzo editorial del comunismo implicó que las lecturas posibles a lo largo de la década se hicieran cada vez más complejas, con un repertorio más amplio, pero sobre todo con un enfoque menos desvinculado de la realidad social y política local. En este plano, la articulación de las distintas editoriales y procesos que hemos revisado logró cristalizar los impulsos de todo este trabajo. La amplitud de temas, la calidad material de las publicaciones y especialmente su inserción en los debates profundos que se daban en las izquierdas, fueron elementos que transformaron rápidamente a México en un referente del comunismo a nivel continental.

Por otra parte, un nuevo periodo se comenzó a bosquejar con la llegada del exilio republicano español. Con el arribo a Latinoamérica de editores, libreros y escritores que aprovecharon las condiciones construidas a lo largo de la década de 1930, el mundo del libro de izquierdas se preparaba para adquirir una vitalidad sin precedentes. Como dato interesante, Ediciones Europa y América, tan importante en su labor de difusión desde Europa, intentó volver a sus actividades publicando sus textos en Montevideo.[3] En México, editoriales como Costa Amic, propiedad de un emigrado español, o el Fondo de Cultura Económica, entre otras, comenzaron a desarrollar una actividad febril gracias a este impulso proveniente desde la otra orilla del Atlántico. Sin embargo, aunque en 1939 ya se comenzaban a avizorar estos cambios, el nuevo periodo de la edición comunista y el encuentro de las experiencias desarrolladas a ambos lados del Atlántico, comenzará a cristalizar recién a mediados de la década de 1940, fecha que escapa del marco analítico que ha seguido el presente libro.

El destacado desarrollo de las editoriales comunistas tensó cada vez con mayor fuerza las labores y proyectos de los militantes. Por ello por ejemplo Ignacio León propuso que se debían poner librerías, aunque para ello fuera necesario aliarse con comerciantes no miembros del partido. También se "[...] deben formar bibliotecas ambulantes, o sea (rotativas) o fijas, según las necesidades; organizar lecturas colectivas, bajo la vigilancia de los dirigentes de los seccionales y células".[4] La expansión se veía por algunos militantes como un mecanismo que liberara estas tensiones, aunque ello implicara pactar con sectores ajenos al PCM.

Esta última propuesta, considerando la situación formativa del partido, fue una de las prácticas que provocó mayor preocupación. La asimilación de los nuevos cuadros consistía en que no sólo leyeran los folletos y libros, sino que aprendieran a usar estos textos teóricos en pos de los objetivos del partido. En palabras del mismo León, a inicios de la década, refiriéndose a la *exigua biblioteca* de Enrique Ramírez y Ramírez, entonces integrante de las juventudes comunistas: "Todos estos libros y folletos que tenían los márgenes ennegrecidos con notas en lápiz, no eran objeto de lectura sino de estudio sistemático".[5] Y esto era precisamente lo que se buscaba en cada una de las publicaciones. En un contexto de baja producción y de difícil acceso esto era relativamente fácil de supervisar. Al contrario, la amplitud y diversidad de textos disponibles cuestionó el control que la dirigencia podía realizar sobre las lecturas de los militantes. Por ello, el debate se dio tanto entre los encargados de la formación, como entre quienes debían supervisar el reclutamiento de nuevos miembros y la comisión de disciplina.

De ese modo, las guías de lectura se transformaron en el mecanismo educativo mediante el cual el PCM buscó que su esfuerzo editorial no se desvaneciera. Si en algunos casos se usaron pequeñas señas o ejemplos,[6] fue en las páginas de *La voz de México*, en la Sección de Educación Marxista-Leninista, publicada a partir de marzo de 1939, donde encontramos el mayor desarrollo de este tipo de directrices.[7] Y pese a la ya mencionada importante presencia de maestros entre los militantes, llama la atención el esquematismo, carente de una propuesta pedagógica compleja. Las lecciones eran de esta índole:

"Pregunta No. 1.— ¿Cuáles son los rasgos característicos de la situación internacional en estos momentos?

Respuesta: Lea los párrafos 2° y 3° de la página 5 del Informe de Hernán Laborde; lea la primera parte del informe de Stalin sobre la situación internacional publicado el sábado 11 en La voz de México".[8]

Este tipo de propuestas no sólo se extendió a través de los periódicos y revistas del PCM, sino que incluso otras publicaciones formaron parte del mismo proceso. En un acto muy similar el profesor y militante José Santos Valdés recomendaba leer *La religión al alcance de todos* de Ibarreta, *La religión* de Lenin, *Teoría y práctica del socialismo* de Strachey y el *Antidühring* de Engels, "sobre todo en las páginas 292 y 293 donde explica la religión y su evolución histórica".[9] Este texto estaba dirigido a los maestros rurales de la zona de Galeana, Nuevo León, donde se producían enconados enfrentamientos entre los sectores progresistas y de izquierda en contra del mundo cristero. Santos Valdés escribió el texto bajo la premura de su activismo y amenazado de muerte, por lo que tampoco se le puede exigir una mayor fineza al momento de plantear estrategias pedagógicas más complejas. En todo caso, también hay que destacar que en las escuelas normales rurales o regionales campesinas del país este tipo de literatura se había vuelto frecuente. Los inventarios de algunas de ellas dan cuenta de la presencia de folletos y libros marxistas relacionados con las editoriales mencionadas previamente. *El Capital*, en una versión resumida, suele aparecer entre los ítems perdidos de las estanterías o no encontrados, lo que muy posiblemente se debía a que era efectivamente consultado por estudiantes y profesores.[10]

En contra de algunas opiniones y prácticas, que se vinculaban a las lecturas colectivas, desde la comisión de Educación del PCM se hizo un énfasis especial en que leer debía ser un acto individual.[11] El problema radicaba en el tiempo que disponían los militantes para sus actividades partidistas. Frente a las exigencias y lo dinámico del periodo, no se podía recargar a las células de nuevas reuniones sólo con el objetivo de estudiar.

Para la tarea de centralizar las lecturas y las interpretaciones se eligió la *Historia del Partido Comunista (Bolchevique) de la URSS*. En lugar de un texto teórico como podría ser *El Capital*[12] o algún folleto de Lenin, se prefirió un libro que hablara de elementos concretos, de las formas de organización y de actos épicos de la clase trabajadora.[13] En varios de los folletos publicados por la Editorial Popular aparecieron guías de lectura de dicho libro, procurando convertirlo en una especie de texto sagrado para el militante, o en "[...] patrimonio común de todos los comunistas, inclusive los analfabetas".[14] Se recomendaba primero organizar el tiempo de estudio semanal, por supuesto sin interferir en las reuniones organizativas de cada célula. Después se debía definir el número de páginas a estudiar, lo cual exigía revisar el índice de cada capítulo. Con un lápiz a mano, se podía subrayar, escribir notas y preguntas, pero lo más útil era destacar las ideas que resultaran aplicables al partido. En lo posible esto debía hacerse en un cuaderno especial para dicho fin.[15] En caso de cualquier duda, finalmente se podía escribir al Servicio de Consultas que tenía la Comisión Nacional de Educación.

El libro utilizado como si fuera la nueva piedra angular del comunismo a nivel global fue editado en 1939 en Nueva York en su versión en castellano por International Publishers y Ediciones en Lenguas Extranjeras (nombre que pronto se convirtió en Editorial Progreso), proyectando la venta de más de 100 mil copias como modo de celebrar el vigésimo aniversario de la Internacional Comunista. Se establecieron cuotas a cada partido y se elaboraron planes de promoción amplios, incluyendo conferencias, reseñas, la formación de grupos de estudio e incluso la búsqueda de concursos nacionales de ensayo para analizar el significado de la obra.[16]

Es difícil penetrar en cómo fue leída por los militantes la *Historia del Partido Comunista (Bolchevique) de la URSS*. No he encontrado ninguno de estos ensayos ni algunos de los comentarios, más allá de la propaganda oficial del PCM. A modo de ventana fragmentaria, uno de los ejemplares consultados en el proceso de investigación (de un total de seis), cuenta con algunas marcas que permiten seguir al menos algunas de las consideraciones que realizó el lector. Este ejemplar se encuentra dedicado el 9 de mayo de 1939, con la frase "Este libro quiere ser útil, aprovéchalo... y tal es la suerte de todo libro prestado, muchas veces perdido, casi siempre estropeado".[17] Perteneció a Ana María Hernández,[18] militante de PCM y del Frente Único Pro Derechos de la Mujer, quien publicó en 1940, *La mujer mexicana en la industria textil*.[19] Por lo que su propietaria no era ajena a la escritura ni a la lectura. La primera página tiene tres marcas relevantes y que permiten establecer la trayectoria del ejemplar. En su parte inferior, un sello reitera "Printed in Soviet Union", algo poco probable, ya que como vimos se editaron en Nueva York, pero que servía para dar un valor especial a cada libro. Algo que provenía directamente de la URSS poseía un valor emotivo relevante, por lo que pese a que el impreso señala su lugar de procedencia, era preciso destacarlo a través de un sello particular. La segunda marca es el logotipo de la Editorial Popular, con la dirección que usaba precisamente en 1939, Av. Hidalgo 75, despacho 107. Algo que como vimos era común poner en los libros que eran distribuidos por empresas que no correspondían a los editores de estos.

El tercer elemento es la palabra *Lenin*, entre paréntesis, debajo de la frase, "¡Proletarios de todos los países, uníos!". Aquí la duda, ¿por qué una militante con conocimientos del marxismo otorgaría a Lenin una frase que reconocidamente corresponde al *Manifiesto Comunista* de Marx y Engels? Es difícil argumentar el desconocimiento, dada la ubicuidad de la sentencia entre los miembros del partido. De hecho, su libro sobre las luchas femeninas en la industria textil posee algunas citas al político ruso.[20] Por lo que la confusión posiblemente debemos enraizarla más bien en el carácter del libro. La glorificación del PC bolchevique que se hace a lo largo de las páginas del texto busca confirmar que Lenin (y Stalin) llevaron la doctrina de Marx y Engels a una nueva fase por la vía de la práctica. De hecho, la lectora subrayó en la introducción las frases que destacaban la labor de esta agrupación: "El estudio de la historia heroica del PC (Bolshevique) de la URSS pertrecha a quien lo realiza con el conocimiento de las leyes que rigen el desarrollo social y la lucha política, con el conocimiento de las fuerzas motrices de la revolución".[21]

Las marcas se acaban en la página 83, aunque se hacen muy ocasionales desde la 30. Al igual que la mayoría de los textos revisados, las muestras de estudio se suelen terminar muy rápidamente. Algunos de los párrafos destacados se podrían relacionar directamente (o más bien mecánicamente) con las apreciaciones que el PCM realizaba sobre los problemas coyunturales de México. Cuando la palabra "ojo" anotada al margen nos invita a detenernos, encontramos frases como, por ejemplo, que la opresión de los terratenientes tenía en la miseria a los campesinos, o bien, que al igual que como se hundió el régimen feudal se desplomará también el capitalismo. Se reforzaban las propuestas que circulaban en muchos de los textos publicados por las izquierdas mexicanas.

No sabemos finalmente si el libro fue leído en su totalidad, hasta la página de la última marca o sólo los resúmenes que aparecían al final de cada capítulo. Pero el ideal teórico de práctica de lectura militante, que exigía intensidad, por lo general parece haber sido más que escaso.[22] Uno de los pocos libros consultados que fue leído completa y exhaustivamente, corresponde al texto de Lenin, *Dos tácticas (La socialdemocracia en la revolución democrática)*, aunque a diferencia del anterior no podemos manifestar con meridiana certeza quién y en qué momento realizó esta lectura.[23] Lo interesante es que al igual que en el caso previo, es Lenin quien se lleva el interés, partiendo desde la elección misma del libro, hasta las anotaciones al margen de las páginas. Las frases escritas con claridad y buena ortografía son muy críticas de la desvinculación del PCM de las masas y de la voluntad popular, al comprometerse con la burocracia gubernamental. Esta interpretación comenzó a realizarse con cada vez mayor fuerza desde fines de la década de 1930. Lamentablemente esto no es suficiente para establecer que las marcas corresponden a esta época, ni que se referían estrictamente a los problemas que el cardenismo había planteado al PCM.

Donde no hay duda, es en la interpretación que el enviado especial de la Comintern, Victorio Codovilla presentó a fines de 1939 en un largo informe sobre *los errores* que tenía el partido. Como parte de los preparativos del congreso extraordinario que se celebraría en marzo de 1940, sus frases fueron muy críticas de la organización y los cuadros. Chambismo, espionaje, corrupción eran las tres palabras que a su juicio permitían explicar el momento por el que atravesaba el comunismo local. Al pasar por las actividades editoriales del PCM se detiene en los problemas de circulación de los principales textos, que en su mayoría habían quedado embodegados en los talleres de impresión. Con un tono irónico se preguntaba: "¿Qué demuestra eso? Que vuestra línea política, vuestras directivas escritas no solamente no llegan a las amplias masas, sino que tampoco a las masas de afiliados del Partido".[24]

Estos problemas también habían repercutido en los talleres del PCM. En junio de 1939, los integrantes de la Cooperativa de Artes Gráficas hicieron circular entre los miembros del partido, un manifiesto en el que se acusaba a la dirigencia de haber dejado en la calle a un importante número de trabajadores, haber sustraído las maquinarias propiedad de la cooperativa y finalmente, enriquecer a los reaccionarios con el dinero de los militantes. Por supuesto, los encargados se defendían de las acusaciones, aduciendo que los trabajadores exageraban la situación. Además, el "[...] traslado de la prensa al domicilio del Partido no obedeció a una maniobra personal de ninguna naturaleza; por el contrario, fue el resultado de una decisión del propio partido, ante la amenaza de embargo que no tenía razón de ser, y que ponía en riesgo esta propiedad nuestra".[25] Incluso siguiendo la argumentación oficial del PCM, podemos ver que detrás de este conflicto se encontraba el modelo de gestión de los talleres. El partido pretendía centralizar el control de los procesos, mientras que la cooperativa se decantaba por mantener las dinámicas propias de la administración obrera de las fábricas. Esta tensión, existente desde un comienzo, empezó a hacer crisis en la medida que las finanzas entraban en terrenos negativos, y manifiesta la incapacidad de la dirigencia del PCM para interpretar los requerimientos de los trabajadores.

Incluso en febrero de 1940, fecha en la que el esfuerzo editorial del PCM parecía consolidado, encontramos que en un mitin en Tlaxcala, con la presencia del Secretario General, Hernán Laborde, se repartió entre los asistentes un documento de cuatro páginas titulado "¡Solidaridad con la Unión Soviética!", impreso en diciembre de 1939, por el C.S. No. 4, de Las Delicias, Chihuahua.[26] Para los dirigentes el problema no era el contenido del documento, sino que dejaba en evidencia la insolvencia para realizar la propaganda desde las estructuras asociadas a esta temática y se debía recurrir a esfuerzos individuales aislados desarrollados a miles de kilómetros de distancia.

Contradictoriamente, los pocos impresos locales dan cuenta de los problemas de organización del PCM, especialmente en los momentos en que las definiciones políticas eran resentidas por su excesivo centralismo. Así, para la dirigencia el problema era la falta de centralización, mientras en la base sentían que cada uno de los intentos por centralizar asfixiaba su creatividad política. En Coatzacoalcos, Veracruz, en marzo de 1939, un grupo de militantes comunistas reagrupados en el Comité Orientador Pro-Múgica, publicaron una carta abierta donde acusaban al Comité Regional del PCM, de manipular una convención a favor del candidato oficialista, Manuel Ávila Camacho.[27] Ese mismo mes, en Guadalajara, la situación se puso peor y las oficinas del PC actuaron como sede del Comité Pro-Múgica. Sus militantes, junto a los "Ferrocarrileros de izquierda" de la sección 33 del Sud-Pacífico, eran los más activos impulsores de la campaña del General y se encargaban de distribuir un afiche con su retrato y la inscripción "Con Múgica ni un paso atrás".[28] Para estas fechas, el Comité Central, en conjunto con la CTM, había decidido que el candidato del partido era Ávila Camacho y su esfuerzo editorial se concentraba en hacer público este apoyo. Desde Jalisco, los principales instigadores del conflicto político habían sido Jesús Hernández y Lidio M. Rodríguez. Coincidentemente, estos militantes habían sido criticados en el VII Congreso del PCM, de enero de 1939, por su escaso compromiso con las publicaciones del partido, especialmente con *La voz de México*, a la cual, según Valentín S. Campa, no le habían mandado un peso en más de seis meses. En aquella ocasión, Hernández se comprometió a saldar los pagos adeudados, "[...]pero que la administración de *La Voz* responda como queremos que responda; hay infinidad de suscripciones que mandan o no se envía ningún número. A esto se debe que los compañeros tienen desconfianza".[29] No sabemos hasta qué punto esta incertidumbre mencionada por el jaliciense se refería a un tema financiero o más bien respondía a cuestiones políticas. Lo interesante para la temática que venimos desarrollando es que las dinámicas locales chocaban con los intentos centralistas por establecer la línea *correcta* del partido y dichas querellas se traslucían en las disputas en torno al esfuerzo editorial.

Éstas fueron algunas de las tantas expresiones de una crisis que golpeaba los diferentes ámbitos del partido. De hecho, las apreciaciones de Codovilla auguraban el grave conflicto que pronto estallaría al interior del PCM y que significó la salida de sus dirigentes históricos, la reducción acelerada en su número de militantes y el rechazo de la unidad a toda costa. En el congreso extraordinario desarrollado en marzo de 1940, la expulsión de Hernán

Laborde y Valentín S. Campa,[30] entre otros, también implicó el fin de la primera etapa de la Editorial Popular.

Este congreso fue considerado por los depuradores como el momento crucial para el golpe de timón que pretendían desarrollar. Por este motivo, la presencia de la mayor cantidad de militantes posible, se volvió una premisa indiscutible. En este contexto, las imprentas del PCM se volcaron a impulsar la convocatoria. Se desarrolló una campaña impresa pro-hospedaje para los delegados foráneos, utilizando unas fichas donde cada compañero de la ciudad de México debía dejar por escrito que tipo de colaboración estaba dispuesto a brindar. No es casualidad que esta demostración formal de compromiso se llevara al papel en periodos de depuración, sirviendo no sólo para sus fines inmediatos, sino también como mecanismo de coerción hacia los militantes.[31]

Explicar los cambios y las depuraciones que se estaban desarrollando en su interior requirió un esfuerzo editorial relevante, no sólo para publicar discursos de los nuevos dirigentes del Comité Nacional, sino para incluso rearticular los circuitos de producción y de distribución de los diferentes impresos. "La actitud que un Partido Político adopta ante sus errores es uno de los criterios más seguros para juzgar la seriedad de este Partido y ver si cumple realmente sus deberes ante la clase y hacia las masas trabajadores"[32], fueron las palabras de Lenin que sirvieron para justificar en volantes y carteles la convocatoria al congreso extraordinario.

Después de marzo de 1940, el esfuerzo editorial del PCM cambió de rumbo. Las publicaciones nacionales desaparecieron del catálogo, los intentos de las células locales se limitaron y los actores implicados renunciaron. Los estertores de la Editorial Popular fueron precisamente los textos donde se justificaba el nuevo giro político y se condenaba a los antiguos dirigentes por sus posiciones pro burguesía nacional.[33] Aunque en estas últimas publicaciones el catálogo que solía aparecer en la contraportada estaba escrupulosamente expurgado de las obras de los proscritos e incluso, la mayoría de la oferta no pertenecía a la editorial. La omnipresencia de las temáticas internacionales se hizo evidente, especialmente lo relacionado con España, con la URSS y con la guerra mundial. Esto, sin embargo, ya es parte de otra historia.

Por supuesto, muchas cosas cambiaban para no cambiar. Así el documento que anunciaba la depuración de la cúpula partidista, también señalaba que: "El Partido debe emprender un intenso trabajo para desarrollar en sus filas la enseñanza del marxismo-leninismo-stalinismo [...]. El Partido debe tomar como base de esta labor la difusión y el estudio de la *Historia del Partido Comunista (Bolchevique) de la URSS*".[34]

A lo largo del presente libro hemos visto la multiplicidad de prácticas asociadas a la edición desarrolladas por el PCM y sus militantes. La producción, circulación y recepción de los impresos fue una tarea que incluyó a una parte importante de los miembros del comunismo, tanto a los profesionales de la política, como a los nuevos integrantes que comenzaban recién su camino en la organización. La mayoría de estas acciones se movió entre la precariedad económica, la consecuencia de algunos militantes y las ambigüedades políticas. Los resultados fueron dispares y aunque la presencia de las publicaciones se puede ver hasta el día de hoy en las librerías de viejo, en el mediano plazo tendió a disolverse en pequeños grupos ilustrados. En otras palabras, si bien encontramos estos libros en los anaqueles de este tipo de librerías, el porcentaje de ejemplares intonsos es llamativo. Lo interesante es que en el trascurso de esta investigación, los libros, folletos y revistas, muy pocas veces disponibles en las bibliotecas públicas, fueron apareciendo en distintas librerías desperdigadas por todo México. Tal vez sobrevivieron porque precisamente se mantuvieron en los anaqueles, esperando algún lector. O también por el interés que han tenido, y aún tienen, los compradores 80 años después de su elaboración. El mercado para el libro comunista, sin duda, sufrió un fuerte cambio después de la década de 1930.

De todas maneras, no podemos olvidar que pese a este esfuerzo durante el periodo cardenista, los militantes con mayor formación teórica e ideológica parecieron seguir siendo aquellos que habían abrazado el marxismo en la etapa donde se carecía de publicaciones o se debía recurrir a textos mimeografiados. Contradictoriamente, podríamos incluso reflexionar sobre la idea de que la presencia de mayor cantidad de material parece haber tenido un impacto menor de lo esperado en la recepción de las ideas marxistas. Otro asunto distinto es evaluar cómo las prácticas asociadas a la edición potenciaron las actividades políticas de los implicados. En este aspecto, la situación pareciera presentar el rostro inverso de los efectos teóricos e ideológicos. Si alguna actividad motivó a la militancia y especialmente su creatividad durante este periodo, fue sin lugar a duda la producción y circulación de impresos.

En el caso de Ediciones Frente Cultural prácticamente el 90 por ciento de su catálogo fueron traducciones. En la Editorial Popular este ítem correspondió a más de un tercio de sus lanzamientos. La Editorial Masas, aunque no tradujo tanto, apenas se arriesgó con dos o tres publicaciones locales, apostando por los *best sellers* de la izquierda continental y mundial. Incluso para Editorial América, las traducciones fueron 19 de sus 21 libros publicados. Esto fue parte del contexto donde se desarrolló el esfuerzo que las páginas precedentes han analizado. Pero que los contenidos no fueran escritos en México, no significa que no fueran textos mexicanos. La selección, la relectura desde lo local (que incluso los proyectos anticomunistas buscaron), la construcción de marcadores textuales, la ilustración, y otras tantas actividades mencionadas anteriormente, sirvieron a los impresores, editores, libreros, lectores, y a todos los implicados, para apropiarse de los textos. Y esto podemos relacionarlo tanto con la materialidad que cada uno de los impresos finalmente tuvo, como con las formas en que los discursos fueron reinterpretados, negociados y rechazados por los militantes comunistas mexicanos.

Finalmente, la militancia comunista de principios de la década de 1940, pese a sus destacados esfuerzos, fue incapaz de consolidar las iniciativas empresariales (ya fueran las editoriales propias o aquellas periféricas) que habían surgido durante el cardenismo. Los veloces cambios en la industria editorial, en las formas de leer y en la relación entre el Estado y el mundo del impreso, fueron problemas que, sumados a las dinámicas partidistas, limitaron cualquier intento de adaptación a las nuevas condiciones. De ese modo, cuando México comenzó a ocupar precisamente un lugar destacado en la edición latinoamericana del marxismo y de la izquierda en general, las iniciativas comunistas se encontraban apagadas. De todas maneras, me parece necesario reconocer que la cultura impresa asociada a los esfuerzos aquí reseñados, fue un componente esencial para comprender el devenir de los actores durante los años siguientes.

En conclusión, en la revista *El comunista*, órgano teórico del PCM, se establecía que "[...] se puede medir el grado de madurez revolucionaria de un movimiento por las ediciones en circulación que existan de las obras más importantes del ideario revolucionario".[35] Como hemos visto, esta relación entre edición y militancia no era en ningún caso de subordinación, ni mucho menos de dependencia. Sus vínculos eran más complejos, llenos de ambigüedades, de sinuosidades y de negociaciones. La labor editorial era tanto un reflejo de las capacidades políticas de la organización, como estas habilidades políticas eran el resultado de las prácticas editoriales. Por ello, conviene preguntarnos qué sucedió una vez que ambas esferas se distanciaron. A mediano plazo, el esfuerzo editorial del PCM, en lugar de fortalecer su propia agrupación, y dados los procesos que hemos revisado, resultó en el enriquecimiento de las izquierdas mexicanas y continentales, en una especie de herencia para todos aquellos que optaron por la construcción de proyectos antihegemónicos. La pérdida de propiedad de este legado, su inclusión en múltiples y diversos proyectos políticos, tal vez estaba precisamente inserto en las características que desde un comienzo adquirió cada una de las iniciativas que pretendían unir la "teoría a la práctica". Pero esto ya es un tema para otras investigaciones.

Notas a la Introducción

1. Jania Kudaibergen, "Las editoriales cartoneras y los procesos de empoderamiento en la industria creativa mexicana", *Cuadernos Americanos*, vol. 2, n.° 152 (2015): 127-146.

2. Entiendo por prácticas editoriales aquellas relacionadas con la elaboración, producción y circulación del material impreso, a través de un proceso colectivo que combina tanto elementos técnicos y comerciales, como políticos y sociales. Ver al respecto Roger Chartier, *El orden de los libros. Lectores, autores y bibliotecas en Europa entre los siglos XIV y XVIII* (Barcelona: Gedisa,1994); y Robert Darnton, *Edición y subversión. Literatura clandestina en el Antiguo Régimen* (México: Turner-Fondo de Cultura Económica, 2003).

3. Régis Debray, "El socialismo y la imprenta. Un ciclo vital", *New Left Review*, n.° 46 (2007): 5-26.

4. José Valadés, *Memorias de un joven rebelde* (México: Universidad Autónoma de Sinaloa, 1986), 2ª parte, 175.

5. Carlos Illades, *La inteligencia rebelde. La izquierda en el debate público en México. 1968-1989* (México: Océano, 2011).

6. Pablo Ponza, "Comprometidos, orgánicos y expertos: Intelectuales, marxismo y ciencias sociales en Argentina (1955-1973)". *A Contracorriente: una revista de estudios latinoamericanos*, vol. 5, n.° 2 (2008): 74-98.

7. Carlos Aguirre, "Cultura política de izquierda y cultura impresa en el Perú contemporáneo (1968-1990): Alberto Flores Galindo y la formación de un intelectual público". *Histórica*, vol. XXXI, n.° 1 (2007): 171-204.

8. La nueva historia del comunismo ha enfatizado en algunos aspectos que resultaban periféricos para las apuestas historiográficas previas, examinando los boletines de algunas fábricas, visualizando el papel de las mujeres, concentrándose en la labor de los niños militantes. La cultura comunista ha sido explorada ya no como el resultado del fanatismo extranjerizante, sino como manifestaciones locales creativas capaces de articular el internacionalismo proletario con las condiciones nacionales. Ver Hernán

Camarero, *A la conquista de la clase obrera. Los comunistas y el mundo del trabajo en la Argentina, 1920-1935* (Buenos Aires: Siglo XXI Editora Iberoamericana, 2007); *Natura* Olivé, *Mujeres comunistas en México en los años treintas* (México: Ediciones Quinto Sol, 2014); Jorge Rojas Flores, *Moral y prácticas cívicas en los niños chilenos, 1880-1950* (Santiago: Ariadna Ediciones, 2004).

9. Adriana Petra, "Hacia una historia del mundo impreso del comunismo argentino. La editorial Problemas (1939-1948)", en *Prácticas editoriales y cultura impresa entre los intelectuales latinoamericanos en el siglo XX*, coord. por Aimer Granados y Sebastián Rivera Mir (México: El Colegio Mexiquense — Universidad Autónoma Metropolitana / Unidad Cuajimalpa, 2018), 99-126.

10. Ricardo Melgar Bao, *La prensa militante en América Latina y la Internacional Comunista* (México: Instituto Nacional de Antropología e Historia, 2015), 184.

11. Carta firmada por varios trabajadores de la Unión Obrera Sindical "Río Florido" al Srio. de Educación Pública, ciudad Camargo, Chih., 1930. AGN, AHSEP, DE, caja 31029, exp. 11-7-10-183. Cita retomada de Francisco Javier Rosales Morales, "Proyectos editoriales de la Secretaría de Educación Pública: 1921-1934. Apuntes para una historia del libro y la lectura" (Tesis de maestría, Centro de Investigación y Estudios Avanzados del Instituto Politécnico Nacional, Cinvestav, Departamento de Investigaciones Educativas, México, 2016).

12. Ezequiel Saferstein, "Entre los estudios sobre el libro y la edición: el "giro material" en la historia intelectual y la sociología", *Información, cultura y sociedad*, n.° 29 (diciembre 2013): 139-166.

13. Carlos Illades, *El marxismo en México. Una historia intelectual* (México: Editorial Taurus, 2018).

14. Ann Laura Stoler, *Along the Archival Grain. Epistemic Anxieties and Colonial Common Sense* (Princeton: Princeton University Press, 2009).

15. Roberto Pittaluga, *Soviets en Buenos Aires. La izquierda de la Argentina ante la revolución en Rusia* (Buenos Aires: Prometeo Libros, 2015).

16. Saferstein, "Entre los estudios sobre el libro y la edición", 139-166.

17. Manuel Loyola, "Edición y revolución a comienzos de la década de 1930 en Chile", *Mapocho*, n.° 76, (2014): 197-218.

18. Iván Molina Jiménez, "Los comunistas como empresarios. La gestión del periódico Trabajo, Costa Rica (1931-1948)", *Revista de Historia de América*, n.° 140, (enero-junio 2009): 111-136.

19. Juan Guillermo Gómez García, *Cultura intelectual de resistencia (Contribución a la historia del libro de izquierda en Medellín de los años setenta)* (Medellín: Ediciones Desde Abajo-Colciencias-Universidad de Antioquia, 2005).

20. Gustavo Sorá, *Editar desde la izquierda. La agitada historia del Fondo de Cultura Económica y de Siglo XXI* (Buenos Aires: Siglo XXI Editores, 2017); Ponza,

"Comprometidos, orgánicos y expertos: Intelectuales, marxismo y ciencias sociales en Argentina (1955-1973)", 74-98; Adriana Petra, *Intelectuales y cultura comunista. Itinerarios, problemas y debates en la Argentina de posguerra* (Buenos Aires: Fondo de Cultura Económica, 2017); Martín Ribadero, *Tiempos de profetas. Ideas, debates y labor cultural de la izquierda nacional de Jorge Abelardo Ramos (1945-1962)* (Bernal: Universidad Nacional de Quilmes, 2017).

21. Aguirre, "Cultura política de izquierda y cultura impresa en el Perú contemporáneo (1968-1990)", 171-204.

22. Mayte Gómez, *El largo viaje. Política y cultura en la evolución del Partido Comunista de España, 1920-1939* (Madrid: Ediciones de la Torre, 2015).

Notas a Capítulo I

1. Brigitte Studer, *The Transnational World of the Cominternians* (Londres-Nueva York: Palgrave Macmillan, 2015). Por supuesto, todas las cifras en el ámbito editorial y en el presente libro hay que tomarlas simplemente como referencias verosímiles y parte de la propaganda.

2. Marie-Cécile Bouju, "Books for the Revolution: The Publishing Houses of the French Communist Party, 1920-1993", *Script & Print*, vol. 36, n.° 4 (noviembre 2012): 230-242.

3. Bouju, "Books for the Revolution: The Publishing Houses of the French Communist Party, 1920-1993".

4. Gómez, *El largo viaje. Política y cultura en la evolución del Partido Comunista de España*.

5. Aunque muchas de las traducciones comenzaron a realizarse directamente en Moscú, por el departamento de Lenguas Extranjeras.

6. Ver José Aricó, *Marx y América Latina* (Buenos Aires: Fondo de Cultura Económica, 2010).

7. Néstor Kohan, *De Ingenieros al Che. Ensayos sobre el marxismo argentino y latinoamericano* (La Habana: Instituto Cubano de Investigación Cultural Juan Marinello, 2008).

8. Una mirada refinada al respecto en Fernanda Beigel, *La epopeya de una generación y una revista. Las redes editoriales de José Carlos Mariátegui en América Latina* (Buenos Aires: Editorial Biblos, 2006). Ver también Mauricio Archila, "La otra opinión: la prensa obrera en Colombia 1920-1934", *Anuario Colombiano de Historia Social y de la Cultura*, vol. 13-14 (1986): 209-237.

9. Engracia Loyo, "La difusión del marxismo y la educación socialista en México, 1930-1940", en *Cincuenta años de Historia en México. En el cincuentenario del Centro*

de Estudios Históricos, coord. por Alicia Hernández Chávez y Manuel Miño, tomo II (México: El Colegio de México, 1991), 165-181.

10. Este tipo de análisis ha comenzado a proliferar ampliamente en distintos lugares de América Latina. Ver Gilberto Loaiza, *Poder letrado. Ensayos sobre historia intelectual de Colombia, siglos XIX y XX* (Cali: Universidad del Valle, 2014); Salvador Romero Pittari, *El nacimiento del intelectual* (La Paz: Neftalí Lorenzo E. Caraspas, 2009); Ricardo Melgar Bao, "Cominternismo intelectual: representaciones, redes y prácticas político-culturales en América Central, 1921-1933", *Revista Complutense de Historia de América*, vol. 35 (2009): 135-159.

11. Debray, "El socialismo y la imprenta", 5-26.

12. Gómez García, *Cultura intelectual de resistencia (Contribución a la historia del libro de izquierda en Medellín de los años setenta)*; Loyola, "Edición y revolución a comienzos de la década de 1930 en Chile", 197-218; Carlos Aguirre, "Cultura política de izquierda y cultura impresa en el Perú contemporáneo (1968-1990): Alberto Flores Galindo y la formación de un intelectual público", en *Militantes, intelectuales y revolucionarios. Ensayos sobre marxismo e izquierda en América Latina*, ed. por Carlos Aguirre (Raleigh, NC: Editorial A Contracorriente, 2013), 298-327.

13. Comisión de agitación y propaganda del Partido Comunista. Sección Chilena de la Internacional Comunista, *Plan de estudios de un curso de capacitación* (Santiago: Talleres gráficos Gutenberg, 1933).

14. En México, en esas mismas fechas Ediciones Frente Cultural retomaba como eslóganes "Unid la teoría a la práctica" y "Teoría y acción por un mundo mejor".

15. Aguirre, "Cultura política de izquierda y cultura impresa en el Perú contemporáneo (1968-1990): Alberto Flores Galindo y la formación de un intelectual público", 304.

16. Manuel Caballero, *La Internacional Comunista y la revolución latinoamericana, 1919-1943* (Caracas: Editorial Nueva Sociedad, 1998); Horacio Crespo, "El comunismo mexicano en 1929: el giro a la izquierda", en *El comunismo: otras miradas desde América Latina*, coord. por Elvira Concheiro, Massimo Modonesi y Horacio Crespo (México: Universidad Nacional Autónoma de México, 2007), 559-586; Barry Carr, *Marxism and Communism in Twentieth-Century Mexico* (Lincoln: University of Nebraska Press, 1992).

17. Para una versión coetánea sobre la aplicación de esta nueva línea ver Victorio Codovilla, *¿Qué es el tercer período?* (Montevideo: Justicia, 1930).

18. Este tema ha sido profusamente abordado en los últimos años. Ver entre otros, Hernán Camarero, "La estrategia de *clase contra clase* y sus efectos en la proletarización del Partido Comunista Argentino, 1928-1935", *Pacarina del Sur. Revista del pensamiento crítico latinoamericano*, 2 (2011). Disponible en: http://www .pacarinadelsur.com/home/oleajes/295-la-estrategia-de-clase-contra-clase-y-sus

-efectos-en-la-proletarizacion-del-partido-comunista-argentino-1928-1935. Consultado el 8 de diciembre de 2015.

19. Esto también significó una serie de problemas y discusiones internas que recupera con pulcritud Daniel Kersffeld, *Contra el imperio. Historia de la Liga Antimperialista de las Américas* (México: Siglo XXI Editores, 2012).

20. El caso de Mariátegui también es uno de los momentos paradigmáticos de esta nueva línea política. Ver especialmente Horacio Tarcus, *Mariátegui en la Argentina o las políticas culturales de Samuel Glusberg* (Buenos Aires: Ediciones El Cielo por Asalto, 2001).

21. Camarero, *A la conquista de la clase obrera*, 226.

22. Según Lazar y Víctor Jeifets, este descubrimiento se debió al aumento de delegados latinoamericanos en el VI Congreso de la Internacional Comunista de 1928, donde "...la presencia de 26 delegados significó sin duda un salto hacia adelante que se vio consagrado con la elección de siete latinoamericanos al [Comité Ejecutivo] de la IC (por Argentina, Brasil, Chile, México y Uruguay)". Lazar Jeifets y Víctor Jeifets, *América Latina en la Internacional Comunista, 1919-1943. Diccionario Biográfico* (Moscú: Instituto de Latinoamérica de la Academia de las Ciencias, 2004), 32.

23. Víctor Fuentes, *La marcha al pueblo en las letras españolas 1917-1936* (Madrid: Ediciones de la Torre, 2006). Ver especialmente el capítulo inicial titulado, "El auge del libro de izquierda".

24. Carlos Illades, *Rhodakanaty y la formación del pensamiento socialista en México* (México: Anthropos-Universidad Autónoma Metropolitana, 2002); Horacio Tarcus, *Marx en la Argentina. Sus primeros lectores obreros, intelectuales y científicos* (Buenos Aires: Siglo XXI Editores, 2013); Eduardo Devés Valdés y Carlos Díaz, *El pensamiento socialista en Chile. Antología 1893-1933* (Santiago: Ediciones Documentas-Nuestra América y América Latina Libros, 1987).

25. Estos motivos podrían ir desde el plano de los lectores, sus niveles de alfabetización, hasta temáticas como el costo de los libros, el precio del papel, o la fortaleza del mundo editorial en su conjunto. En este sentido es interesante el estudio de Beatriz Sarlo, *El imperio de los sentimientos* (Buenos Aires: Norma, 2000). Una revisión amplia sobre las editoriales en América Latina en Juan Gustavo Cobo Borda, ed., *Historia de las empresas editoriales de América Latina. Siglo XX* (Bogotá: CERLALC, 2000).

26. Hernán Ibarra, sel., *El pensamiento de la izquierda comunista (1928-1961)* (Quito: Ministerio de Coordinación de la Política y Gobiernos Autónomos Descentralizados, 2013), 12.

27. Ver "Por la educación marxista de las masas. Las editoriales revolucionarias", *El Machete*, 11 de agosto de 1935, p. 3.

28. Guillermo Lora, *Historia del movimiento obrero boliviano, 1923-1933* (La Paz:

Editorial Los Amigos del Libro, 1970), 391. "Poca y no confiable" fue la difusión editorial del marxismo durante el periodo en Bolivia, según Romero Pittari, *El nacimiento del intelectual*, 127.

29. "El Partido Comunista y los intelectuales. Carta de Joaquín Gallegos Lara a Jorge Hugo Rengel (1935)", en Ibarra, *El pensamiento de la izquierda comunista (1928-1961)*, 12.

30. "Carta del enviado del Secretariado Sudamericano, José, a Victorio Codovilla", Santiago, 18 de enero de 1930, en *Chile en los archivos soviéticos, 1922-1991— Tomo 1: Komintern y Chile 1922-1930*, ed. por Alfredo Riquelme y Olga Ulianova (Santiago: LOM-Centro de Investigaciones Diego Barros Arana, 2005), 356.

31. Textos como el de Ricardo Martínez de la Torre, *Por el servicio colectivo. Páginas antiapristas* (Lima: Ediciones de Frente, 1934), se difundieron profusamente a lo largo de continente. También la reseña aparecida en la revista de la Liga Antiimperialista de Cuba, *Masas*, año 1, n.° 2, p. 22, donde se promete publicar fragmentos del libro.

32. Ver especialmente *En defensa de la revolución* (Santiago: Editorial Luis E. Recabarren, 1933). En este texto se acusa directamente a la cúpula de PC, Lafferte, Rozas, entre otros, de haber provocado el asesinato de militantes obreros.

33. Ver Julio Cuadros Caldas, *México Soviet* (Puebla: Santiago Loyo Editor, 1926). Este texto confundió a los agentes estadounidenses, e incluso, a parte del gobierno mexicano. Por supuesto, como veremos la práctica de editar textos apócrifos será parte de los ardides dictatoriales durante casi todo el siglo XX.

34. "Carta del Lender—Secretariado Latinoamericano a los partidos comunistas de la región acerca de la preparación de cuadros", 1 de febrero de 1932, en *Chile en los archivos soviéticos, 1922-1991— Tomo II: Komintern y Chile 1931-1935*, 231.

35. "Carta del Lender—Secretariado Latinoamericano a los partidos comunistas de la región acerca de la preparación de cuadros", 1 de febrero de 1932, en *Chile en los archivos soviéticos, 1922-1991— Tomo I1: Komintern y Chile 1931-1935*, 232.

36. Una evaluación similar se encuentra en el folleto *La lucha por el leninismo en América* (Montevideo: Bureau Sud-americano de la Internacional Comunista, 1932). Según Guillermo Lora este texto correspondía en realidad a circular reservada, destinada a los cuadros de dirección. Ver Lora, *Historia del movimiento obrero boliviano, 1923-1933*, 291.

37. Camarero, *A la conquista de la clase obrera* y Leandro Gutiérrez y Luis Alberto Romero, "Una empresa cultural: los libros baratos", en Leandro Gutiérrez, y Luis Alberto Romero, *Sectores populares, cultura y política* (Buenos Aires: Siglo XXI Editores, 2007). El PC de Brasil también llegó a utilizar bibliotecas ambulantes, las cuales iban de ciudad en ciudad, difundiendo sus escritos, pero también eludiendo los controles policiales. Maria Luiza Tucci Carneiro, *Livros Prohibidos, Idéias Mal-*

ditas. O Deops e as Minorias Solenciadas (Sao Paulo: Estação Liberdade-Arquivo do Estado, SEC, 1997).

38. Camarero, *A la conquista de la clase obrera*, 225.

39. Comisión de agitación, *Plan de estudios de un curso de capacitación*, 12.

40. Esta propuesta coincide con la presencia en Chile de Fritz Glaubauf, austriaco, enviado por la Comintern con la misión de realizar un curso de capacitación de cuadros.

41. Junto con el argentino Orestes Ghioldi, quien firmaba como Edo. Ghitor, completaban la sección latinoamericana del plan de estudios.

42. Para el caso chileno, los seguidores de esta corriente optaron por escribir nacismo con c, como mecanismo que los *diferenciaba* del partido alemán.

43. Manuel Loyola compara las lecturas de este Plan, con una lista de textos decomisados por la policía en una redada anticomunista en 1935, destacando que las tendencias formativas se habían mantenido a lo largo del tiempo. Manuel Loyola, "Lecturas rojas: libros y folletos comunistas en Chile, 1920-1935" (ponencia, IV Congreso Internacional Ciencias, Tecnologías y Culturas, Universidad de Santiago de Chile, octubre de 2015). Agradezco al autor por facilitarme el texto íntegro de su presentación.

44. Ver también Loyola, "Edición y revolución a comienzos de la década de 1930 en Chile".

45. Carlos Figueroa Ibarra describe la forma en la que penetró el marxismo en la región. Con un dejo de ironía menciona cómo documentos tan relevantes como el manifiesto fundacional del Partido Comunista Centroamericano, fueron impresos en México y después distribuidos en la zona. Carlos Figueroa Ibarra, "Marxismo, sociedad y movimiento sindical en Guatemala", *Anuario de Estudios Centroamericanos*, vol. 16, n.º 1 (1990): 57-86.

46. Como contrapartida al plan de estudios del PC chileno podemos ver las recomendaciones de lecturas realizadas en el curso "Principios de económica política" publicado en tres tomos por Ediciones Frente Cultural en México, también el catálogo de la Editorial Culpro publicado mensualmente por la revista *Masas* en Cuba o seguir los "Manuales de cultura marxista" lanzados por Claridad en Argentina. Las lecturas recomendadas y publicadas son similares, aunque con matices.

47. Francisco Cervantes López, "Dos palabras", en Vladimir Illich Lenin, *El imperialismo, última etapa del capitalismo* (México: Editorial Marxista, 1930). En su contraportada, el libro prometía publicar una traducción inédita de Losovsky y hacer una reedición de un texto de Lázaro Gutiérrez de Lara. Finalmente, no lograron publicarse.

48. Lora, *Historia del movimiento obrero boliviano, 1923-1933*, 392.

49. Camarero, "La estrategia de *clase contra clase* y sus efectos en la proletarización del Partido Comunista Argentino, 1928-1935". También Camarero, *A la conquista de*

la clase obrera; López Cantera, "El anticomunismo argentino entre 1930-1943. Los orígenes de la construcción de un enemigo".

50. Camarero, *A la conquista de la clase obrera*, 194.

51. Ver, por ejemplo, *Abajo el Standard: la vida y las luchas del proletariado de los frigoríficos* (Montevideo: Cosinlatam, 1930).

52. Sebastián Rivera Mir, "A la deriva en tierras inestables. Exiliados chilenos navegando por Latinoamérica (1927-1931)", en *América Latina entre espacios: Redes, flujos e imaginarios globales*, ed. por Stephanie Fleischmann, José Alberto Moreno Chávez y Cecilia Tossounian (Berlín: Tranvia-Verlag Walter Frey, 2014), 99-114.

53. Ver, por ejemplo, "Juicio criminal por publicaciones clandestinas y libelo infamatorio, 1932", citado por Irma Lorini, *El movimiento socialista "embrionario" en Bolivia, 1920-1939* (La Paz: Los amigos del Libro, 1994).

54. Tucci Carneiro, *Livros Prohibidos, Idéias Malditas. O Deops e as Minorias Solenciadas.* Ver también Beatriz Urías Horcasitas, "Retórica, ficción y espejismo: tres imágenes de un México bolchevique (1920-1940)", *Relaciones. Estudios de historia y sociedad,* vol. 26, n.° 101 (2005): 261-300.

55. Camarero, *A la conquista de la clase obrera*, 170.

56. *Bálsamo del Perú* (Publicaciones de la Sociedad Curativa de América del Sur, sin fecha ni ciudad). Sobre el comunismo peruano en la primera mitad de la década de 1930 ver, Paulo Drinot, "Creole Anti-Communism: Labor, the Peruvian Communist Party and APRA, 1930-1934", *Hispanic American Historical Review*, vol. 92, n.° 4 (2012): 703-736.

57. Tucci Carneiro, *Livros Prohibidos, Idéias Malditas. O Deops e as Minorias Solenciadas.*

58. Miguel Azpúrua, *El último general. Vida y obra revolucionaria del Dr. Gustavo Machado M.*, (Barquisimeto: Horizonte, 1999), 103-108.

59. Otro de los salvadoreños que viajó de México a Venezuela para realizar trabajo político fue Farabundo Martí. Según Gustavo Machado, fue descubierto mientras repartía números de *Libertad*, pero "...escondido en una lancha pudo escapar camuflado debajo de unos plátanos, era 1926", Azpúrua, *El último general. Vida y obra revolucionaria del Dr. Gustavo Machado M.*, 167.

60. "Carta de Carlos M. Flores a Salvador de la Plaza", Curazao, 7 de mayo de 1929, en *El archivo de Salvador de la Plaza*, comp. por Irene Rodríguez Galad (Caracas: Centauro-Funres, 1992), 69.

61. Carlos M. Flores, *Gómez, patriarca del crimen. El terror y el trabajo forzado en Venezuela* (Caracas: Editorial Ateneo de Caracas, 1980 [primera edición 1933]).

62. Alejandro Dujovne, Heber Ostroviesky y Gustavo Sorá, "La traducción de autores franceses de ciencias sociales y humanidades en Argentina. Estado y perspectivas actuales de una presencia invariante", *Bibliodiversity*, n.° 3 (2014): 20-30.

63. Veamos, por ejemplo, el caso del libro *¿Qué debemos hacer?: lo que debes saber, trabajador para conquistar tu pan y tu libertad.* Este texto fue publicado de manera casi simultánea por la editorial de la CSLA en Montevideo y por Ediciones Frente Cultural en México, saltando todas las barreras geográficas y políticas que podía significar llevar originales de un lugar a otro. *¿Qué debemos hacer?: lo que debes saber, trabajador para conquistar tu pan y tu libertad* (Montevideo: Cosinlatam y México: Ediciones Frente Cultural, sin fecha).

64. La solución propuesta era adecuarse al cambio del dólar que estuviera vigente el día del envío. "Carta de la Administración de la CSLA a Genaro Valdés", Montevideo, 16 de noviembre de 1931, en Archivo Histórico del Ministerio de Relaciones Exteriores de Chile (AHMINREL), Fondo Histórico, vol. 1338-A, sin foliar. En este mismo periodo además Paulino González Alberdi, argentino enviado por la Comintern a Chile, había sido descubierto por la policía precisamente porque le mandaron dinero a su nombre desde Montevideo.

65. "Carta de la Administración de la CSLA a Carlos Contreras Labarca y G. Valdés", Montevideo, 26 de noviembre de 1931, en AHMINREL, Fondo Histórico, vol. 1338-A, sin foliar.

66. "Carta de la Administración de la CSLA a Genaro Valdés", Montevideo, 16 de noviembre de 1931, en AHMINREL, Fondo Histórico, vol. 1338-A, sin foliar.

67. "Carta de la Administración de la CSLA a Carlos Contreras Labarca y G. Valdés", Montevideo, 26 de noviembre de 1931, en AHMINREL, Fondo Histórico, vol. 1338-A, sin foliar.

68. "Carta de la CSLA a la Junta Ejecutiva de la FOCH", Montevideo, 9 de agosto de 1931, en AHMINREL, Fondo Histórico, vol. 1338-A, sin foliar.

69. "A propósito, la Librería y Editorial Sud América también vende libros de diversas clases aparte del material comunista, abasteciendo particularmente las necesidades de los estudiantes universitarios", señala un informe de Butler Wright un diplomático de Estados Unidos en la capital uruguaya. Ana María Rodríguez, sel., *Selección de informes de los representantes diplomáticos de los Estados Unidos en el Uruguay*, vol. 1 (Montevideo: Universidad de la República, Facultad de Humanidades y Ciencias de la Educación, Departamento de Publicaciones, 1996), 165.

70. Gerardo Leibner, *Camaradas y compañeros. Una historia política y social de los comunistas del Uruguay* (Montevideo: Trilce, 2011, tomo I). Este autor se refiere particularmente a la Editorial Pueblos Unidos (EPU), que funcionó en Uruguay en años posteriores a los intereses de este trabajo. Aunque al igual que en la década de 1930, "[...] el Partido Comunista de Uruguay tenía una posición privilegiada debida a su legalidad y la libertad editorial con la que actuaba. Tal situación implicaba, a veces ingresos adicionales a EPU, junto a las responsabilidades que trascendían fronteras y que a veces asumían militantes uruguayos", 180.

71. José Aricó, *La cola del diablo. Itinerario de Gramsci en América Latina* (Buenos Aires: Siglo XXI Editores, 2005).

72. Loyola, "Edición y revolución a comienzos de la década de 1930 en Chile."

73. Sebastián Rivera Mir, "Los primeros años de Ediciones Frente Cultural. De la teoría revolucionaria al éxito de ventas (1934-1939)", *Estudios de historia moderna y contemporánea de México*, n.° 50 (2016): 112-131.

74. Loyola, "Lecturas rojas: libros y folletos comunistas en Chile, 1920-1935".

75. Jorge Plejanov, *Cuestiones fundamentales del marxismo* (Santiago: Ediciones de la Federación de Maestros, 1933).

76. Las relaciones entre los militantes de ambos países, pese a la lejanía, se mantenían de manera regular. Y es particularmente interesante que en 1934 el comunista chileno Salvador Barra Woll se transformó en gerente de la Empresa Editora Barra y Compañía Ltda., que publicó el diario *Frente Popular*. Durante su exilio en México debido al régimen dictatorial de Carlos Ibáñez del Campo, este militante había estado asociado, al igual que Luis Víctor Cruz, a las actividades editoriales de *El Machete*. En 1940 Barra Woll se hizo cargo de la Editorial Antares. Ver Jeifets y Jeifets, *América Latina en la Internacional Comunista, 1919-1943. Diccionario Biográfico*.

77. Adriana Petra, "Editores y editoriales comunistas. El caso de Problemas de Carlos Dujovne" (ponencia, Primer Coloquio Argentino de Estudios sobre el Libro y la Edición, La Plata, 2012).

78. Para un periodo previo también hay que observar la importancia de organismos como las ligas antiimperialistas locales. Por ejemplo, la Liga Antiimperialista de Cuba, fundó en 1934 la revista *Masas*, con una editorial del mismo nombre, además recibía textos desde distintas partes del continente y se vinculó a Culpro una editorial-librería que se encargaba de la distribución en La Habana de los principales textos de marxismo editados en Europa y América.

79. Coincidentemente, el primer presidente de la AIAPE fue Aníbal Ponce, quien durante su exilio en México en la segunda mitad de la década de 1930 se desempeñó como secretario de la LEAR. Ver John Lear, *Picturing the Proletariat. Artists and Labor in Revolutionary Mexico, 1908-1940* (Austin: University of Texas Press, 2017).

80. James Cane, "Unity for the Defense of Culture: The AIAPE and the Cultural Politics of Argentine Antifascism, 1935-1943", *The Hispanic American Historical Review*, vol. 77, n.° 3 (agosto 1997): 443-482.

81. Ver Cayetano Córdova Iturburu, *España bajo el comando del pueblo* (Buenos Aires: Ediciones FOARE, 1938). La FOARE también desarrolló labores editoriales en México, en los años cuarenta y cincuenta.

82. Carlos Vicuña en su texto *En las prisiones políticas de Chile* dedica unas palabras a Emilio Campos, linotipista, Luis Rojas G., cajista, Jorge Ramírez V. y Palomino Ruiz, prensistas, y María de Anda, encuadernadora, quienes participaron en la con-

fección del libro. Carlos Vicuña, *En las prisiones políticas de Chile. Cuatro evasiones novelescas* (México: Cruz del Sur, 1946).

83. Jeifets y Jeifets, *América Latina en la Internacional Comunista, 1919-1943. Diccionario Biográfico.*

84. Jeifets y Jeifets, *América Latina en la Internacional Comunista, 1919-1943. Diccionario Biográfico,* 491.

85. Ver la crítica que realiza Guillermo Lora a la actitud adulatoria que tomó el editor Fernando Siñani. Lora, *Historia del movimiento obrero boliviano, 1923-1933,* 317.

86. Ver la revisión bibliográfica que realizó Alfredo Saco sobre el aprismo. A su juicio, dicho partido llegó a publicar hacia 1943 más de 100 libros y folletos, muchos de ellos debieron editarse fuera de Perú. Alfredo Saco, "Aprista Bibliography", *The Hispanic American Historical Review,* vol. 23, n.° 3 (1943): 555-585. Sebastián Hernández Toledo, "La persistencia del exilio. Redes político-intelectuales de los apristas en chile (1922-1945)" (Tesis de doctorado, El Colegio de México, México, 2020).

87. Walter Benjamin, "La tarea del traductor", en Walter Benjamin, *Obras,* libro IV, vol. I (Madrid: Abada Editores, 2010).

88. Jesús Silva Herzog recorre la experiencia mexicana del intelectual argentino en el prólogo del libro póstumo. Aníbal Ponce, *Dos hombres: Marx, Fourier* (México: Fondo de Cultura Económica, 1938).

89. Fernando Peñalosa, *The Mexican Book Industry* (New York: The Scarecrow Press, 1957).

90. Ver, por ejemplo, J. D. Sobrino Trejo, *Los objetivos del movimiento obrero y de las tendencias de la pequeña burguesía. ¿Frente único de obreros y de pequeños burgueses?* (México: Ediciones Frente Cultural, 1937).

91. La particular trayectoria del paraguayo Oscar Creydt, exiliado en varios países del Conosur y en México, motivó que sus textos aparecieran desperdigados a lo largo del continente. Editorial La Colmena en Paraguay, Editorial Popular en México, Problemas en Argentina, son algunas de las entidades que editaron sus obras.

92. Valentín S. Campa en su autobiografía hace referencia a Máximo Correa, quien en 1933 ganó el primer lugar en ventas de *El Machete,* logrando vender cuatrocientos ejemplares quincenales durante algunos meses. Valentín S. Campa, *Mi testimonio. Memorias de un comunista mexicano* (México: Ediciones de Cultura Popular, 1978), 85.

93. Molina Jiménez, "Los comunistas como empresarios. La gestión del periódico Trabajo, Costa Rica (1931-1948)", 111-136.

94. Iván Molina Jiménez, "Los comunistas y la publicidad en Costa Rica: El caso del periódico Trabajo (1937-1948)", *Secuencia,* n.° 77 (2010): 65.

95. Bloque de Obreros y Campesinos, nombre que asumió el Partido Comunista de Costa Rica para entrar a la legalidad electoral.

96. Molina Jiménez, "Los comunistas y la publicidad en Costa Rica: El caso del periódico Trabajo (1937-1948)", 85.

97. Ver Juliana Cedro, "El negocio de la edición. Claridad 1922-1937" (Ponencia, Primer Coloquio Argentino de Estudios sobre el Libro y la Edición, La Plata 2012). También Gutiérrez y Romero, "Una empresa cultural: los libros baratos".

98. *XI Congreso del Partido Comunista de Chile. Por la paz y por nuevas victorias del Frente Popular* (Santiago: Ediciones del Comité Central del Partido Comunista de Chile, 1940).

99. Alejandro Dujovne, *Una historia del libro judío. La cultura judía argentina a través de sus editores, libreros, traductores, imprentas y bibliotecas* (Buenos Aires: Siglo XXI Editores, 2014), 85.

100. Luis Corvalán, *De lo vivido y lo peleado. Memorias* (Santiago: LOM, 1997), 35.

101. Pablo Stefanoni, *Los inconformistas del centenario. Intelectuales, socialismo y nación en una Bolivia en crisis (1925-1939)* (La Paz: Plural Editores, 2015), 145.

102. Riquelme y Ulianova, *Chile en los archivos soviéticos, 1922-1991— Tomo 1: Komintern y Chile 1922-1930*, 234.

103. Caballero, *La Internacional Comunista y la revolución latinoamericana, 1919-1943*, 41-42.

104. Mario Halley Mora, *Yo anduve por aquí* (Asunción: La gran enciclopedia de la cultura paraguaya, 2003), 27.

105. Zulema Lehm Ardaya y Silvia Rivera Cusicanqui, *Los artesanos libertarios y la ética del trabajo* (La Paz: Abya Yala, 2013), 195.

106. Desde la novela, Gustavo Navarro (quien posteriormente usará como seudónimo Tristán Marof), en *Los Cívicos* (1919), describe a un personaje similar, cuya lectura está marcada por las corrientes socialistas. Éste se diferencia de los lectores comunes del periodo, caracterizados por cierto eclecticismo debido a la poca disponibilidad de libros. Ver Romero Pittari, *El nacimiento del intelectual*, 130.

107. Lora, *Historia del movimiento obrero boliviano, 1923-1933*.

108. Corvalán, *De lo vivido y lo peleado. Memorias*, p. 24. Otro ejemplo interesante al respecto es el intercambio epistolar entre los comunistas cubanos Rubén Martínez Villena y Sandalio Junco. El primero, internado en un hospital soviético, trataba de explicarle a su camarada la necesidad de creatividad frente a las políticas que se exponían desde Moscú para los países coloniales y semicoloniales. Desde las misma URSS Martínez Villena criticaba el mecanicismo de algunos compañeros al momento de interpretar el marxismo. Ver "Carta de Rubén Martínez Villena a Sandalio Junco", 13 de noviembre de 1930, Sujum-URSS, en Carlos Reig Romero, sel., *Correspondencia de Rubén Martínez Villena (mayo/1912-mayo/1933)* (La Habana: Editorial Unicornio, 2005). .

109. Ibarra, *El pensamiento de la izquierda comunista (1928-1961)*, 13.

110. Gabriela Mistral, "La reforma educacional en México", en *Magisterio y niño*, coord. por Roque Esteban Scarpa (Santiago: Editorial Andrés Bello, 1979), 145.

111. *Cancionero popular. El ingenio del pueblo al servicio del pueblo* (Santiago: Editorial Antares, 1938), 3.

112. Stefanoni dedica un apartado de su libro sobre los intelectuales bolivianos a "la penetración comunista... vía México". Ver Stefanoni, *Los inconformistas del centenario. Intelectuales, socialismo y nación en una Bolivia en crisis (1925-1939)*, 316 y ss.

113. Clodomiro Almeyda, *Reencuentro con mi vida* (Guadalajara: Universidad de Guadalajara, 1988), 41.

Notas a Capítulo II

1. Campa, *Mi testimonio. Memorias de un comunista mexicano*, 85.

2. Melgar Bao, *La prensa militante en América Latina y la Internacional Comunista*, 185.

3. *El Machete ilegal, 1929-1934* (Colección Fuentes para el estudio de la Historia del Movimiento Obrero Mexicano, Benemérita Universidad Autónoma de Puebla: Puebla, 1975).

4. Aurora Cano Andaluz, "El Machete ilegal: un instrumento y una perspectiva frente a la problemática mexicana (1929-1934)" (Tesis de licenciatura en Sociología, Facultad de Ciencias Políticas y Sociales, UNAM, México, 1981). Fabio Sousa, "*El Machete*: prensa obrera y comunismo en México", *Fuentes Humanísticas*, año 28, n.° 49 (2014): 171-180. Una perspectiva diferente en John Lear, "La revolución en blanco, negro y rojo: arte, política y obreros en los inicios del periódico *El Machete*", *Signos Históricos*, n.° 18 (julio-diciembre, 2007): 108-147.

5. Raquel Tibol, *Julio Antonio Mella en El Machete* (México: Fondo de Cultura Popular, 1968).

6. A mediados de la década de 1970, la Benemérita Universidad Autónoma de Puebla publicó esta versión facsimilar. Contradictoriamente, los ejemplares de los otros períodos son muy difíciles de encontrar completos en los archivos mexicanos.

7. Ver, por ejemplo, entre tantos otros, el material decomisado en Peñón Blanco, Durango, que incluyó volantes, circulares del PCM, del Socorro Rojo, esquelas musicales, letras de canciones, pero ningún periódico. "El C. Presidente municipal de Peñón Blanco, remite alguna documentación que recogió a un individuo comunista", 31 de julio de 1931, en Archivo Histórico de Durango (AHD), Sección 6 Serie 6.4, exp. 1455.

8. "Expediente sobre El Machete. Clausura de imprenta comunista de Xavier Guerrero", 1929-1930, en Archivo General de la Nación (AGN), Fondo Dirección General de Investigaciones Políticas y Sociales (DGIPS), caja 34, exp. 3.

9. Sebastián Rivera Mir, *Militantes de la izquierda latinoamericana en México, 1920-1934. Prácticas políticas, redes y conspiraciones* (México: El Colegio de México — Secretaría de Relaciones Exteriores, 2018). Esta posición se diferenció de la mayoría de los emigrados que debieron salir del país en esta época y que lo hicieron vociferando en contra del gobierno. Por ejemplo, el boliviano Tristán Marof habló en un tono altisonante del *Termidor mexicano*. La actitud de De la Plaza rendirá sus frutos a partir de 1937, cuando una nueva oleada de venezolanos, incluyéndolo, encuentre cobijo en México bajo el gobierno cardenista.

10. Sobre la circulación de este tipo de textos durante la década de 1920 y principios de la siguiente, en revistas, periódicos, a través de libreros ambulantes, ver Melgar Bao, "Cominternismo intelectual: representaciones, redes y prácticas político-culturales en América Central, 1921-1933", 135-159.

11. Jeifets y Jeifets, *América Latina en la Internacional Comunista, 1919-1943. Diccionario Biográfico*. Sobre este militante y también sobre su esposa Micaela Feldman, en los últimos años han surgido varias investigaciones, e incluso la editorial Eudeba recuperó su participación en la guerra civil española. Ver Mika Etchebéhère, *Mi guerra en España* (Buenos Aires: Eudeba, 2015), especialmente para este caso, el apunte biográfico que realiza Carlos García Velasco al final del libro. Una mirada colectiva a este grupo de militantes en Horacio Tarcus, "Revistas, intelectuales y formaciones culturales en la argentina de los veinte", *Revista Iberoamericana*, vol. LXX, n.° 208-209 (julio-diciembre 2004): 749-772.

12. En Nueva York, las autoridades policiales lo arrestaron por sus actividades de denuncia de la represión anticomunista en México. Ver "Jorge Paz preso en New York", *A la defensa*, julio de 1930, tomo I, n.° 2, p. 4.

13. El plan editorial contemplaba obras de Lázaro Gutiérrez de Lara, ¿Qué hacer? de Lenin, un texto de Losovsky y la reedición de una obra de Francisco Cervantes López. Este abanico de autores muestra cierto sentido ecléctico en el origen de la empresa.

14. Cervantes López, "Dos palabras", VIII y IX. Por supuesto, sus palabras eran parte de una estrategia comercial para hacer llamativa la edición y tal vez para ocultar alguna deuda respecto a derechos o algo parecido. Ver Vladimir Illich Lenin, *El imperialismo, última etapa del capitalismo* (Buenos Aires: Los Pensadores, 1922).

15. Jorge Paz, "Prólogo", en Nicolás Lenin, *El imperialismo, última etapa del capitalismo* (México: Editorial Marxista, 1930), XV.

16. Paz, "Prólogo", XVII.

17. "Carta del Socorro Rojo Internacional (secc. Mex) Local de Monterrey, N.L.", 12 de enero de 1930, en AGN, Fondo DGIPS, caja 259, exp. 34, f. 82. Cartas similares llegaron desde Matamoros, Coahuila; Guadalajara, Jalisco; Sabinas Hidalgo, Nuevo León; Ciudad Victoria, Tamaulipas; Jalapa, Veracruz, entre otras. Ver "Relación de

oficios y escritos que se envían al Departamento Confidencial, relativos al Comunismo", 27 de febrero de 1930, en AGN, Fondo DGIPS, caja 259, exp. 34, f. 236.

18. "Circular. Socorro Rojo Internacional. Sección Mexicana", 12 de mayo de 1930, en AGN, DGIPS, caja 259, exp. 35, f. 49v.

19. El ejemplar decomisado correspondía al número 21 aparecido el 20 de noviembre de 1929. Esto es interesante pues no sólo nos grafica la penetración de la revista editada en Buenos Aires, sino la velocidad de su circulación. "Informe relativo a la detención de grupo comunista en Río Rico, Tamaulipas", 13 de febrero de 1930, en AGN, Fondo DGIPS, caja 259, exp. 34, fs. 121 y 121v.

20. Marisa Midori Deaecto y Jean-Yves Mollier, *Edição e Revolução: Leituras Comunistas no Brasil e na França* (Brasil: Ateliê Editorial-Editora UFMG, 2013).

21. "Informe del Jefe de la Guarnición de la Plaza al Secretario de Gobernación", 19 de febrero de 1930, en AGN, Fondo DGIPS, caja 259, exp. 34, f. 186. En el expediente también aparece una versión del boletín de la Agencia telegráfica Imprecorr, editado en Berlín y dependiente de la Internacional Comunista.

22. "Carta de Unión Sindical de Empleados de Restaurantes y Similares de Matamoros, Tamaulipas", 4 de junio de 1930, en AGN, DGIPS, caja 259, exp. 35, f. 135.

23. Sobre este tipo de disputas al interior del movimiento obrero, ver Drinot, "Creole Anti-Communism: Labor, the Peruvian Communist Party and APRA, 1930-1934", 703-736. Su propuesta, de leer el anticomunismo como un proceso político y no solamente ideológico, resulta muy interesante.

24. El gobierno en esos momentos también se desarrollaba un fuerte conflicto entre el gobierno y Luis Napoleón Morones, máximo dirigente de la CROM y del Partido Laborista. Ver los detalles en Tzvi Medin, *El minimato presidencial: historia política del maximato (1928-1935)* (México: Editorial Era, 2003).

25. "Actas de la Unión Linotipográfica de la República Mexicana", 1930, en AGN, Fondo Unión Linotipográfica de la República Mexicana, caja 5.

26. "A nuestros lectores", *El Machete*, marzo de 1930, p. 2. En el número siguiente se advierte que la llave del apartado 2031, donde se recibía correspondencia, estaba en manos de los agentes policiales.

27. Ver Javier Mac Gregor Campuzano, "Bandera Roja: órgano comunista de información político-electoral, 1934", *Signos Históricos*, n.° 9 (enero-junio, 2003): 101-122.

28. "¿Por qué y para qué se publica el Boletín de Bandera Roja?", *Boletín de Bandera Roja*, n.° 1, 31 de mayo de 1930, p. 1.

29. "Lo que significa el gobierno de Ortiz Rubio", *El Machete*, marzo de 1930, 3-4.

30. "Importante a los trabajadores", volante, 1 de mayo de 1930, en AGN, DGIPS, caja 259, exp. 35. f.17.

31. "Lemas de la manifestación revolucionaria", volante, 1 de mayo de 1930, en AGN, DGIPS, caja 259, exp. 35, f.12.

32. "¡Policías, soldados, bomberos!", volante, 1 de mayo de 1930, en AGN, DGIPS, caja 259, exp. 35, f.14.

33. "Informe acerca de los preparativos llevados a cabo por el secretariado del Caribe del Socorro Rojo Internacional para la manifestación del 1 de mayo", 2 de mayo de 1930, en AGN, DGIPS, caja 259, exp. 35, fs. 24-25.

34. Al parecer la propaganda entre las fuerzas represivas logró hacer algún efecto en gendarmes y bomberos. Una nota en el *Boletín de El Machete* destacaba "[...] un considerable avance en la conciencia de clase de estos elementos", en "La actitud de gendarmes y bomberos", *Boletín de El Machete*, 2 de mayo de 1930, p. 2.

35. Las manifestaciones dejaron 40 presos en ciudad de México, cuatro en Guadalajara, dos en Ciudad Victoria, la Legación Comercial Soviética clausurada, un centenar de heridos, entre otros. Sin embargo, la evaluación del Socorro Rojo enfatizaba "[...] el hecho de que en muchas localidades en donde existen locales y grupos del Socorro Rojo no se efectuaron actos revolucionarios; o fueron tan débiles que pasaron inadvertidos", en "Circular. Socorro Rojo Internacional. Sección Mexicana", 12 de mayo de 1930, en AGN, DGIPS, caja 259, exp. 35, f. 49v. Por otra parte, la evaluación pública no dejaba espacio para dudas y según *Soviet*, "[...] demostró nuestro Partido estar curtido para la represión", en "El 1º de mayo bajo la contrarrevolución", *Soviet*, n.º 8, año II, 15 de mayo de 1930, p. 1.

36. Muchas veces tampoco eran capaces de "distinguir" entre comunistas y anarquistas u obreros organizados sin militancia, lo que presupone que el objetivo de la represión no era el PCM en sí, sino las organizaciones que pudieran cuestionar la labor estatal en un momento de profunda crisis económica.

37. Fue el principal impulsor de la Oposición de Izquierda en México y por sus actividades políticas fue expulsado del país en abril de 1930. Ver Óscar De Pablo, *La rojería. Esbozos biográficos de comunistas mexicanos* (México: Debate, 2018), 49-52.

38. "Fernando Luna Gómez",1930, en AGN, Fondo Tribunal de Menores del DF, caja 6, exp. 3400, sin foliar. Agradezco a Ricardo Melgar Bao por las referencias a estos procesos judiciales.

39. "Fernando Luna Gómez", 1930, en AGN, Fondo Tribunal de Menores del DF, caja 6, exp. 3400, sin foliar.

40. "Gilberto Calderón. Su expediente", 1930, en AGN, Fondo Tribunal de Menores del DF, caja 6, exp. 3401, sin foliar.

41. En el Mercado Hidalgo había un librero comunista, lo que a mediano plazo implicó una cercanía entre los locatarios y el PCM. La Alianza de Comerciantes en Pequeño del Mercado Hidalgo fue muy activa en el apoyo a la Unión Soviética y al gobierno cardenista, especialmente en el plano del alza en los precios de los pro-

ductos básicos. En un manifiesto era tajante en señalar: "Pues basta que nos demos cuenta que la carestía de la vida es una maniobra de las Compañías Extranjeras que han elevado el precio del dólar como represalia contra el régimen cardenista por la expropiación del petróleo; cosa que han aprovechado los millonarios y grandes industriales monopolistas, acaparadores, para elevar los precios de los artículos de primera necesidad y con esta maniobra los enemigos del pueblo está robando al proletariado, y quieren hacer creer que el bandido es el Gobierno". "Manifiesto de la Alianza de Comerciantes en Pequeño del Mercado Hidalgo", 3 de marzo de 1940, en AGN, DGIPS, caja 20, exp. 1, f. 21. Esta organización poseía un comité ejecutivo y una comisión política, además su lema era "Por la emancipación y cultura del comerciante en pequeño".

42. De igual modo reconoce que cuando vendían en las manifestaciones, a veces les gritaban léperas (un insulto clasista mexicano). "Muchas veces salíamos de allí casi llorando, al ver que los mismos hermanos de clase, los trabajadores, nos trataban así", en Benita Galeana, *Benita* (México: Lince editores, 1990), 109.

43. El primero se relaciona con las garantías individuales y el segundo hace referencia a las condiciones para que un mexicano pierda su nacionalidad.

44. "Carta de Clemente Jiménez al presidente de la República, Pascual Ortiz Rubio", 14 de septiembre de 1930, en AGN, DGIPS, caja 259, exp. 35, f. 223.

45. "Galantería presidencial", *El dictamen*, 14 de septiembre de 1930.

46. Claudio Lomnitz, *El regreso del camarada Ricardo Flores Magón* (México: Era, 2016).

47. "Carta de J. M. Calderón", Tampico, 5 de mayo de 1930, en AGN, DGIPS, caja 259, exp. 35, f. 35.

48. Aunque en algunos casos los agentes lograron dar con los lugares de producción, como fue el caso de una imprenta en Belisario Domínguez, cerca de la Plaza Santo Domingo, donde se editaba *Acción Social*, y la cual era visitada diariamente por Juan Solórzano, encargado de prensa del PCM. Ver "Informa nombres y domicilios de algunos comunistas", 4 de junio de 1930, en AGN, DGIPS, caja 259, exp. 35, f. 118.

49. Lenin, *Páginas escogidas. La campaña por el programa, la táctica y la organización del partido (1895-1904)* (París: Impr. Union, 1931). Este era un proyecto editorial que había impulsado la Internacional Comunista y estaba en preparación en México desde antes de que comenzara a recrudecerse la represión. Si bien el plan original contemplaba la edición de cuatros tomos, sólo logró imprimirse el primero.

50. "Carta de Víctor Russell y Luis Morán, Secretario del Departamento de habla española del International Labor Defense, a Rafael Carrillo", San Francisco, 20 de mayo de 1930, en AGN, DGIPS, caja 259, exp. 35, f. 67.

51. "Oficio del Cónsul en San Antonio, Texas, a la Secretaría de Relaciones Exteriores", 5 de julio de 1930, en AGN, DGIPS, caja 259, exp. 35, f. 171. En otro oficio se señalaba que para estas actividades los comunistas contaban con la connivencia de

algunos encargados de las aduanas. Ver "Informe de Enrique D. Ruiz, al Secretario de Relaciones Exteriores", sin fecha, en AGN, DGIPS, caja 259, exp. 35, f. 256.

52. "Oficio del Cónsul General de México en Nueva York a la Secretaría de Relaciones Exteriores", 23 de septiembre de 1930, en AGN, DGIPS, caja 259, exp. 35, f. 210.

53. "Carta de Santiago Vega a N. T. Bernal", San Francisco, 13 de mayo de 1930, en AGN, DGIPS, caja 259, exp. 35, f. 50.

54. "Actividades comunistas", 29 de julio de 1930, en AGN, DGIPS, caja 259, exp. 35, f. 173.

55. "Pueblo", manifiesto, junio de 1930, en AGN, DGIPS, caja 259, exp. 35, f. 154.

56. Ver "Lista nominal de todos los detenidos en la penitenciaría, que están a disposición de esta Secretaría", 5 de marzo de 1930, en AGN, DGIPS, caja 260, exp. 4, f. 42. Antiguos anarquistas y comunistas compartían las celdas de la penitenciaría. En otro caso similar, pero un par de años más tarde, en un mitin en la sede del Partido Comunista fueron apresados, entre algunos otros, Juan García García (argentino), José Fontanillas y Román Delgado Monteagudo (ambos españoles). En pocos días fueron expulsados del país bajo el rótulo de comunistas, aunque en realidad fueran reconocidos militantes anarquistas y al menos el último mencionado participaba desde principios de la década de 1920 en las organizaciones ácratas locales. La conjunción entre los perseguidos posiblemente difuminó al menos temporalmente las acres disputas ideológicas. Ver "José Fontanillas y otros", 1933, en AGN, DGIPS, caja 325, exp. 4.

57. "A todas las locales del partido", circular interna, 13 de mayo de 1930, en AGN, DGIPS, caja 259, exp. 35, f. 48v.

58. Rivera Mir, *Militantes de la izquierda latinoamericana en México.*

59. "Oficio del Pdte. Municipal de Matamoros", 30 de mayo de 1930, en AGN, DGIPS, caja 259, exp. 35, f. 93.

60. "Informe de la Inspección general de policía de Matamoros, Coahuila", 2 de marzo de 1930, en AGN, DGIPS, caja 260, exp. 4, f. 22. Ese día fueron consignados al DF sólo los dirigentes Gregorio de León, Felipe Zárate, Miguel Salas, Andrés Núñez, Basilio Reyes, Alejandro Adame y Ceferino Reyes. Otros 32 detenidos fueron puestos en libertad.

61. No he podido corroborar que este Carlos Contreras, corresponda al célebre emisario de la Internacional, Vittorio Vidali, pero por las fechas y por la descripción del presidente municipal es posible que sí lo fuera, enviado por el PCM en la región. Ver Jeifets y Jeifets, *América Latina en la Internacional Comunista, 1919-1943. Diccionario Biográfico.*

62. "Informe del presidente municipal de Matamoros al Secretario de Gobernación", 20 de marzo de 1930, en AGN, DGIPS, caja 260, exp. 4, fs. 148-150. Ver también Jocelyn Olcott, "*Mueras y matanza*: Spectacles of Terror and Violence in Pos-

trevolutionary Mexico", en *A Century of Revolution. Insurgent and Counterinsurgent Violence During Latin America's Long Cold War*, ed. por Greg Grandin y Gilbert M. Joseph (Durham y Londres: Duke University Press, 2010).

63. "17 comunistas asesinados!!", *El Machete*, junio de 1930, p. 4. Una circular interna del PCM posicionaba a los grupos organizados en la Laguna como los mejores dentro de su estructura y los que de una manera más efectiva habían comenzado a desafiar a los poderes instaurados en la zona. Ver "Circular del Comité electoral nacional del Partido Comunista de México", 3 de julio de 1930, en AGN, DGIPS, caja 259, exp. 35, f. 156. Entre los asesinados se encontraban cuatro de los siete militantes originariamente remitidos a la penitenciaría del DF y, además, Felipe Zárate, quien resultó herido, fue inculpado por las autoridades locales.

64. Los estudios sobre esta y otras matanzas son escasos, en comparación con la regularidad con que el Estado mexicano ha incurrido en este tipo de acciones. Ver Olcott, "Mueras y matanza. Spectacles of Terror and Violence in Postrevolutionary Mexico".

65. Barry Carr, "The Mexican Communist Party and agrarian mobilization in the Laguna, 1920-1940: A worker-peasant alliance?", *The Hispanic American Historical Review*, vol. 67, n.° 3 (1987): 371-404.

66. Javier Mac Gregor Campuzano, "Comunistas en las Islas Marías, julio-diciembre de 1932", *Signos Históricos*, n.° 8 (julio-diciembre, 2002): 139-150.

67. Diego Pulido Esteva, *Las Islas Marías. Historia de una colonia penal* (México: INAH, 2017).

68. Gómez Lorenzo fue director de *El Machete*. Pero también de la revista *Todo*, perteneciente a Félix Palavicini, la que según Juan de la Cabada, era la que mejor pagaba por los artículos. Esto permitió a Gómez Lorenzo abrir espacio para que algunos jóvenes escritores comunistas redactaran en ella con algún seudónimo y pudieran generar algún ingreso. Ver Gustavo Fierros, *Memorial del aventurero. Vida contada de Juan de la Cabada* (México: Conaculta, 2001).

69. José Revueltas, "[Autobiografía]", en José Revueltas, *Obra reunida. Las evocaciones requeridas* (México: Ediciones Era-Conaculta, 2014).

70. Elías Barrios, *El escuadrón del hierro* (México: Editorial Cultura Popular, 1978). Relata los acontecimientos de una huelga ferrocarrilera en 1928, que dio origen a la organización sindical de estos trabajadores.

71. Carr, *Marxism and Communism in Twentieth-Century Mexico*; Gerardo Peláez Ramos, "Los años de represión anticomunista (1929-1934)". Publicación en línea disponible en: http://www.lahaine.org/b2-img10/pelaez_1929.pdf Acceso el 19 de enero de 2017.

72. "Carta de Juan Díaz al Secretario de Gobernación Emilio Portes Gil", 1 de marzo de 1930, en AGN, DGIPS, caja 260, exp. 4, f. 5. En este expediente, hay otra

carta dirigida al Secretario de Gobernación, con la misma letra y similar papel, o sea, posiblemente hecha por el mismo escribiente, pero acusando los atropellos que cometía el general a cargo de la guarnición del cuartel del 25° batallón del Ejército.

73. "Circular Socorro Rojo Internacional. Sección Mexicana", 11 de junio de 1930, en AGN, DGIPS, caja 259, exp. 35, f. 133. *A la defensa*, un periódico mensual, reemplazó a *Defensa proletaria*, como órgano oficial de la sección mexicana del Socorro Rojo.

74. Los votantes comunistas debían anotar el nombre de su preferencia en las boletas de los otros candidatos en el lugar en blanco destinado a candidaturas no registradas. Ver "Arriba los candidatos comunistas" (afiche), junio de 1930, en AGN, DGIPS, caja 259, exp. 35, f. 219.

75. "Obreros, campesinos y soldados!!", julio de 1930, en AGN, DGIPS, caja 259, exp. 35, f. 175.

76. El 22 de julio de 1930 se decomisaron varios paquetes de *El Machete* y además 500 ejemplares del manifiesto arriba mencionado. "Informe Presidente municipal de Matamoros", 25 de julio de 1930, en AGN, DGIPS, caja 259, exp. 35, f. 170.

77. Este y otros casos similares se estudian en Rivera Mir, *Militantes de la izquierda latinoamericana en México*.

78. En Matamoros, Tamaulipas, se acusó al director de una orquesta, Francisco González de impulsar el comunismo. La acusación vino de sus propios músicos. Esto fue rechazado por los investigadores oficiales, argumentando que los integrantes de la orquesta querían simplemente evitar al malhumorado director. "Informe sobre Francisco González", Matamoros, Tamaulipas, octubre de 1930, en AGN, DGIPS, caja 259, exp. 35, f. 225.

79. "Carta de Antonio Aguirre, Cenobio Torres y Antonio Parra al presidente de la República", Acayucan, Veracruz, 16 de octubre de 1930, en AGN, DGIPS, caja 259, exp. 35, f. 229.

80. Víctor Jeifets y Lazar Jeifets, "La alianza que terminó en ruptura: el PCM en la década de 1920", en *Camaradas. Nueva historia del comunismo en México*, coord. por Carlos Illades (México: Secretaría de Cultura-Fondo de Cultura Económica, 2017), 72-95.

81. "Se informa acerca de la denuncia hecha por los Sres. Antonio Aguirre y otros", Acayucan, Veracruz, 3 de diciembre de 1930, en AGN, DGIPS, caja 259, exp. 35, f. 268.

82. "Se informa acerca de la denuncia hecha por los Sres. Antonio Aguirre y otros", Acayucan, Veracruz, 3 de diciembre de 1930, en AGN, DGIPS, caja 259, exp. 35, f. 269.

83. Incluso, en mayo de 1930, un grupo de miembros de la CSUM se atrevió a enfrentarse con la policía para rescatar sus máquinas de escribir desde su local clausurado. Esto da cuenta de la relevancia de este artefacto para los militantes.

84. "Empleados de correos son agentes policiacos", *A la defensa*, julio de 1930, tomo I, n.° 2, p. 2.

85. Las prensas comunistas también denunciaban muchos otros decomisos que nunca pasaron por los tribunales. Por ejemplo, cuando un sindicalista de la Unión Mexicana de Mecánicos y Similares, fue detenido por fijar propaganda del SRI, los policías después de golpearlo le quitaron la "raya" y su reloj. Ver "Nuevas formas de amenazas", *A la defensa*, julio de 1930, tomo I, n° 2, p. 2.

86. El presidente municipal de Torreón decomisó "gran cantidad de propaganda" en manos de Guadalupe Saucedo, Federico Reyes, Aurelio Andrade y Dionisio Encina. Estos ya habían estado presos en el DF, y su regreso fue alertado por las autoridades ferrocarrileras. "Carta del gobernador de Coahuila al Secretario de Gobernación", 25 de febrero de 1931, en AGN, DGIPS, caja 259, exp. 35, fs. 275-276.

87. "Lo niegan en el Departamento de Policía (Jefatura), lo niegan en la Penitenciaría, lo niegan en la prisión preventiva del Carmen y en la cárcel de Belén", denunciaba el volante. "Calixto Jovel, obrero comunista, desaparecido por la policía de Ortiz Rubio", volante, octubre de 1930, en AGN, DGIPS, caja 259, exp. 35, f. 241. Jovel Anaya fue expulsado de México a través del Artículo 33 Constitucional, ver Genaro Estrada, *Memoria de la Secretaría de Relaciones Exteriores de México de 1930* (México: Secretaría de Relaciones Exteriores, 1931), tomo I, 868.

88. Socorro Rojo Internacional. Sección Mexicana, *Campaña del centavo* (México: Edición SRI, 1930, sin paginar).

89. Studer, *The Transnational World of the Cominternians*.

90. Socorro Rojo Internacional. Sección Mexicana, *Campaña del centavo*.

91. Fierros, *Memorial del aventurero. Vida contada de Juan de la Cabada*, 102.

92. Galeana, *Benita*.

93. "Captura de comunistas", *El Universal*, 12 de enero de 1933, 2° sección, p. 1. Unos meses después, la repatriación de las cenizas de Mella también dio pie a numerosos arrestos, que incluyeron al escritor exiliado cubano Juan Marinello. Rivera Mir, *Militantes de la izquierda latinoamericana en México*.

94. A diferencia de Argentina donde se produjo una amplia circulación de publicaciones comunistas en hebreo o yiddish, en México este tipo de impresos fueron escasos. De todas maneras, en la medida en que las condiciones de la producción editorial mejoraron, se hicieron algunos esfuerzos en este ámbito. Por ejemplo, el 16 de noviembre de 1938, en un mitin del Partido Comunista en el Teatro del Pueblo, se entregó a los concurrentes un panfleto de la FOARE en yiddish, sus receptores e incluso el agente confidencial que lo guardó para su informe, apenas comprendieron su contenido. Aunque los oradores se encargaron de explicar que esta propaganda buscaba presionar al gobierno cardenista para que aceptara a emigrados judíos en el territorio mexicano. El problema técnico involucraba a los tipógrafos, cajistas, linotipistas, que escasamente dominaban lenguas extranjeras. Ver "Se informa del mitin del Partido Comunista de México efectuado anoche en el Teatro del Pueblo", 17 de

noviembre de 1938, en AGN, Fondo DGIPS, caja 141, exp. 24, fs. 2-3. También son interesantes las discusiones sobre el tema entre los linotipistas, ver "Actas de la Unión Linotipográfica de la República Mexicana", en AGN, Fondo Unión Linotipográfica de la República Mexicana, caja 5, libros de actas. Para el caso argentino, Daniel Kersffeld, *Rusos y rojos. Judíos comunistas en los tiempos de la Comintern* (Buenos Aires: Capital Intelectual, 2012); Alejandro Dujovne, *Una historia del libro judío*.

95. José Revueltas, *Los muros de agua* (México: Era, 2013 [1941]).

96. Fabrizio Mejía Madrid, "Las 4 resurrecciones de José Revueltas", en VV. AA., *Más revueltas. Cinco aproximaciones a la vida de Pepe* (México: Brigada para leer en libertad-Rosa Luxemburg Stiftung, 2018), p. 13-28.

97. "La huelga sigue en pie", hoja suelta, marzo de 1934, en AGN, DGIPS, caja 279, exp. 4, f. 128.

98. "Estado de Yucatán. Situación política",1932, en AGN, DGIPS, caja 136, exp. 13. f.18.

99. Para mayor detalle, además de las ya mencionadas, el agente cita: *El capital* y *Crítica de la economía política* de Marx; *Mi vida* de Trotsky; *El comunismo expuesto por Lenin, El anarquismo expuesto por Kropotkin* y *El sindicalismo expuesto por Sorel* de Edmundo González Blanco; *Origen, desarrollo y trascendencia del movimiento sindicalista obrero* de Palmiro Marbá; *Manifiesto comunista* de Marx y Engels; *La revolución de 1917, La revolución y el Estado* y *El imperialismo. Última etapa del capitalismo* de Lenin; *El comunismo* de Laski; y *El Estado de los Soviets* de Martin Ludwig.

100. Loyola, "La difusión del marxismo y la educación socialista en México, 1930-1940", 168.

101. Aunque la discusión sobre el socialismo comenzó a desplegarse en el espacio público, ésta no provino necesariamente de la militancia comunista, sino de miembros del gobierno que vieron en un socialismo a la mexicana una alternativa para profundizar las reformas de la Revolución mexicana.

102. Ver por ejemplo la hoja suelta, "¡Adelante la revolución!, Discurso de Hernán Laborde, Secretario General del Partido Comunista de México, radiado el viernes 18 de noviembre de 1938 por la estación difusora Radio Nacional XEFO", en AGN, Fondo DGIPS, caja 140, exp. 14, f. 17.

103. "Propaganda sediciosa de los comunistas en Guadalajara", 23 de septiembre de 1930, en AGN, DGIPS, caja 259, exp. 35, f. 211.

104. Las capacidades técnicas del comunismo en este ámbito sólo fueron mejorando en la medida en que especialistas se incorporaron a sus filas. Para la década de 1930, este papel fue desempeñado fundamentalmente por dos organizaciones. Primero fue el turno de la Liga de Escritores y Artistas Revolucionarios (LEAR) y después, del Taller de Gráfica Popular (TGP), que agrupó en una entidad específica a antiguos miembros de ésta. Aunque este proceso envolvió no sólo a los militantes comunistas.

105. Jorge Cuesta, "La exposición de carteles comunistas", *El Universal*, 5 de marzo de 1934, 3.

106. Cuesta, "La exposición de carteles comunistas", 3.

107. "La exposición de carteles en la Casa del Pueblo", *El Nacional*, 8 de enero de 1935.

108. Ver "Rosendo Salazar exhibe su obra socialista", *Nuestra ciudad*, Ciudad de México, n.° 3, junio de 1930, 16.

109. Este organismo fue organizado por los pintores David Alfaro Siqueiros, Pablo O'Higgins y Leopoldo Méndez, y el escritor Juan de la Cabada.

110. "Hoja Popular Ilustrada", c.1938, en Colección de Documents of 20th-century Latin American and Latino Art en el ICAA, registro: 822757.

111. Uno de los principales críticos fue David Alfaro Siqueiros, que cuestionaba el uso de imágenes sencillas y la poca originalidad en su producción.

Notas a Capítulo III

1. "Por la educación marxista de las masas. Las editoriales revolucionarias", *El Machete*, México, 11 de agosto de 1935, 3. Ver también estudios historiográficos que han mencionado estos temas Arnoldo Martínez Verdugo, *Partido Comunista Mexicano: trayectorias y perspectivas* (México: Fondo de Cultura Popular, 1971); Barry Carr, *La izquierda mexicana a través del siglo XX* (México: Era, 1996); Aricó, *Marx y América Latina*.

2. Jean Baby, *El materialismo histórico* (México: Ediciones de la Lear, 1935); y *Entrevista Stalin Wells* (México: Ediciones de la LEAR, 1935).

3. Lorenzo Rosas Turrent, *Hacia una literatura proletaria* (Xalapa: Integrales, 1932). Una visión general de estas obras en Bertín Ortega, *Utopías inquietantes: narrativa proletaria en México en los años treinta* (Xalapa: Instituto Veracruzano de la Cultura, 2008). A estas alturas, los antiguos estridentistas eran un grupo conocido como "noviembre", que buscaba sacudir las bases del arte tradicional. Su principal labor la desarrollaron en Xalapa, ciudad a la cual denominaron Estridentópolis.

4. "Por la educación marxista de las masas. Las editoriales revolucionarias", *El Machete*, México, 11 de agosto de 1935, p. 3.

5. "Construyendo el partido", *El Machete*, México, 20 de junio de 1934, p. 2. A juicio de Martínez Verdugo esta debilidad no sólo se manifestaba en las publicaciones sino en la cantidad de cuadros del PCM. En este periodo, el número de militantes llegó en su punto máximo (1929) a 1500 personas. 70 por ciento obreros, 27 por ciento campesinos y 3 por ciento intelectuales y empleados. Estas cifras aumentaron rápidamente a partir de 1935 y hasta 1937. Martínez Verdugo, *Partido Comunista Mexicano: trayectorias y perspectivas*.

6. Leoncio Ibarra, *Danny, el sobrino del Tío Sam (Biopsia de un cínico)* (México: sin editorial, 1974), 63. Este libro corresponde a un líbelo infamante en contra de Daniel Cosío Villegas. Y aunque sus afirmaciones son nada confiables, recupera un rumor sobre esta editorial, que se mantuvo detrás de su funcionamiento por varias décadas.

7. Entre los precios que el autor menciona en su opúsculo destacamos el valor de la madera para hacer grabados, que llegaba a 10 pesos el metro cuadrado.

8. Luis Islas García, *Organización y propaganda comunista* (México: Proa, 1932), 27.

9. Islas García, *Organización y propaganda comunista*, p. 27.

10. Militar vinculado al gobierno cardenista, en el cual ocupó distintas funciones. También fue un activo participante en la Confederación de Trabajadores de México (CTM)

11. Antolín Piña Soria, *El libro, el periódico y la biblioteca como elementos de cultura popular, en función de Servicio Social* (México: sin editorial, 1936), 11.

12. La revista *El Libro y el Pueblo* fue creada por Vasconcelos a comienzos de la década de 1920 y tuvo varias épocas durante la primera mitad de la centuria. Su principal labor era destacar las publicaciones, bibliotecas y misiones culturales que permitían la relación entre los libros y sus respectivos lectores.

13. Nicolás Pizarro Suárez, "2 políticas en materia de publicaciones", *Frente a Frente*, n.° 5 (agosto de 1936): 21.

14. Esta evaluación era compartida por algunas de las autoridades cardenistas de la SEP, que veían en los libros la posibilidad de entregar herramientas prácticas para que los lectores pudieran resolver problemas concretos. Por este motivo, el manual (ya fuera en forma de libro, folleto o revista) fue precisamente una de las principales preocupaciones de los involucrados en estos temas.

15. "Expediente sobre *Lucha de razas. Pieles rojas contra blancos, los diablos negros del Río Grande.* Se impide la venta de esa novela editada por la casa Atlante de Barcelona", 1927, AGN, Fondo DGIPS, caja 32, exp. 4.

16. "Expediente sobre México en pensamiento y en acción de Rosendo Salazar",1927, AGN, Fondo DGIPS, caja 35, exp. 13.

17. "Expediente sobre *Mexican Maze*. Libro que denigra a nuestro país. Carleton Beals", 1931, AGN, Fondo DGIPS, caja 33, exp. 20.

18. "Expediente sobre *La sombra del caudillo*. Libro que denigra la política actual de la Revolución Mexicana. Martín Luis Guzmán", 1929, AGN, Fondo DGIPS, caja 32, exp. 17.

19. "Expediente sobre Imprentas portátiles, investigar a qué personas les han vendido dichos artículos", 1927, AGN, Fondo DGIPS, caja 8, exp. 15.

20. En este aspecto podemos mencionar una amplia gama de publicaciones vinculadas al marxismo oficial, que implicaron a autores como Rafael Ramos Pedrueza, José Mancisidor, Alfonso Teja Zabre, Luis Chávez Orozco, entre otros. Sobre este

espacio ver Alberto Del Castillo Troncoso, "Alfonso Teja Zabre y Rafael Ramos Pedrueza, dos interpretaciones marxistas en la década de los treinta", *Iztapalapa: Revista
de Ciencias Sociales y Humanidades*, n.° 51 (2001): 225-238.

21. "Otra cosa importante es, sin duda, la cuestión de los folletos de literatura revolucionaria; con el abaratamiento del papel, los precios de los innumerables folletos
que circulan entre la masa trabajadora, bajan de costo y su profusión será aún mayor
entre las más amplias capas de la población", en "Duro golpe al odioso monopolio del
papel", *El Machete*, 31 de agosto de 1935, p. 3.

22. Daniel Cosío Villegas, "La industria editorial y la cultura", en *Daniel Cosío
Villegas. Imprenta y vida pública*, ed. por Gabriel Zaid (México: Fondo de Cultura
Económica, 1985). Sobre el mundo editorial en su conjunto, hay algunos avances aislados sobre el periodo. Sin embargo, la historiografía mexicana aún tiene numerosas
aristas que explorar. En este sentido este trabajo busca aportar en esta dirección desde
una mirada particular. Ver las tesis de Roberto González Moreno, "Medio siglo de
industria editorial y lectura en México: 1900-1950" (Tesis de Maestría, Facultad de
Filosofía y Letras-UNAM, México, 2007); y de Luis Mariano Herrera Zamorano,
"La producción de libros en México a través de cuatro editoriales (1933-1950)" (Tesis
de Maestría, Facultad de Filosofía y Letras, UNAM, México, 2014).

23. "Por la educación marxista de las masas. Las editoriales revolucionarias", *El
Machete*, 11 de agosto de 1935, p. 3.

24. Este lema hacía alusión a la propuesta marxista sobre la necesidad de unir la
teoría con la práctica como único mecanismo dialéctico posible en la búsqueda de
la superación del capitalismo. Aunque la frase original de Marx establecía un compromiso directo con la construcción del socialismo. También se utilizó una versión
alternativa: "Unid la teoría a la práctica".

25. Kenya Bello y Marina Garone, eds., *El libro multiplicado. Historia de la edición
en México durante el siglo XX* (En prensa).

26. Por ejemplo, la Librería César Cicerón pasó del Volador a la calle Seminario
núm. 10 y posteriormente fundó la Editora e Impresora Cicerón S.A. La Librería el
Volador, de Jesús Medina Sanvicente, también siguió el mismo camino. Se instaló en
Seminario núm. 14 y continuó editando *Cuentas hechas*, una colección relacionada
con temas comerciales.

27. Pereira, Armando (coord.), *Diccionario de la literatura mexicana, siglo XX*.
(México: Ediciones Coyoacán-Universidad Nacional Autónoma de México, 2004).

28. Sebastián Rivera Mir, "El expendio de libros de viejo en la ciudad de México
(1886-1930). En busca de un lugar entre pájaros, fierros y armas", *Información, cultura
y sociedad*, n.° 36 (2017): 43-64.

29. Juana Zahar siguiendo un texto autobiográfico de Enrique Navarro, plantea
que fue precisamente ese año que se inició la actividad editorial de la librería. Ver

Zahar, Juana, *Historia de las librerías en la ciudad de México: evocación y presencia,* México: UNAM, 2006.

30. Crespo, "El comunismo mexicano en 1929: el giro a la izquierda".

31. Caballero, *La Internacional Comunista y la revolución latinoamericana, 1919-1943.*

32. Partido Comunista de México, *La nueva política del PC de México* (México: Ediciones Frente Cultural, 1936), 2.

33. Partido Comunista de México, *La nueva política del PC de México,* 23.

34. A. Leontiev, *Economía política (curso para principiantes). La economía y el imperialismo en las colonias* (México: Ediciones Frente Cultural, 1936).

35. Por ello, el anexo presentado en este libro sólo incluye autor y título. Además de la dificultad de establecer el año y el tiraje, también se presentan problemas similares al buscar una lista de precios confiable.

36. Boris Voline y Sergei Ingulov, *Etapas históricas del bolchevismo, 1883-1934* (México: Ediciones Fuente Cultural, 1938).

37. "Book review", *The Hispanic Historical American Review,* vol. 20 (1940): 745.

38. "Por la educación marxista de las masas. Las editoriales revolucionarias", *El Machete,* 11 de agosto de 1935, p. 3.

39. Engels, F., *Origen de la familia, de la propiedad privada y del Estado* (México: Ediciones Frente Cultural, sin fecha). A este texto además se agregaron *El matriarcado* de P. Lafargue y el *Código soviético de la familia,* retomado de un texto de la editorial Democracia y Libertad de Montevideo, Uruguay. Este libro es la primera versión mexicana de la obra de Engels.

40. "Construyendo el partido", *El Machete,* 20 de junio de 1934, p. 2.

41. Partido Comunista de México, *La nueva política del PC de México,* 23.

42. De hecho, en México circulaba la versión de la editorial chilena Ercilla, que en ese momento contaba con la participación un importante grupo de exiliados apristas peruanos. Algo irónico, dado el antagonismo político surgido entre ambos sectores.

43. "Por la educación marxista de las masas. Las editoriales revolucionarias", *El Machete,* 11 de agosto de 1935, p. 3.

44. Caballero, *La Internacional Comunista y la revolución latinoamericana, 1919-1943,* 41-42.

45. En un sentido opuesto, *El Machete* envió en noviembre de 1937, a Dimitrov una carta preguntándole por el periódico: "[...] nos hemos estado esforzando por convertir El Machete en un periódico eminentemente popular. ¿En qué medida lo hemos logrado? Es lo que quisiéramos que Ud. nos hiciera observar. Su crítica a El Machete sería para nosotros de incalculable valor y ayuda", escribió Mario Gill a nombre de El filoso. Cita en "Carta de Mario Gill, jefe de redacción de El Machete a Jorge Dimitrov, Srio. General de la Internacional Comunista", 20 de noviembre de 1937, en Ar-

chivo Estatal Ruso de la Historia Social y Política (por sus siglas en ruso RGASPI), fondo 495, reg. 17, exp. 222, f. 15. Disponible en línea en: http://sovdoc.rusarchives. ru/ Fecha de consulta: 28 de agosto de 2018.

46. Esto fue una clara alusión a los militantes apristas, que habían desplegado la idea de trabajadores manuales e intelectuales, para oponerse a la estrategia establecida por la Internacional Comunista. La convocatoria de la encuesta se caracterizó de ese modo por buscar superar los límites de esta confrontación.

47. "Encuesta Dimitrof", *El Machete*, 11 de enero de 1936, p. 4.

48. "Encuesta Dimitrof", *El Machete*, 11 de enero de 1936, p. 4.

49. Para incorporar matices a esta postura, ver el último capítulo de este libro.

50. Leontiev, *Economía política (curso para principiantes). La economía y el imperialismo en las colonias*.

51. Leontiev, *Economía política (curso para principiantes). La economía y el imperialismo en las colonias*, 7.

52. Lucién Henry, *Los orígenes de la religión* (México: Ediciones Frente Cultural, 1937), 6.

53. En ese mismo contexto encontramos publicados, por parte de la editorial, textos de Lenin y Kautsky sobre la religión y el cristianismo.

54. Frente Popular Antimperialista, *Primer congreso nacional del Frente Popular Antimperialista* (México: sin editorial, 1936), 4.

55. Estas fechas coinciden con el auge y caída del PCM, según Martínez Verdugo. A su juicio, este periodo fue el de mayor desarrollo de la militancia del PCM, con inserción en sindicatos, con manejo del discurso público. Pero también ve en la idea de *unión a toda costa*, las causas que llevaron rápidamente al partido a su deterioro, ya que debió claudicar en muchos de sus postulados. Martínez Verdugo, *Partido Comunista Mexicano: trayectorias y perspectivas*.

56. Henry, *Los orígenes de la religión*, 7.

57. El nombre verdadero de Alexander Losovsky era Solomon Abramovich. Se desempeñó como secretario de la Internacional Sindical Roja y tuvo una función importante en la creación de la Confederación Sindical Latinoamericana en 1929. Fue una figura clave en la relación de los partidos comunistas latinoamericanos y la URSS. En 1935 cuando Vicente Lombardo Toledano visitó Moscú, Losovsky fue quien lo recibió y planteó con premura la necesidad del Frente Popular. Ver Jeifets y Jeifets, *América Latina en la Internacional Comunista, 1919-1943. Diccionario Biográfico*.

58. Corvalán, *De lo vivido y lo peleado. Memorias*, p. 24.

59. Nicolás Bujarin, *El ABC del comunismo* (México: Ediciones Frente Cultural, sin fecha).

60. Ver los números de marzo de 1937 de *El Machete*.

61. Henry, *Los orígenes de la religión*, 7.

62. Uno de los casos destacables es la primera edición latinoamericana de *El Capital* en 1938, aunque en dicha ocasión se recuperó la traducción de Manuel Pedroso. Ver Horacio Tarcus, *La biblia del proletariado. Traductores y editores de* El Capital (Buenos Aires: Siglo XXI Editores, 2018).

63. Ver, por ejemplo, *Entrevista Stalin Wells*.

64. Roces fue uno de los principales impulsores del marxismo en Iberoamérica, primero desde España y después desde México. Entre su labor destaca la traducción que realizó de *El Capital* para el Fondo de Cultura Económica. Aunque esto sólo representa una pequeña parte de su labor en este ámbito. Ver Alejandro Estrella, "El exilio y la filosofía marxista. El caso de Wenceslao Roces", en *Camaradas. Nueva historia del comunismo en México* coord. por Carlos Illades (México: Secretaría de Cultura-Fondo de Cultura Económica, 2017), 205-236.

65. También había sido profesor de la Universidad de Yucatán, de la Universidad Michoacana de San Nicolás de Hidalgo y de la Universidad Obrera de México. En el momento de realizar la traducción se encontraba cursando la carrera de Ingeniería en la UNAM. Ver AGN, Fondo Departamento de Migración, cubanos, caja 12, exp. 73.

66. Sobrino Trejo también tradujo para la editorial el folleto de Voline e Ingulov, *Etapas históricas del bolchevismo, 1883-1934*.

67. M. Medina, L. Caballero y F. Martínez, *Aspectos fundamentales de la teoría de la traducción* (La Habana: Editorial Félix Varela, 2008).

68. Por supuesto, esta temática ha sido explorada desde que el argentino exiliado en México, José Aricó se preguntó por el uso que Gramsci dio a la traductibilidad de los lenguajes científicos y filosóficos. Aricó, *La cola del diablo. Itinerario de Gramsci en América Latina*. También Mariano Zarowsky, "Gramsci y la traducción. Génesis y alcances de una metáfora", *Prismas*, vol. 17, n.° 1 (2013): 49-66.

69. Sobrino Trejo, *Los objetivos del movimiento obrero y de las tendencias de la pequeña burguesía. ¿Frente único de obreros y de pequeños burgueses?*

70. Ver *Carta abierta al respetable sacerdote Don Luis de Aramburu y Pimentel por un Marxista Yucateco* (Mérida: sin editorial, 1937). Rosado de la Espada también publicó en la revista argentina *Claridad*. Ver Diego Rosado de la Espada, "La dialéctica en la vida social cubana", *Claridad*, n.° 333-334 (1939): 119-120.

71. La editorial ofertaba este libro como "La primer edición y versión castellana, especial para EDICIONES FRENTE CULTURAL", en Henry, *Los orígenes de la religión*, 4.

72. Su tesis, defendida en 1937, se tituló "Teoría marxista del Estado". Entre sus libros de poesía encontramos *Canciones al viento* (1935), *Rumbo* (1935) y *Para cantar mañana* (1935), todos editados en México. Pedro Geoffroy Rivas, *El surco de la estirpe. Poesía completa*, Estudio introductorio y recopilación Rafael Lara Martínez (San Salvador: Dirección de publicaciones e impresos, 2008).

73. Baby, *El materialismo histórico*. En esta labor fue acompañado por Nicolás Pizarro Suárez, también abogado de profesión y en ese entonces especialista en el Derecho de Huelga.

74. Gastón Lafarga, "Notas bibliográficas", *El Machete*, 7 de mayo de 1936, p. 3.

75. Marina Garone Gravier, "El trazo de los pinceles: el dibujo de la letra en el diseño gráfico mexicano de la primera mitad del siglo XX", *Monográfica.org. Revista temática de diseño*, vol. 4 (2012).

76. Ver la introducción a Geoffroy Rivas, *El surco de la estirpe. Poesía completa*.

77. Carlos Illades, *Las otras ideas. El primer socialismo en México 1850-1935* (México: Universidad Autónoma Metropolitana-Ediciones Era, 2008).

78. Esta editorial, también vinculada al PCM, recuperó como nombre una de las palabras que más se repetía en la argumentación comunista sobre estos procesos: masas. Entre sus principales publicaciones encontramos *El ABC de las huelgas* de Mario Pavón Flores, *Sobre la literatura y el arte* de Carlos Marx y Federico Engels, *Hombres sin mujer* de Carlos Montenegro, *No pasarán* de Upton Sinclair, *Cantos para soldados y sones para turistas* de Nicolás Guillén, *Lázaro Cárdenas visto por tres hombres, Romain Rolland contra André Gide, Nuestro petróleo* de Enrique González Aparicio y *La escuela de trabajo* de Esteban Pistrack. Como se puede percibir sus preocupaciones fueron amplias, pero por lo general sus lanzamientos se transformaron en éxitos editoriales.

79. K. Marx y F. Engels, *Sobre la literatura y el arte* (México: Editorial Masas, 1938).

80. August Cornu, *Karl Marx: el hombre y la obra. Del hegelianismo al materialismo histórico (1818-1845)* (México: Editorial América, 1938).

81. V. I. Lenin, *Los socialistas y la guerra* (México: Editorial América, 1939).

82. También tradujo R. Garmy, *Orígenes del capitalismo y de los sindicatos* (México: Editorial América, 1939). Este texto incluye un prólogo de Vicente Lombardo Toledano.

83. Eso sí, al parecer en estas fechas el salvadoreño fue expulsado del Partido Comunista de México, aunque sobre esto, sus biógrafos han mostrado ciertas dudas. Al parecer continuó militando en el Partido Comunista Salvadoreño, al menos hasta 1963. Geoffroy Rivas, *El surco de la estirpe. Poesía completa*.

84. V. I. Lenin, *La guerra y la humanidad. Para la liberación de los pueblos coloniales y semicoloniales* (México: Ediciones Frente Cultural, 1939), 99. Este texto es el primero de la Colección Daniel. Sobre este libro también hay una llamada de EFC, que dice que usaron una versión antigua de *El Machete*. "De la publicación hecha en Europa hace cerca de 15 años, con pie de edición El Machete, llegaron al país muy corto número de ejemplares en forma tal, que tan sólo de algunos de los más antiguos y estudiosos militantes es conocido", 86.

85. Traven, B., *La rebelión de los colgados* (México: Editorial Insignia, 1938).

86. Traven, *La rebelión de los colgados*, 5.

87. Una situación similar enfrentó Mariano Azuela, en el caso de la versión francesa de *Los de Abajo*, con otro de los traductores de la editorial, Manuel Díaz Ramírez. Ver Mariano Azuela, *Epistolario y archivo* (México: Universidad Nacional Autónoma de México, 1991).

88. Islas García, *Organización y propaganda comunista*, 31

89. José Pomar, comp., *Cantos Revolucionarios* (México: Editorial Popular, 1938). Monzón, un antiguo magonista, había sido diputado federal y escrito algunos libros defendiendo las posturas comunistas.

90. Pomar, *Cantos Revolucionarios*, 6.

91. Existen numerosas versiones de *La Internacional*. En aquellos momentos la que se consideraba la más acorde a la traducción francesa comenzaba así:

> Arriba los pobres del mundo
> En pie los esclavos sin pan
> alcémonos todos al grito: [en otra versión: y gritemos todos unidos:]
> ¡Viva la Internacional!

92. Pomar, *Cantos Revolucionarios*, 2.

93. Ver Lourdes Cueva Tazzer, "Textos y prácticas de mujeres comunistas en México, 1919-1934" (Tesis de doctorado en Humanidades, Universidad Autónoma Metropolitana-Unidad Iztapalapa, México, 2009).

94. Ricardo Melgar Bao, *Redes e imaginario del exilio en México y América Latina: 1934-1940* (Buenos Aires: Libros en Red, 2003), 65.

95. Sobrino Trejo, *Los objetivos del movimiento obrero y de las tendencias de la pequeña burguesía. ¿Frente único de obreros y de pequeños burgueses?*, 73.

96. Un huelguista, *Cómo se preparó la huelga en los frigoríficos* (México: Ediciones Frente Cultural, sin fecha). Otra excepción, pero que no fue en sí mismo un folleto, es un breve texto de José Carlos Mariátegui, "La libertad de la enseñanza", aparecido en un ejemplar junto a otros tres artículos de autores soviéticos en VV. AA., *La edificación cultural en la Unión Soviética* (México: Ediciones Frente Cultural, sin fecha).

97. José Peter, *Así se preparó la huelga de los frigoríficos* (Montevideo: Confederación Sindical Latinoamericana, 1934).

98. Rodolfo Jiménez Barrios, *Acción de las masas estudiantiles en Centroamérica* (México: Ediciones Frente Cultural, 1935).

99. Jiménez Barrios, *Acción de las masas estudiantiles en Centroamérica*, 6.

100. Vicente Lombardo Toledano anotó en su ejemplar que esta carta no había sido redactada por los integrantes del PCM, sino directamente por Van Min, Jefe de los Asuntos de los Países Coloniales y Semicoloniales de la Internacional Comunista. Samuel León e Ignacio Marván rechazan esta aseveración por su falta de fundamen-

tos. Ver Samuel León e Ignacio Marván, *La clase obrera en la historia de México. En el cardenismo (1934-1940)* (México: Siglo XXI Editores, 1985), 123.

101. Partido Comunista Mexicano, *La nueva política del Partido Comunista de México*, 2.

102. Partido Comunista Mexicano, *La nueva política del Partido Comunista de México*, 2.

103. "Por la educación marxista de las masas. Las editoriales revolucionarias", *El Machete*, 11 de agosto de 1935, p. 3.

104. Algo similar sucedió con Ediciones de la Lear.

105. Miguel Vázquez Liñán, "Propaganda y política de la Unión Soviética en la Guerra Civil Española (1936-1939)" (Tesis de doctorado, Facultad de Ciencias de la Información, Universidad Complutense de Madrid, 2003).

106. Georges Dimitrof, *La unidad de la clase obrera en la lucha contra el fascismo* (México: Ediciones Frente Cultural, 1936).

107. Georges Dimitrof, *¡Frente popular en todo el mundo!* (Barcelona-París-Nueva York: Ediciones Sociales Internacionales, 1935).

108. Ver O. Piatnitzki, *El frente único y la unidad de acción* (México: Ediciones Frente Cultural, ¿1936?). También el texto ya citado de Sobrino Trejo se refiere al frente único.

109. Karl Kautsky, *El cristianismo. Orígenes y fundamentos* (México: Ediciones Frente Cultural, 1939), 7 (nota al pie).

110. Los agentes confidenciales de la Secretaría de Gobernación elaboraron un informe en el cual se pueden observar algunas drásticas diferencias. Ver "Informe sobre Librería Navarro", 1944, AGN Fondo DGIPS, caja 752, exp. 64.

Notas a Capítulo IV

1. Carr, *La izquierda mexicana a través del siglo XX;* Martínez Verdugo, *Partido Comunista Mexicano: trayectorias y perspectivas;* Daniela Spenser, *"Unidad a toda costa": La Tercera Internacional en México durante la presidencia de Lázaro Cárdenas* (México: CIESAS, 2007).

2. Esta política estuvo inicialmente dirigida a la unidad de la CTM. Su ruptura había impactado en las dinámicas internas del PNR, dejando a los candidatos obreros relegados y en la debilidad de las huelgas petroleras. La nacionalización de los ferrocarriles, la constitución del Frente Popular mexicano, los procesos de confluencia obrera latinoamericanos y el activismo a favor de los republicanos en España estaban en peligro si no se procuraba limar asperezas con los sectores anticomunistas de la confederación sindical. Ver "Información de Hernán Laborde en el pleno del Comité

Central del Partido Comunista de México", sin fecha, en RGASPI, fondo 495, reg. 17, exp. 200. Disponible en línea en: http://sovdoc.rusarchives.ru/ Fecha de consulta: 28 de agosto de 2018.

3. La historiografía sobre estas temáticas se encuentra en pleno desarrollo. Ver Sebastián Rivera Mir, "Los trabajadores de los Talleres Gráficos de la Nación. De las tramas sindicales a la concentración estatal (1934-1940)", *Historia Mexicana*, n.° 270 (2018): 611-656.

4. Dujovne, Ostroviesky y Sorá, "La traducción de autores franceses de ciencias sociales y humanidades en Argentina. Estado y perspectivas actuales de una presencia invariante", 20-30. Fernando Larraz, *Una historia transatlántica del libro: relaciones editoriales entre España y América Latina (1936-1950)* (Gijón, Asturias: Editorial Trea, 2010).

5. Sorá, *Editar desde la izquierda*.

6. Ver por ejemplo E. P. Thompson, *William Morris. Romantic to Revolutionary* (New York: Pantheon Books, 1976); también Carlos Illades, *Hacia la república del trabajo: la organización artesanal en la Ciudad de México, 1853-1876* (México: El Colegio de México, 1996).

7. Barrios, *El escuadrón del hierro*, 30-31.

8. Jorge Fuentes Morúa, *José Revueltas. Una biografía intelectual* (México: UAM Iztapalapa-Miguel Ángel Porrúa, 2001); Manuel Caballero, "La biblioteca del militante comunista a comienzos de los años 30", en *Primer Congreso del Pensamiento Político Latinoamericano*, tomo II, vol. VI-A (Caracas: Ediciones del Bicentenario del Natalicio del Libertador Simón Bolívar, 1984), 9-22.

9. Barrios, *El escuadrón del hierro*, 18. Ver también Barrios, *El movimiento*.

10. La nueva versión incluyó un último capítulo refiriendo velozmente los derroteros del movimiento ferrocarrilero. En su cierre se destaca la labor de Cárdenas en favor de los trabajadores de este gremio y de la revolución. Ver Elías Barrios, *El escuadrón de hierro. Páginas de historia sindical* (México: Editorial Popular, 1938).

11. Galeana, *Benita*, 137.

12. Nació en Francia, hijo de una inmigrante rusa. Su nombre real era León Schklowsky y posteriormente fue conocido como León Bataille. En este caso he optado por mantener el nombre que usó en su paso por tierras mexicanas.

13. León Bataille, *Memorias de un forastero que pronto dejó de serlo (México: 1931-1946)* (México: El Día en Libros, 1987), 97.

14. "Actas del VI congreso del PCM", enero de 1937, en Centro de Estudios del Movimiento Obrero y Socialista (CEMOS), Fondo Partido Comunista Mexicano (PCM), caja 11, exp. 1.

15. "La literatura del partido; su utilidad", *La voz de México*, 15 de diciembre de 1938, p. 9.

16. Carr, *La izquierda mexicana a través del siglo XX*. Otra cifra que es interesante en este aspecto es la relacionada con la circulación de *El Machete*. "[...]pasó de 3.000 ejemplares en 1933 a 13.000 en septiembre de 1936 y a 33.000 (semanarios) en abril de 1938", cita en "Memorándum confidencial sobre México", junio de 1938, en RGASPI, fondo 495, reg. 17, exp. 212, f. 12. Disponible en línea en: http://sovdoc.rusarchives.ru/ Fecha de consulta: 28 de agosto de 2018.

17. Carr, *La izquierda mexicana a través del siglo XX*.

18. Quizás éste sea otro de los motivos por lo que esta etapa del periódico ha concentrado las miradas de los investigadores. Las memorias de los militantes también enfatizan en este proceso. Campa, *Mi testimonio. Memorias de un comunista mexicano*. Sobre la importancia de la "Historia" en la formación de una cultura militante comunista, ya que es un mecanismo para comprender la lucha de clases, ver Marie-Cécile Bouju, "L'Historie dans la culture militante communiste en France, 1921-1939", *Cahiers du CRHQ*, (2012): 1-23.

19. Hernán Laborde, *Unidad a toda costa* (México: Editorial Popular, 1937).

20. Elvira Concheiro, Massimo Modonesi y Horacio Crespo, coords., *El comunismo: otras miradas desde América Latina* (México: Universidad Nacional Autónoma de México, 2007).

21. El cambio fue acelerado entre fines de 1935 y comienzos de 1936. Ver "La nueva política del PCM", marzo de 1936, en RGASPI, fondo 495, reg. 17, exp. 199. Parte de este archivo se encuentra disponible en línea en: http://sovdoc.rusarchives.ru/ Fecha de consulta: 28 de agosto de 2018.

22. José Revueltas dice que los nuevos militantes que se incorporaron en el cardenismo veían como *monstruos apocalípticos* a quienes había pasado el periodo de represión callista. Ver Revueltas, "[Autobiografía]".

23. Otro de los giros relevantes fue la evaluación que se hizo de Vicente Lombardo Toledano, quien pasó de enemigo recalcitrante a principal aliado. Lo mismo sucedió en el plano internacional con Fulgencio Batista, de *gorila* cubano a defensor de la democracia isleña. Así, los ejemplos son amplios y variados.

24. Carr, *La izquierda mexicana a través del siglo XX*; Campa, *Mi testimonio. Memorias de un comunista mexicano*.

25. "Información de Hernán Laborde en el pleno del Comité Central del Partido Comunista de México", sin fecha, en RGASPI, fondo 495, reg. 17, exp. 200, f. 14. Disponible en línea en: http://sovdoc.rusarchives.ru/ Fecha de consulta: 28 de agosto de 2018.

26. "Enrique Villarreal", *El Machete*, 12 de marzo de 1938, p. 14.

27. Incluso en algunos casos se aplaudieron prácticas audaces pero que demostraban los vacíos formativos de los cuadros del PCM. José Rubén Rivera, quien en los cuatro meses que llevaba en el partido había reclutado 16 nuevos militantes, se ufa-

naba de que en una ocasión alguien le había pedido que le hablara de Marx y Lenin, pero como no sabía, le dijo que iba apurado y le dejó un folleto. Días después, el interesado leyó el texto, le pareció bien y se inscribió en el PCM. La anécdota contada en tono jocoso, evidencia el carácter con que muchos de los nuevos militantes veían su participación en el PCM. Alberto Lumbreras, "El secreto. Un constructor del Partido Comunista Mexicano", *La voz de México*, 8 de abril de 1939, p. 8 y 11.

28. "Por la educación marxista de las masas. Las editoriales revolucionarias", *El Machete*, 11 de agosto de 1935, p. 3.

29. Entrevista en Arturo Anguiano, Guadalupe Pacheco Méndez y Rogelio Vizcaíno, *Cárdenas y la izquierda mexicana. Ensayo, testimonio, documentos* (México: Juan Pablos Editor, 1975), 188.

30. La evaluación que realizó Wenceslao Roces, conectado con la industria mexicana a través de la Editorial Cenit, daba cuenta de un espacio en crecimiento, dinámico y con algunos logros especiales en lo que se refería a la difusión del marxismo.

31. Fuentes Morúa, *José Revueltas. Una biografía intelectual*, 121.

32. Sebastián Rivera Mir, "Editorial Popular y la unidad a bajo costo. Libros y folletos comunistas en el México cardenista", en *Camaradas. Nueva historia del comunismo en México* coord. por Carlos Illades (México: Secretaría de Cultura-Fondo de Cultura Económica, 2017), 171-204.

33. *Análisis Económico. Órgano de la C. Técnica del PCM* (México: Ediciones encuadernables de La voz de México, 1939), 3. En este caso, a partir de julio de 1939, en un pliego completo aparecieron 16 páginas. El libro completo se componía de 64.

34. Se declaraba como "la editora del pueblo, al servicio del pueblo mismo" y ofrecía fundamentalmente textos internos del PCM, resoluciones y algunos folletos recuperando versiones taquigráficas de las conferencias de Hernán Laborde. "Publicidad Editora Lenin", *El Machete*, 16 de mayo de 1937, p. 4.

35. "A. Enríquez a Hernán Laborde", 21 de octubre de 1935, RGASPI, fondo 495, reg. 108, exp. 181 en Spenser, *"Unidad a toda costa": La Tercera Internacional en México*, 181.

36. Sobre la perspectiva empresarial de los comunistas, ver especialmente el trabajo de Molina Jiménez, "Los comunistas como empresarios. La gestión del periódico Trabajo, Costa Rica (1931-1948)", 111-136.

37. Ver David A. Lincove, "Radical Publishing to 'Reach the Million Masses': Alexander L. Trachtenberg and International Publishers, 1906-1966", *Left History*, vol. 1, n.° 1 (2004): 85-124. También *Investigation of Un-American Propaganda Activities in The United States,* vol. 7 (Washington: Government Printing Office, 1940), 4863-4939. Por supuesto, hay que ser prudentes con las declaraciones que Trachtenberg realizó en este contexto de persecución. Sobre el mundo editorial del comunismo en EE.UU. y su vinculación a iniciativas como *New Masses*, ver Alan M. Wald,

Exiles from a Future Time. The Forging of the Mid-Twentieth-Century Literary Left
(Chapel Hill y Londres: The University of North Carolina Press, 2002).

38. Bataille, *Memorias de un forastero que pronto dejó de serlo*, 146.

39. Bataille, *Memorias de un forastero que pronto dejó de serlo*, 146.

40. Un aprendiz de tipógrafo ganaba ocho pesos a la semana en el DF, mientras que un trabajador en una hacienda en el norte del país podía obtener 20 centavos diarios. En Guerrero el salario mínimo era de un peso diario, con la excepción de Iguala y Acapulco, pero por lo general sólo se pagaban 75, 50 o 25 centavos. Los costos de los folletos parecían adecuarse a los bolsillos proletarios, o al menos no ser una carga onerosa. Ver "Informe político y social. Estado de Guerrero", 1938, AGN, Fondo DGIPS, caja 140, exp. 14, fs. 21-23.

41. Editorial Claridad en Buenos Aires es un buen ejemplo de este modelo comercial. Junto con los libros de contenido social, también vendió textos asociados a temas sexuales o sentimentales, lo que le permitió consolidarse. Gutiérrez y Romero, "Una empresa cultural: los libros baratos".

42. "Borrador de una propuesta sobre la situación mexicana y la forma como el Partido Comunista de Estados Unidos debe ayudar al PCM", 10 de abril de 1937, RGASPI, fondo 495, reg. 108, exp. 192 en Spenser, *"Unidad a toda costa": La Tercera Internacional en México*, 254.

43. En el archivo de Vicente Lombardo Toledano, resguardado en la Universidad Obrera hay algunas de sus cartas con Trachtenberg, y aunque hacen referencia a temas ligados al mundo editorial, no se menciona este apoyo directo a una empresa en particular.

44. "Actas del VII Congreso del PCM", enero de 1939, en CEMOS, Fondo PCM, caja 14, exp. 1, p. 289.

45. Aunque tampoco era una estrategia novedosa. Dos años antes, entre las resoluciones del VI Congreso del PCM, realizado en enero de 1937, Hernán Laborde había propuesto pasar de las ediciones de cinco y diez mil ejemplares, a centenares de miles de copias. Ver "Actas del VI congreso del PCM", enero de 1937, en CEMOS, Fondo PCM, caja 11, exp. 1, p. 147 y ss.

46. "Actas del VII Congreso del PCM", enero de 1939, en CEMOS, Fondo PCM, caja 14, exp. 1, p. 290.

47. "La propaganda del P. Comunista", *La voz de México*, 17 de noviembre de 1938, p. 10.

48. Después de un mes de aparecida la petición de que cada organismo del partido nombrara su encargado de literatura, sólo San Luis Potosí lo había hecho. Cinco meses después, en abril de 1939, se menciona que eran tres los estados que cumplían, San Luis Potosí, Veracruz y Guerrero. Ver "La literatura del partido; su utilidad", *La voz de México*, 15 de diciembre de 1938, p. 9; y "2° tiraje de 10,000 ejemplares de Unidos", *La voz de México*, 14 de abril de 1939, p. 10.

49. "Un record de organización en el campo de la literatura", *La voz de México*, 9 de marzo de 1939, p. 8.

50. V. I. Lenin, *Sobre la cooperación* (México: Ediciones Sociales, 1939); José Stalin, *En torno a los problemas del leninismo* (México: Ediciones Sociales, 1939). La redición española de este texto estuvo a cargo de Wenceslao Roces.

51. Carlos Irazábal, *Hacia la democracia* (México: Editorial Morelos, 1939).

52. "Editorial Popular", desplegado inserto en D. Manuilski, *Frente Único Internacional Obrero, derrota del fachismo* (México: Editorial Popular, 1939). Editorial Morelos y Ediciones Sociales utilizaron las mismas tipografías, compartieron ilustraciones, se imprimieron en los mismos lugares y recurrieron a los mismos distribuidores. Tal es la coincidencia que los logos de ambas iniciativas son prácticamente idénticos.

53. Armén Ohanian, *La ruta de Máximo Gorki es la nuestra* (México: Editorial Cimientos, 1939).

54. "Publicidad Editorial Popular", *El Machete*, 1 de agosto de 1937, p. 3. Mayúsculas en el original.

55. Esta mayor producción contrasta con la realidad que enfrentaba el periódico del partido, *La voz de México*, que sufrió problemas financieros e inestabilidades durante dicho año. Ver Carr, *La izquierda mexicana a través del siglo XX*. Por otro lado, coincide con el auge que tuvieron otras editoriales vinculadas al marxismo como Editorial América o Ediciones Frente Cultural.

56. Víctor Díaz Arciniega, *Historia de la casa. Fondo de Cultura Económica (1934-1996)* (México: Fondo de Cultura Económica, 1996).

57. "Editorial Popular", desplegado inserto en Manuilski, *Frente Único Internacional Obrero, derrota del fachismo*.

58. Sobre los tirajes de cada publicación casi no hay datos. Solamente en el texto, Laborde, ¡*Unidos!*, se reconocía que se habían lanzado 20 mil ejemplares y se esperaba vender 50 mil antes de las elecciones.

59. Su estrategia comercial también involucró descuentos a quienes compraran por lote, que en caso de costar más de 2 pesos recibían 30 por ciento de descuento. En algunos casos esta estrategia involucró la participación de artistas (como los pertenecientes al Taller de Gráfica Popular), de diseñadores o incluso de pintores en las distintas publicaciones. Ver los grabados de Xavier Guerrero en Partido Comunista de México, *La CTM y Trotsky* (México: Editorial Popular, 1938).

60. Arturo Taracena Arriola, "Un salvadoreño en la historia de Guatemala. Entrevista con Miguel Ángel Vázquez Eguizábal", *Memoria*, n.° 29 (enero febrero 1990).

61. Earl Browder, *Quienes se benefician con la guerra* (México: Editorial Popular, 1939).

62. Bataille, *Memorias de un forastero que pronto dejó de serlo*, 91.

63. Bataille, *Memorias de un forastero que pronto dejó de serlo*, 91. FER, Federación de Estudiantes Revolucionarios.

64. Sobre esta relación ver "Jorge Fernández, secretario de organización de la Confederación Sindical Unitaria de México, a Alexandr Lozovosky, secretario general de la Internacional Sindical Roja", 8 de julio de 1935, RGASPI, fondo 534, reg. 7, exp. 397, en Spenser, "*Unidad a toda costa*": *La Tercera Internacional en México*.

65. "Esta valla de los oficios que divide a los obreros de la industria gráfica en seis u ocho clases diferentes, los obliga a mirarse unos a otros con ciertas reservas", exponía Julio Quintero. De ese modo, el objetivo de la UOAG era la unidad de los trabajadores de las artes gráficas. Una búsqueda que cada vez coincidió más con las dinámicas de unidad que proyectaban el PCM. Ver Julio Quintero, "Vamos por la unidad", *La voz de México*, 21 de abril de 1939, p. 9 y 10. Este artículo fue retomado de *Rumbo Gráfico*, la revista de la UOAG.

66. Un análisis desde esta perspectiva para el caso peruano, ver Paulo Drinot, "Hegemony from Below: Print Workers, the State and the Communist Party in Peru, 1920-40". En *Counterhegemony in the Colony and Postcolony*, John Chalcraft y Yaseen Noorani (Eds.), (Nueva York: Palgrave Macmillan, 2007): 204-227.

67. Rivera Mir, "Los trabajadores de los Talleres Gráficos de la Nación. De las tramas sindicales a la concentración estatal (1934-1940)".

68. "Actas del VI congreso del PCM", enero de 1937, en CEMOS, Fondo PCM, caja 11, exp. 1, p. 539.

69. Bataille, *Memorias de un forastero que pronto dejó de serlo*, 99-100.

70. "Actas del VII Congreso del PCM", enero de 1939, en CEMOS, Fondo PCM, caja 14, exp. 1, pp. 352—353.

71. "Actas del VII Congreso del PCM", enero de 1939, en CEMOS, Fondo PCM, caja 14, exp. 1, p. 128.

72. "Actas del VII Congreso del PCM", enero de 1939, en CEMOS, Fondo PCM, caja 14, exp. 1, p. 129.

73. "$24.000,00 dio el pueblo para sostener *El Machete*", *El Machete*, 8 de enero de 1938, p. 9.

74. "Otro ejemplo: el de José Santos Valdez, verdadero amigo de *La voz de México*", *La voz de México*, 2 de diciembre de 1938, p. 1.

75. El delegado de Guerrero al VII Congreso del PCM de enero de 1939 reconocía que tenían inscritos mil 300 miembros. Estos se dividían en 61 por ciento campesinos, 23 por ciento maestros, 7,5 por ciento obreros, 6,4 por ciento estudiantes y 2,1 por ciento otros.

76. Todos estos datos en "Actas del VII Congreso del PCM", enero de 1939, en CEMOS, Fondo PCM, caja 14, exp. 1, p. 289.

77. Según los datos oficiales, el analfabetismo en 1940 alcanzaba a 53,1 por ciento de la población mexicana.

78. Jorge Fernández Anaya, "Problemas importantes de la Educación en el PCM", *La voz de México*, 26 de mayo de 1939, p. 8

79. Ver sobre este tema Claudia Garay Molina, "En busca de un libro de texto: el caso de Simiente", en *Encauzar la mirada. Arquitectura, pedagogía e imágenes en México, 1920-1950*, coord. por Renato González Melo y Deborah Dorotinsky Alperstein (México: UNAM-Instituto de Investigaciones Estéticas, 2010), 109-144.

80. "Actas del VII Congreso del PCM", enero de 1939, en CEMOS, Fondo PCM, caja 14, exp. 1, p. 289.

81. Sobre la labor educativa del PCM ver Alicia Civera Cerecedo, *La escuela como opción de vida. La formación de los maestros normalistas rurales en México, 1921-1945* (Zinacantepec, Estado de México: El Colegio Mexiquense-Gobierno del Estado de México, 2013).

82. Por ejemplo, la tercera escuela nacional de formación de cuadros en 1939 estuvo integrada por 105 estudiantes. Estos se dividían en: 40 obreros, 35 maestros, 20 campesinos, 5 empleados estatales, 2 estudiantes y 3 intelectuales.

83. Carlos Rosas, "Distribución de la literatura revolucionaria en el DF", *La voz de México*, 8 de junio de 1939, p. 8.

84. "Actas del VII Congreso del PCM", enero de 1939, en CEMOS, Fondo PCM, caja 14, exp. 1, p. 315.

85. En Yurécuaro se vendieron 2,40 pesos y 1,50 asignadas a Madrueño (¿nombre de un agente?). A eso se redujeron las ventas ese mes. "Libro de finanzas correspondiente a 1939", en CEMOS, Fondo Partido Comunista Mexicano-Locales, Michoacán, caja 15, exp. 5.

86. "Resonante triunfo de la Editorial Popular", *La voz de México*, 27 de enero de 1939, p. 11.

87. En un texto específico sobre la Editorial Popular he revisado el crecimiento de su catálogo.

88. Una de las primeras tesis que encontramos es la de Heliodoro Gurrión, "El marxismo ortodoxo en la nación del Estado", defendida en 1931 para obtener la Licenciatura en Derecho en la UNAM.

89. Pedro Geoffroy Rivas, "Teoría Marxista del Estado" (Tesis de Licenciatura en Derecho, UNAM-Facultad de Derecho, 1937).

90. Julio Fernández Padilla, "Concepto del materialismo dialéctico" (Tesis de Licenciatura en Derecho, UNAM-Facultad de Derecho, 1939).

91. Almeyda, *Reencuentro con mi vida*.

92. Entrevista en Anguiano, Pacheco Méndez y Vizcaíno, *Cárdenas y la izquierda mexicana. Ensayo, testimonio, documentos*, 194.

93. "Sección de educación marxista-leninista", *La voz de México*, 11 de mayo de 1939, p. 5.

Notas a Capítulo V

1. Elisa Servín, "Propaganda y Guerra Fría: la campaña anticomunista en la prensa mexicana del medio siglo", *Signos Históricos*, no.° 11 (2004): 9-39; Marcelo Casals Araya, *La creación de la amenaza roja. Del surgimiento del anticomunismo en Chile a la "campaña del terror" de 1964* (Santiago: LOM, 2016).

2. Eduardo Correa, *La comunista de los ojos cafés* (México: editorial particular, 1933); Luis Cabrera, *Un ensayo comunista en México* (México: Editorial Polis, 1937); Rubén Salazar Mallén, *La democracia y el comunismo* (México: Editorial Polis, 1937).

3. José Vasconcelos, *Qué es el comunismo* (México: Editorial Botas, 1936). "Los libros que mayor número de lectores han tenido en México al precio de $3,00 ejemplar, por lo menos de algunos años a esta parte, son los dos de auto-biografía de José Vasconcelos. Este es el termómetro que nos indica quiénes leen a este señor", criticaba Nicolás Pizarro Suárez en una nota, enfatizando el carácter elitista y reaccionario de Vasconcelos. Pizarro Suárez, "2 políticas en materia de publicaciones", 21.

4. Salustio, *Los orígenes secretos del bolchevismo* (México: Editorial Esperanza, 1938).

5. En este caso, el archivo del Departamento de Investigaciones Políticas y Sociales resguarda varios expedientes describiendo la persecución de las publicaciones y empresas asociadas a los cristeros. Ver, por ejemplo, Archivo General de la Nación (AGN), Fondo Dirección General de Investigaciones Políticas y Sociales (DGIPS), caja 34. Esta caja posee varios casos de censura y persecución a editoriales durante el Maximato.

6. Ricardo Pérez Monfort, *"Por la patria y por la raza". La derecha secular en el sexenio de Lázaro Cárdenas* (México: Facultad de Filosofía y Letras-Universidad Nacional Autónoma de México, 1993).

7. Pérez Monfort, *"Por la patria y por la raza". La derecha secular en el sexenio de Lázaro Cárdenas*, 18.

8. La derecha radical se caracterizó por el uso de medios ajenos a las prácticas electorales, por un fuerte anti-intelectualismo aunque estuviera dirigida por algunos intelectuales, por apelar a las masas y finalmente por un estrecho vínculo con la Iglesia. Rechazaba fundamentalmente el igualitarismo, así como cualquier tipo de cambio. Ver Sandra MacGee Deutsch, *Las derechas. La extrema derecha en Argentina, Brasil y Chile, 1890-1939* (Bernal: Universidad de Quilmes, 2005). Otra tipología de las derechas en Víctor Manuel Muñoz Patraca, "La derecha en el México post-revolucionario: una propuesta de caracterización", *Estudios políticos*, n.° 24, (2011): 11-32.

9. Por supuesto, desde la otra trinchera se veía a estos grupos reduciéndolos a nazis o fascistas.

10. Según Pérez Monfort, habría elementos para considerar a muchas de estas organizaciones como "fantasmas", o sea, sólo existían de nombre y servían para deter-

minado objetivo, desapareciendo una vez que las autoridades comenzaban a perseguirlas. Pérez Monfort, *"Por la patria y por la raza". La derecha secular en el sexenio de Lázaro Cárdenas*, 55. Aunque en algunos casos, convendría avanzar en la investigación histórica para diferenciar los objetivos y prácticas de este tipo de organizaciones, ver, por ejemplo, Martha Loyo, "El Partido Revolucionario Anti Comunista en las elecciones de 1940", *Estudios de Historia Moderna y Contemporánea de México*, n.° 23 (2002): 145-178.

11. Ver, por ejemplo, "Memorándum sobre un comité anticomunista de Nueva Rosita, formado por algunos veteranos de la Revolución y encabezado por Rafael Mercado", en julio de 1939, Coahuila, AGN, Fondo DGIPS, Caja 116, exp. 36, 3 fs.

12. Por supuesto, las diferencias entre estos grupos eran a veces igual de virulentas. Por ejemplo, Partido Revolucionario Anti Comunista estuvo vinculado a políticos callistas, por lo que no tenía ninguna posibilidad de unirse con otras facciones que venían del catolicismo y que recordaban la persecución anticlerical. Así, las diferencias entre si limitaron el diálogo y su despliegue político.

13. Por ejemplo, Ismael Díaz González, general del Ejército y militante comunista, fue asesinado por un camisa dorada en abril de 1936. Entre sus cargos estaba precisamente su labor como secretario de agitación y propaganda del Frente Popular Antiimperialista. Ver "Frente Popular Antiimperialista", 1936, en AGN, Fondo Presidente Lázaro Cárdenas, caja 0455, exp. 31.

14. Alicia Gojman, *La acción revolucionaria mexicanista: los camisas doradas, 1934-1940* (México: Fondo de Cultura Económica, 1998).

15. Rosendo Gómez Lorenzo y David Alfaro Siqueiros, quienes dirigieron las fuerzas comunistas, se encargaron de propagar el carácter épico de este enfrentamiento. Ver De Pablo, *La rojería. Esbozos biográficos de comunistas mexicanos*.

16. Aunque como señala Pérez Monfort es poco probable que los distintos grupos se vincularan en términos concretos durante esta sublevación. Pérez Monfort, *"Por la patria y por la raza". La derecha secular en el sexenio de Lázaro Cárdenas*, 49 y ss.

17. Entre los variados libros al respecto conviene ver, Carlos Martínez Assad, coord., *El camino de la rebelión del General Saturnino Cedillo* (México: Océano, 2010). En este libro, que explica el enraizamiento de la rebelión entre los campesinos, se incluye una entrevista al dirigente comunista Valentín Campa.

18. Silvia González Marín, *Prensa y poder político. La elección presidencial de 1940 en la prensa mexicana* (México: Siglo XXI-UNAM, 2006).

19. Cabrera, *Un ensayo comunista en México*, 111.

20. Sobre este proceso ver Rivera Mir, "Los trabajadores de los Talleres Gráficos de la Nación. De las tramas sindicales a la concentración estatal (1934-1940)", 611-657.

21. Ver Hernán Laborde, *Luis Cabrera, traidor a Yucatán y a México* (Mérida: sin pie de imprenta, 1938); Miguel Ángel Menéndez, *Respuesta a Luis Cabrera* (México: Nuevo México, 1938).

22. Por estos motivos, en concordancia con lo que plantea Paulo Drinot, me parece que el anticomunismo requiere una mayor atención por parte de los historiadores, ya que no puede considerarse que fue impuesto ni desde afuera, ni desde arriba hacia abajo. Ver Drinot, "Creole Anti-Communism: Labor, the Peruvian Communist Party and APRA, 1930-1934", 703-736.

23. Esto ya es muy notorio por ejemplo en Felipe Álvarez Lara, *Campaña Antibolcheviky, cuaderno 1°* (Guadalajara: sin pie de imprenta, 1923). Este es el primer texto que he encontrado de una campaña editorial sistemática anticomunista.

24. Pittaluga discute hasta qué punto este miedo obedeció a un terror fingido, o realmente sirvió para enmascarar las fuertes pulsiones autoritarias y antidemocráticas de los sectores conservadores y las elites dominantes. Ver Pittaluga, *Soviets en Buenos Aires*.

25. "Sección editorial", *El Machete*, 7 de mayo de 1938, p. 5.

26. "Carta de Antonio L. Rodríguez a Manuel Gómez Morín", 17 de agosto de 1936, en Archivo Manuel Gómez Morín (AMGM), sección personal, serie correspondencia particular Antonio L. Rodríguez, docs. 957. Las referencias al anticomunismo en Estados Unidos no sólo se relacionaron con la imitación de sus mecanismos de acción, sino en la traducción y circulación de obras, e incluso en la ayuda con algunos empresarios, especialmente de California.

27. "Carta de Antonio L. Rodríguez a Manuel Gómez Morín", 24 de agosto de 1936, en AMGM, sección personal, serie correspondencia particular Antonio L. Rodríguez, docs. 957.

28. Al respecto ver Rivera Mir, "Los trabajadores de los Talleres Gráficos de la Nación. De las tramas sindicales a la concentración estatal (1934-1940)", 611-656.

29. "Carta de Luis Cabrera a Antonio L. Rodríguez", 22 de febrero de 1937, en AMGM, sección personal, serie correspondencia particular Antonio L. Rodríguez, docs. 959.

30. Daniela Spenser, "El viaje de Vicente Lombardo Toledano al mundo del porvenir", *Desacatos*, n.° 34, (septiembre-diciembre 2010): 77-96.

31. Recordemos que su labor fue crucial en distintas iniciativas, especialmente en la creación de la Imprenta Universitaria de la UNAM, durante su rectoría. Ver Lorena Pérez Hernández, "Pasión por las letras. Editorial Polis: un proyecto de Manuel Gómez Morin, Antonio L. Rodríguez y Jesús Guisa y Azevedo", *Bien común*, año XXVI, n.°286 y 287, (enero y febrero de 2019): 61-76 y 59-81.

32. "Proyecto de la organización de la propaganda anticomunista", julio de 1936, en AMGM, sección personal, serie correspondencia particular Antonio L. Rodríguez, docs. 956, f. 2.

33. Itzhak Bar-Lewaw, "La revista *Timón* y la colaboración nazi de José Vasconcelos", en *Actas del Cuarto Congreso de la Asociación Internacional de Hispanistas* (Salamanca: Universidad de Salamanca, 1982), 151-156.

34. Ver también Carlos Roel, *Los nuevos sistemas político-económicos: fascismo y bolchevismo* (México: Editorial Polis, 1938).

35. Carlos Roel, *La mentira marxo-bolchevique* (México: Editorial Polis, 1938), 20. Es interesante esta vinculación, casi premonitoria, de los procesos que vendrían cuarenta años después. La estrecha relación entre fascismo-neoliberalismo es desarrollada por Roel con una agudeza que destaca dentro de la enajenación que tienen muchos de sus otros argumentos.

36. Roel, *La mentira marxo-bolchevique*, 46-47.

37. Roel, *La mentira marxo-bolchevique*, 66-67.

38. Islas García, *Organización y propaganda comunista*.

39. Modesto Rolland, *¿Comunismo o liberalismo?* (México: sin pie de imprenta, 1932). Textos posteriores de este autor fueron publicados por un taller de su propiedad y la mayoría fue sin pie de imprenta, lo que indica su vinculación con este ámbito más allá de la escritura. Ver su bibliografía en Modesto Rolland, *Informe sobre el Distrito Norte de la Baja California* (México: SEP, 1993).

40. Modesto Rolland, *¿Comunismo o liberalismo?* (México: Imprenta Molina M., 1939). Ambas versiones son casi idénticas, salvo en cuestiones técnicas, donde se nota el avance que se dio a lo largo de la década en este plano.

41. Rolland, *¿Comunismo o liberalismo?* (1939), 10-11. Mayúsculas en el original.

42. Una lista con los nombres de militantes relevantes en AGN, Fondo DGIPS, vol. 205, exp. 1. La idea de que la clase media podría ser uno de los principales oponentes del comunismo comienza a tomar forma en la argumentación de la CCM. Aunque en este momento todavía sus definiciones son difusas y su discurso apunta más bien a trabajadores, burócratas y campesinos.

43. George Stern, "Habla la Confederación de la Clase Media", *Futuro*, n.º 12 (febrero de 1937): 13. La discusión sobre si esta agrupación representaba o no a la clase media se tomó los periódicos y revistas del periodo. Sobre esto ver Sebastián Rivera Mir, "Middle Classes and Anti-Communism in Mexico Cardenista. Nationalist Dynamics in a Transnational Framework", en Mario Barbosa Cruz, A. Ricardo López-Pedreros y Claudia Stern (eds.), *Middle Classes in Latin America. Subjectivities, Practices, and Genealogies*, New York: Routledge Studies in the History of the Americas series.

44. La Confederación presentó su programa y su plan de acción al Partido Republicano en busca de ayuda. Ver "Conexión de los elementos del fascismo", *El Nacional*, 7 de agosto de 1938, pp. 1 y 6.

45. Ver "Congreso Iberoamericano Anticomunista. Informe de la Confederación de la Clase Media", 30 de noviembre de 1937, en Pérez Monfort, *"Por la patria y por la raza". La derecha secular en el sexenio de Lázaro Cárdenas*, 163-169. Ver también Javier Garciadiego, "La oposición conservadora y de las clases medias al cardenismo", *Istor*, año VII, n.º 25 (2006): 30-49.

46. Invitación disponible en "Informes Primer Congreso Iberoamericano Anticomunista", 1937, en Archivo Histórico Genaro Estrada de la Secretaría de Relaciones Exteriores (AHSRE), fondo diplomático, exp. III-353-4.

47. "Informes Primer Congreso Iberoamericano Anticomunista", 1937, en AHSRE, fondo diplomático, exp. III-353-4.

48. "Informe de la Confederación de la Clase Media", 30 de noviembre de 1937, reproducido en Ricardo Pérez Monfort y Lina Odena Güemes, *"Por la Patria y por la Raza". Tres movimientos nacionalistas 1936-1940. Documentos* (México: Cuadernos de la Casa Chata-CIESAS, 1982), 191.

49. "Libros", *Vida: revista de orientación*, n.° 47 (1939): 28. Esta revista formaba parte de las publicaciones religiosas anticomunistas.

50. Jesús Guisa y Azevedo, *Ayer, hoy y mañana* (México: Editorial Polis, 1941).

51. Pérez Hernández, "Pasión por las letras. Editorial Polis: un proyecto de Manuel Gómez Morin, Antonio L. Rodríguez y Jesús Guisa y Azevedo", 61-76 y 59-81; y Carlos Organista, "El hechizo de las letras de plomo y la tinta fresca. Manuel Gómez Morin, Abogado de la Cultura", *Las hojas del árbol. Boletín del Centro Cultural Manuel Gómez Morín*, vol. 2, n.° 1 (2009): 3-44.

52. "Editorial Polis, investigar la clase de publicaciones a que se dedica. Publicación de derecha, católica, anticomunista", mayo de 1943, en AGN, Fondo DGIPS, caja 31, exp. 16, 1 fs. Esta editorial tuvo un sello en griego (ΠΟΛΙΣ), que también fue utilizado por los Talleres Juan Pablos que imprimieron el libro ya mencionado de Salazar Mallén, *La democracia y el comunismo*.

53. "Organización de una sociedad editorial y una sociedad distribuidora de libros y publicaciones", [septiembre de 1936], en AMGM, sección personal, serie correspondencia particular Antonio L. Rodríguez, docs. 1575, f. 2.

54. Al parecer las acciones se distribuyeron a través de la Confederación Patronal de la República Mexicana.

55. Uno de sus aliados estratégicos en esta primera fase fue Editorial Sayrols, la cual a través de *Sucesos*, *Paquín* y *Amenidades*, distribuía más de 200 mil revistas en México. Por supuesto, ninguna de ellas estaba implicada directamente en el debate político partidista. Por ejemplo, *Paquín* era una revista de historietas con temas infantiles. Lo interesante de este caso es que uno de sus dibujantes José G. Cruz, también se desempeñaba como ilustrador de Ediciones Frente Cultural.

56. Ver las cartas entre Gómez Morín y Antonio L. Rodríguez, durante el mes de diciembre de 1936, en AMGM, sección personal, serie correspondencia particular Antonio L. Rodríguez, docs. 957.

57. "Carta de Manuel Gómez Morín a Antonio L. Rodríguez", 14 de enero de 1937, en AMGM, sección personal, serie correspondencia particular Antonio L. Rodríguez, docs. 959.

58. "Carta de Antonio L. Rodríguez a Honorato Carrasco, Centro Patronal del Distrito Federal", 6 de julio de 1937, en AMGM, sección personal, serie correspondencia particular Antonio L. Rodríguez, docs. 957. En resumen, entre su fundación y el primero de agosto de 1940, Polis publicó 64 obras, con 100 mil ejemplares en total, de lo que se encontraban sin circular 50 mil. A esa fecha, los pasivos superaban con creces a los activos, y la crisis financiera parecía terminal. El resultado final fue separar definitivamente la sociedad en dos, la editorial y la destinada a la distribución, para no arrastrarlas a ambas hacia la quiebra. "Carta de Manuel Gómez Morín a Antonio L. Rodríguez", 1 de agosto de 1940, en AMGM, sección personal, serie correspondencia particular Antonio L. Rodríguez, docs. 464/1496. Por supuesto a estas condiciones debemos añadir los quiebres que trajo al grupo la fundación del Partido Acción Nacional, ver al respecto, "Carta de Manuel Gómez Morín a Jesús Guisa y Azevedo", 8 de agosto de 1940, en AMGM, sección personal, serie correspondencia particular Jesús Guisa y Azevedo, docs. 1.

59. Manuel Aznar Soler, *El exilio literario español de 1939* (Actas del primer Congreso Internacional, Bellaterra, 27 de noviembre-1 de diciembre de 1995, Volumen 1, Cop d'Idees, 1998), 256.

60. "Lovaina, de donde yo vengo", *Lectura. Revista crítica de ideas y libros*, tomo IX, n.° 3, 15 de abril de 1939, p. 191.

61. Ver los índices anuales que se publicaron en los primeros años de la revista. En el año que va de abril de 1938 a marzo de 1939, se publicaron a 111 autores distintos. "Índice anual de Lectura", *Lectura. Revista crítica de ideas y libros*, tomo IX, n.° 3, 15 de abril de 1939, pp. 183-189.

62. Frances Clement Kelley, *México, el país de los altares ensangrentados* (México: Editorial Polis, 1939). Este libro resultó un éxito editorial y se hicieron varias ediciones en los siguientes años.

63. Guillermo Prieto Yeme, "México, el país de los altares ensangrentados", *Lectura. Revista crítica de ideas y libros*, tomo VIII, n.° 3, 1 de marzo de 1939, pp. 203-207.

64. Esta organización estuvo estrechamente vinculada a la Confederación de la Clase Media.

65. Acción Cívica Nacional, *Malos resultados del socialismo y el comunismo* (México: Acción Cívica Nacional, 1937), contraportada.

66. Ovidio Gondi, *La hispanidad franquista al servicio de Hitler* (México: Editorial Diógenes, 1979), 45. Ver también varias de las notas aparecidas en *El Machete* del 7 de mayo de 1938.

67. El vínculo con Editorial Polis también es evidente. No sólo compartieron temáticas, sino que la organización publicó textos a su nombre en *Lectura. Revista crítica de ideas y libros*. "Índice anual de Lectura", *Lectura. Revista crítica de ideas y libros*, tomo IX, n.° 3, 15 de abril de 1939, pp. 183-189. De hecho, es la única organización mexicana que escribe en este año.

68. Ver *Futuro*, Universidad Obrera de México, n.° 19, 1937, pp.12 y 13. Sobre esta revista ver Gachie, Maryse, "La diffusion du marxisme au Mexique à travers la revue *Futuro* (1933-1939)", *América-Cahiers du CRICCAL*, n.° 4-5 (1990): 151-164.

69. "Manifiesto de la Asociación Nacionalista de Pequeños Propietarios Agrícolas", sin fecha, en Pérez Monfort y Odena Güemes, "*Por la Patria y por la Raza*". *Tres movimientos nacionalistas 1936-1940. Documentos*, 155-156. Una declaración idéntica hizo circular la Asociación Nacionalista de Campesinos Guerrerenses. Y el último apartado de *La democracia y el comunismo* de Cabrera se refiere específicamente a este tema.

70. Esta temática fue desarrollada con especial atención por Francisco González Franco, a través de una serie de obras de teatro, que enfatizaban los problemas cotidianos que generaba el comunismo. Una obra particular que relaciona las artes gráficas con el comunismo es *La farsa. Comedia anticomunista en tres actos*, donde los tradicionales roles de género son puestos en cuestión por la manipulación comunista. Sus obras, la mayoría autoeditadas, incluyen *Egoísmo*, comedia en tres actos que trata de la cuestión obrera; *La perfecta alegría*, donde se analizan las razones del fracaso cristero; *¡Maldito agrarismo!* sobre las vicisitudes de los campesinos; *Moral sin Dios*, acerca de la educación socialista; *Frutos del dolor*, sobre la persecución religiosa durante el gobierno de Elías Calles; y *Escuela laica, escuela de corrupción*. Hay alguna constancia de que algunas fueron montadas, especialmente en algunas ciudades del Bajío.

71. Acción Cívica Nacional, *Malos resultados del socialismo y el comunismo*, 7.

72. Este libro fue editado en México por la propia Acción Cívica Nacional, sin embargo, como muchos otros no se encuentran disponibles en las bibliotecas mexicanas. Posiblemente fue la única publicación en este formato de la agrupación. En todo caso, fue una versión de José Doulliet, *Así es Moscú* (Madrid: Editorial Razón y Fe, 1936).

73. Sobre este texto la *Revista de la Universidad* reseñó: "El libro responde al cambio de opinión política del autor, que anteriormente era un comunista convencido. Después de su viaje a Rusia hizo este libro que constituye una seria requisitoria al régimen soviético. Los datos que informan el libro nos parecen dignos de atención y en general la obra es muy interesante por su vasta documentación y el espíritu observador de Istrati", en "Libros", *Revista de la Universidad*, n.° 3, enero 1931, p. 270. Esto también muestra la apertura de la editorial española antes de ser considerada parte del aparato propagandístico del comunismo español. Ver Panait Istrati, *Rusia al desnudo* (Madrid: Editorial Cenit, 1930).

74. Pedro Lombardo Torrescano, *Cedillo no es un traidor a la Revolución* (México: Publicaciones del Partido Comunista de México [apócrifo], 1938), 16.

75. Leobardo Toledo, en clara alusión al líder obrero, era el personaje perverso de la obra de teatro de Francisco González Franco, *La farsa. Comedia anticomunista en tres actos* (México: sin editorial, 1939).

76. Por ejemplo, el Sindicato Nacional de Redactores de la Prensa, presionó a Ar-

mando Chávez Camacho, redactor de *El Universal Gráfico*, para que dejara de escribir diatribas anticomunistas en algunas revistas. Ver "Carta de Armando Chávez Camacho a Juan S. Farías", 26 de abril de 1937, en AMGM, sección personal, serie correspondencia particular Antonio L. Rodríguez, docs. 957.

77. "Carta de Vicente Lombardo Toledano al presidente Lázaro Cárdenas", 13 de noviembre de 1940, México, en AGN, Fondo LC, caja 1390, exp. 8, f. 4.

78. En alguna ocasión la policía recogió amenazas de muerte que iban dirigidas tanto a Lombardo Toledano como a Luis I. Rodríguez, secretario particular de Cárdenas, ambos acusados de comunistas.

79. "Reporte confidencial mandado por V. Lombardo Toledano desde París a los dirigentes de la CTM", 4 de junio de 1938, en AGN, Fondo LC, caja 1390, exp. 8, f. 118.

80. En sus comunicaciones, algunos personeros vinculados a la Editorial Polis, reconocían la posibilidad de publicar "[...] bajo los auspicios aparentes de dos organizaciones, pero escritos por gente que nosotros pagaríamos y publicados por nosotros mismos". Ver "Carta de Antonio L. Rodríguez a Honorato Carrasco, Centro Patronal del Distrito Federal", 6 de julio de 1937, en AMGM, sección personal, serie correspondencia particular Antonio L. Rodríguez, docs. 957.

81. Este tipo de prácticas desorientadoras fue parte clave de los procesos represivos emprendidos en este ámbito durante los gobiernos autoritarios del PRI. Ver Sebastián Rivera Mir, "Usos políticos de la edición durante el siglo XX. Entre la hegemonía estatal y las propuestas alternativas", en *El libro multiplicado. Historia de la edición en México, siglo XX*, ed. por Kenya Bello y Marina Garone (en prensa).

82. "Proyecto de la organización de la propaganda anticomunista", julio de 1936, en AMGM, sección personal, serie correspondencia particular Antonio L. Rodríguez, docs. 956, f. 5.

83. "Los comunistas de México anuncian un plan terrorista para este año", *La Prensa*, 12 de febrero de 1940, pp. 3 y 18.

84. Este documento en realidad correspondía a una circular interna para preparar el Congreso que se realizaría en marzo y que significaría el descabezamiento de la plana mayor del PCM. "Primer Congreso Nacional Extraordinario. La situación nacional e internacional y las tareas del Partido", febrero de 1940, en Archivo CEMOS, PCM, caja 12, exp. 2.

85. "Informe de la investigación practicada en Toluca, acerca del zafarrancho ocurrido en dicha ciudad el 21 de febrero de 1940", en AGN, DGIPS, caja 20, exp. 1, f. 12.

86. Ver, por ejemplo, "Choque sangriento entre elementos del Partido Comunista, CTM, Cámara del Trabajo con los del Frente Constitucional Democrático", Ciudad Juárez, 1939, en AGN, DGIPS, caja 128, exp. 28.

87. Hernán Laborde, *El enemigo es Almazán* (México: Editorial Popular, 1940).

Notas a Capítulo VI

1. Ricardo Melgar Bao, "El machete: palabras, imágenes y símbolos rojos en México (1924-1938)", en *Redes políticas y militancias. La historia política está de vuelta*, ed. por Olga Ulianova (Santiago: Ariadna-USACH, sin fecha), 107-144.

2. González Marín, *Prensa y poder político: la elección presidencial de 1940 en la prensa mexicana*.

3. Isaac Deutscher, "La conciencia de los ex comunistas", *Revista de Economía Institucional*, vol. 7, n.° 13 (2005), 279.

4. Fuentes Morúa, *José Revueltas. Una biografía intelectual*. Es importante no deshistorizar el proceso que lo condujo finalmente a transformarse durante la Guerra Fría en un activo informante de la CIA, no por simpatía con este organismo, sino por su acendrado anticomunismo. Ver Patrick Iber, *Neither Peace nor Freedom. The Cultural Cold War in Latin America* (Cambridge/Londres: Harvard University Press, 2015).

5. "Rodrigo García Treviño. Investigar sus actividades, antecedentes y costumbres", en AGN, DGIPS, Caja 233, exp. 56, septiembre de 1928.

6. Ver capítulo 2.

7. Carr, *La izquierda mexicana a través del siglo XX*.

8. Fuentes Morúa, *José Revueltas. Una biografía intelectual*, 20.

9. Ver por ejemplo el interesante estudio sobre los salarios, la inflación y las luchas sindicales que realiza en Rodrigo García Treviño, "El desarrollo burgués de México y el proletariado", *Futuro*, n.° 11, tercera época, (enero de 1937): 25-28. También Rodrigo García Treviño, "La dialéctica de la revolución en la época del Imperialismo", en *La dialéctica materialista*, V. Adoratsky (México: Ediciones Frente Cultural, 1938), 56-62.

10. Un trabajo donde se refiere al reparto agrario, otra de sus preocupaciones intelectuales, es Rodrigo García Treviño, "El problema henequenero de Yucatán", Conferencia pronunciada en la ciudad de Mérida, Yucatán, el 18 de julio de 1937, copia mimeografiada.

11. Patricio Herrera González, "Vicente Lombardo Toledano y la unidad obrera continental: colaboraciones y conflictos del PCM y la Profintern, 1927-1938", en *Camaradas. Nueva historia del comunismo en México*, coord. por Carlos Illades (México: Fondo de Cultura Económica-Secretaría de Cultura, 2017), 96-134.

12. Nicolás Bujarin, *El capital bajo el manto del Papa* (México: Editorial América, 1937), 3 y 4.

13. Para mayor contradicción, el texto en español había sido publicado en Madrid por Editorial Roja en 1931. Esta empresa era financiada directamente por la Internacional Comunista.

14. Estas empresas fueron, además de la mencionada, Ediciones del Centro de Estudios para Obreros, Departamento Editorial de la Universidad Obrera, Editorial Insignia (centrada en literatura), la revista *UO*, la revista *Futuro*, los Cuadernos de Derecho Obrero, la Editorial Revolucionaria, ligada a Narciso Bassols, entre otras.

15. Aviso comercial, en *Futuro*, n.º 15, tercera época, mayo de 1937, p. 41.

16. También apareció en la publicidad de las próximas apariciones de Publicaciones de la Universidad Obrera de México. Ver la contratapa de Víctor Manuel Villaseñor, *Problemas del mundo contemporáneo* (México: Publicaciones de la Universidad Obrera de México, 1937).

17. Varios autores, *A la luz del marxismo. Método dialéctico y ciencias humanas* (México: Editorial América, sin fecha).

18. Sin autor, *Universidad Obrera de México* (México: Ediciones Universidad Obrera de México, 1936).

19. Almeyda, *Reencuentro con mi vida*, 42. Los *Manuscritos* fueron publicados bajo el título, *Economía política y filosofía*.

20. Almeyda, *Reencuentro con mi vida*, 43. Avanzando en este tema, por ejemplo, *A la luz del marxismo* fue la primera obra que se hizo desde el comunismo francés para reflexionar sobre los alcances del marxismo, reuniendo a los principales intelectuales del partido. Ver Bouju, "Books for the Revolution: The Publishing Houses of the French Communist Party, 1920-1993".

21. Varios autores, *A la luz del marxismo. Método dialéctico y ciencias humanas*. El texto original estaba integrado por dos volúmenes y fue publicado entre 1937 y 1938. El editor agradece a la Universidad por la traducción, que permitía conocer rápidamente las discusiones europeas en América Latina.

22. Armand Cuvillier, *Introducción a la sociología* (México: Editorial América, 1938).

23. Rodrigo García Treviño, "Advertencia final", en *Principios de economía política*, L. Segal (México: Editorial América, 1938), 407.

24. García Treviño, "Advertencia final", 407.

25. Aníbal Ponce, "La herencia de Aníbal Ponce a los intelectuales revolucionarios de México", *Acción Social*, n.º 2 (julio de 1938): 4-7. Cita en nota explicatoria inicial.

26. En las traducciones, además de su propio trabajo, contó con la participación de algunos exiliados latinoamericanos, que fueron importantes políticos en sus respectivos países, entre ellos el ya mencionado salvadoreño Pedro Geoffroy Rivas y el argentino-uruguayo, José Harari.

27. Esta situación contrastaba fuertemente con los esfuerzos de otras editoriales de izquierda, que apuntaban exclusivamente a la lectura. Ver por ejemplo Garmy, *Orígenes del capitalismo y de los sindicatos*. Este libro incluía un prólogo de Vicente Lombardo Toledano.

28. En el caso de un libro dedicado a marxistas y antimarxistas, se incluyó una lista de autores que difícilmente hubieran estado dispuestos a aparecer juntos en un mismo texto. Ver Rodrigo García Treviño, comp., *El materialismo histórico, según los grandes marxistas y antimarxistas* (México: Editorial América, 1938). Este libro respondía a otro con similares características pero que recogió las polémicas sobre el marxismo que enfrentaron a Lombardo Toledano con otros intelectuales mexicanos a través de una polémica radiofónica. Varios autores, *Marxismo y antimarxismo* (México: Editorial Futuro, 1934).

29. Además, es interesante que las bibliografías de los libros casi nunca mencionan ediciones realizadas en México, aunque si refieren a versiones españolas o argentinas que posiblemente si estuvieran disponibles en el mercado para los lectores que buscaran profundizar en algún contenido.

30. Los últimos 50 fueron numerados y en papel cameo plate. Ver Aníbal Ponce, *Humanismo burgués y humanismo proletario* (México: Editorial América, 1938), contratapa.

31. Peñalosa, *The Mexican Book Industry*.

32. Aníbal Ponce, "La herencia cultural", *UO. Revista de cultura moderna*, n.º 18 (abril-mayo-junio de 1938): 1-16. Rodrigo García Treviño era parte del equipo de redacción de esta revista.

33. En el segundo número de la revista *Tesis*, órgano del Sindicato de Trabajadores de la Enseñanza de la República Mexicana (STERM), aparecido en octubre de 1938, García Treviño escribió un artículo destacando la importancia intelectual del pensador argentino. Ver también el texto que escribió Luis Fernández del Campo, a manera de prólogo, en Ponce, *Humanismo burgués y humanismo proletario*; y las palabras iniciales de Jesús SilvaHerzog en Ponce, *Dos hombres: Marx, Fourier*.

34. Javier Garciadiego, *El Fondo, La Casa y la introducción del pensamiento moderno y universal* (México: Fondo de Cultura Económica, 2016), 31. Cita en nota al pie n.º 4.

35. Ver sobre esto Alberto Enríquez Perea, ed., *Alfonso Reyes y el llanto de España en Buenos Aires, 1936-1937* (México: El Colegio de México-Secretaría de Relaciones Exteriores, 1998), 152, 164-166.

36. Algunos fueron el cubano Sandalio Junco, el dominicano Ángel Miolán, el boliviano Roberto Hinojosa, entre otros. Ver Melgar Bao, *Redes e imaginario del exilio en México y América Latina,* 60 y ss.

37. Felipe Cossío del Pomar, *Haya de la Torre, el indoamericano* (México: Editorial América, 1939).

38. Melgar Bao, *Redes e imaginario del exilio en México y América Latina*, 91 y ss.

39. Ver, por ejemplo, "Aviso publicitario", *Trinchera Aprista*, año II, n.º VI, marzo de 1938, p. 15. Al otro extremo del continente, en Chile, los militantes apristas tam-

bién se vinculaban al mundo de las publicaciones, especialmente a través de Editorial Ercilla. Ver Martín Bergel, "Populismo y cultura impresa: la clandestinidad literaria en los años de formación del Partido Aprista Peruano", *Ipotesi. Revista de estudos literários*, vol. 17, n.º 2 (julio-diciembre de 2013): 135-146; y Sebastián Hernández Toledo, "Apristas en Chile: circuitos intelectuales y redes políticas durante los años 1930", *Revista de Historia y Geografía* n.º 31 (2014): 77-94.

40. Su título original era *Die Frau und der Sozialismus,* y fue publicado en Alemania en 1879.

41. Desde el plano comercial, este tipo de textos vinculados a los temas sexuales había ayudado fuertemente en la consolidación de proyectos editoriales tan importantes como Claridad al otro extremo del continente. De hecho, los originales de ambos libros provenían de esta editorial. Ver Gutiérrez y Romero, "Una empresa cultural: los libros baratos".

42. "La mujer de Bebel", *La voz de México*, 21 de octubre de 1938, p. 9.

43. Este no era el primer debate editorial que enfrentaban el PCM y Rodrigo García Treviño. Unos meses antes se habían enfrascado en una polémica en torno a la relevancia de las cooperativas para los procesos revolucionarios, algo que era muy sensible para las prácticas políticas y sindicales comunistas. Ver Carr, *La izquierda mexicana a través del siglo XX.*

44. Augusto Bebel, *La mujer en el pasado, en el presente y en el porvenir* (México: Editorial América, 1938). La edición cuenta con al menos cuatro textos introductorios previos.

45. "La Editorial América, *La voz de México* y *La Mujer*, de Bebel", *El Nacional*, 22 de octubre de 1938, p.3.

46. Icaza pudo haber sido considerado un flanco posible, ya que a través de diversas empresas editoriales había construido nexos con sectores de la derecha mexicana. Ver Carlos Alberto Ramírez Organista, "Tutearse con todos los tiempos: anécdotas y reflexiones detrás de un reportaje histórico para Editorial Jus (Reporte de experiencia laboral)" (Tesina de Licenciatura en Ciencias de la Comunicación, Facultad de Ciencias Políticas, UNAM, México, 2008). Agradezco a Francisco Joel Guzmán Anguiano las referencias a la participación de Icaza en este tipo de iniciativas.

47. "Las adulteraciones de García Treviño y sus reclamaciones a *La voz de México*", *La voz de México*, 23 de octubre de 1938, p. 1-11 (cita en p. 11)

48. "*La voz de México*, la Editorial América, y *La Mujer*, de Bebel", *El Nacional*, 23 de octubre de 1938, p. 3. Este texto corresponde a una carta que el propio Valentín S. Campa envió al director de *El Nacional*.

49. "Jurado de honor para calificar la edición *La Mujer* de Bebel", *El Nacional*, 25 de octubre de 1938, p.3.

50. "Lo repetimos: García Treviño mutila las obras que edita", *La voz de México*, 26 de octubre de 1938, p. 1 y 2 (cita en p. 2).

51. "Una vez más la polémica sobre *La Mujer* de Bebel", *El Nacional*, 27 de octubre de 1938, pp. 3 y 4.

52. Karl Marx, *Economía política y filosofía* (México: Editorial América, 1938), 8 y 9. Sobre los avatares de esta traducción, ver Fuentes Morúa, *José Revueltas. Una biografía intelectual*.

53. Sólo por mencionar una cifra exagerada, recordemos que Ediciones Frente Cultural señalaba haber vendido en 1938 más de un millón de ejemplares de folletos marxistas. Los datos del Departamento Autónomo de Prensa y Publicidad (DAPP) para este año, también posiblemente maquillados, son igual de sorprendentes. Ver *Memoria del Departamento Autónomo de Prensa y Publicidad* (México: DAPP, 1938); Loyo, "La difusión del marxismo y la educación socialista en México, 1930-1940"; Rivera Mir, "Los primeros años de Ediciones Frente Cultural. De la teoría revolucionaria al éxito de ventas (1934-1939)".

54. "El arte de recortar", *La voz de México*, 7 de octubre 1938, p. 7.

55. "La voz de México, *La mujer* de Bebel, un jurado de honor, García Treviño y una traducción", *El Nacional*, 26 de octubre de 1938, p. 3.

56. La práctica de incorporar fotografías de documentos fue común en las disputas a través de los medios, se les adjudicaba un carácter de objetividad que servía como demostración de verdad. Ver López Cantera, "El anticomunismo argentino entre 1930 y 1943"

57. "La obra de mutilación de García Treviño", *La voz de México*, 25 de noviembre de 1938, pp. 9 y 10 (cita en p. 9).

58. Partido Obrero de Unificación Marxista.

59. "La obra de mutilación de García Treviño", *La voz de México*, 25 de noviembre de 1938, pp. 9 y 10 (cita en p. 9).

60. Finalmente, este proceso legislativo se detuvo, muy probablemente temiendo que la ampliación del padrón electoral terminara beneficiando a los sectores conservadores, como había sucedido en otras partes de mundo.

61. Olivé, *Mujeres comunistas en México en los años treintas*.

62. "El jurado de honor sobre La Mujer de Bebel", *El Nacional*, 6 de diciembre de 1938, p. 2. En este texto ya figura Salvador Amelio como gerente Editorial América. Posiblemente, por esta situación al PCM no le interesó continuar con la polémica.

63. Olivia Gall, "Un solo visado en el planeta para León Trotsky", en *México, país refugio. La experiencia de los exilios en el siglo XX*, ed. por Pablo Yankelevich (México: Conaculta-Plaza y Valdés, 2002), 63-90.

64. Estas relaciones conflictivas tuvieron distintos momentos de choque. Por ejemplo, García Treviño desde su puesto en la CTM impulsó la idea de no pagar las indemnizaciones por la expropiación petrolera, algo que contrariaba profundamente la postura de Lombardo Toledano y del PCM, que preferían evitar conflictos internacionales. Ver "Memorándum confidencial sobre México", junio de 1938, en RGASPI,

fondo 495, reg. 17, exp. 212, f. 10. Disponible en línea en: http://sovdoc.rusarchives.ru/ Fecha de consulta: 28 de agosto de 2018.

65. Melgar Bao, *Redes e imaginario del exilio en México y América Latina*, 113. El informe referido por este autor se encuentra en el Archivo Histórico Biblioteca ENAH, Fondo Luis Eduardo Enríquez Cabrera, "García Treviño, Rodrigo a Víctor Raúl Haya de la Torre", México, 21 de diciembre de 1938.

66. "La actuación del APRA en el Congreso contra la Guerra", *El Nacional*, 13 de octubre de 1938, segunda sección, p. 1.

67. Rodrigo García Treviño, *El Pacto de Múnich y la Tercera Internacional* (México: Ediciones de la Sociedad de Estudiantes Marxistas de la Escuela Nacional de Economía, 1938).

68. García Treviño, *El Pacto de Múnich y la Tercera Internacional*, 10.

69. García Treviño, *El Pacto de Múnich y la Tercera Internacional*, 35.

70. *IV Internacional, órgano de la Liga Comunista Internacional*, n.° 18.

71. "Qué pretende Diego Rivera", *Clave. Tribuna Marxista*, abril-mayo de 1940, p. 13

72. Rodrigo García Treviño, "El Frente Popular en Francia y en México", *Puño de Hierro*, 10 de febrero de 1938.

73. En 1949 representaba a una pequeña organización, llamada Grupos Socialistas de la República Mexicana, con los cuales se acercó a la embajada de Estados Unidos. A juicio de Patrick Iber, era un antiguo combatiente de la Revolución, ex comunista, "...was one of the best-read Marxists in Mexico", Iber, *Neither Peace nor Freedom. The Cultural Cold War in Latin America*, 87. Cuando fue a la embajada de Estados Unidos pidió información de algunos de los delegados que llegarían al Congreso por la Paz. Distribuyó esa información anticomunista ampliamente y después llegó a transformarse en uno de los principales protagonistas de la Mexican Association for Cultural Freedom. De hecho, el modelo, con un "socialista" impulsando el antiestalinismo, fue adoptado en múltiples ocasiones por la CIA.

Notas a Capítulo VII

1. En los últimos años ha comenzado a desarrollarse una historiografía, especialmente, en las universidades estadounidenses, que ha abandonado esta perspectiva y ha comenzado a explorar las porosidades de la frontera. Ver especialmente John H. Flores, *The Mexican Revolution in Chicago. Immigration Politics from the Early Twentieth Century to the Cold War* (Champaign-Urbana: University of Illinois Press, 2018); Lomnitz, *El regreso del camarada Ricardo Flores Magón*.

2. "Resolución sobre México", 25 de abril de 1938, en RGASPI, fondo 495, reg. 17,

exp. 212, f. 1. Disponible en línea en: http://sovdoc.rusarchives.ru/ Fecha de consulta: 28 de agosto de 2018.

3. Rivera Mir, *Militantes de la izquierda latinoamericana en México*. No es casualidad que mencione a estos tres partidos, ya que según la historiografía fueron los que con mayor ahínco asumieron el browderismo a fines de la década de 1930. Ver Caballero, *La Internacional Comunista y la revolución latinoamericana, 1919-1943*.

4. Podemos comparar su caso, con la experiencia muy diferente de Luis Hernández Solís. Este exiliado venezolano, reconoció que podía aprovechar su presencia en México para "[...] estudiar nuestros problemas y cuando sea oportuno, llevar las enseñanzas del movimiento obrero mexicano a Venezuela", en "Acta del 22 de abril de 1937", en AGN, Fondo Unión Linotipográfica de la República Mexicana, caja 5, exp. libro de actas, f. 699. Se le ofreció empleo de inmediato e incluso voz y voto en las asambleas.

5. "Acta del 17 de junio de 1937", en AGN, Fondo Unión Linotipográfica de la República Mexicana, caja 5, exp. libro de actas, f. 719.

6. Aunque la relación con el comunismo continuó siendo tensa. En 1949 cuando Pablo Neruda se exilie en México, será esta misma agrupación la que se movilice en su contra.

7. Además, es relevante destacar que los discursos de la ULRM, coinciden con las apreciaciones de Drinot sobre el anticomunismo en el movimiento obrero. Su rechazo a los intentos del PCM por controlar su dirección, se encontraba en el centro de las disputas. Ver Drinot, "Creole Anti-Communism: Labor, the Peruvian Communist Party and APRA, 1930-1934", 703-736.

8. "Carta de Victor Russell y Luis Morán, secretario del Departamento de habla española del International Labor Defense, a Rafael Carrillo", San Francisco, 20 de mayo de 1930, en AGN, DGIPS, caja 259, exp. 35, f. 67.

9. Una mirada de largo plazo sobre este proceso en Douglas Monroy, "Fence Cutters, Sedicioso, and First-Class Citizens: Mexican Radicalism in America", en *The Immigrant Left in the United States*, ed. por Paul Buhle y Dan Georgakas (Albany: State University of New York Press, 1996), 11-44; George J. Sanchez, *Becoming Mexican American; Ethnicity, Culture and Identity in Chicano Los Angeles, 1900-1945* (Oxford: Oxford University Press, 1993).

10. "Oficio del Cónsul en San Antonio, Texas, a la Secretaría de Relaciones Exteriores", 5 de julio de 1930, en AGN, DGIPS, caja 259, exp. 35, f. 171. En otro oficio se señalaba que para estas actividades los comunistas contaban con la connivencia de algunos encargados de las aduanas. Ver "Informe de Enrique D. Ruiz, al Secretario de Relaciones Exteriores", sin fecha, en AGN, DGIPS, caja 259, exp. 35, f. 256.

11. Amelia M. Kiddle, *Mexico's Relations with Latin America during the Cárdenas Era* (Albuquerque: University of New Mexico Press, 2016).

12. "Comité Ejecutivo de la Liga de Escritores y Artistas Revolucionarios (LEAR)

a Joseph Freeman, National Secretary of the John Reed Club (JRC)", 22 de enero de 1935, en Colección de Documents of 20th-century Latin American and Latino Art en el International Center for the Arts of the Americas at the Museum of Fine Arts, de Houston, Texas (ICAA), Registro: 800989, f. 1. [Traducción del autor: "Nosotros además planeamos tener un intercambio artístico y literario continuo para estrechar los lazos de una cultura revolucionaria"]

13. "Carta de Juan de la Cabada y Luis Arenal a Bernabé Barrios", 6 de junio de 1935, en Colección de Documents of 20th-century Latin American and Latino Art en el ICAA, registro: 801000, f. 1.

14. Fierros, *Memorial del aventurero. Vida contada de Juan de la Cabada*, 118-119.

15. "Carta de Ramón Pi Jr. a Luis Arenal de la Liga de Escritores y Artistas Revolucionarios (LEAR)", 16 de octubre de 1935, en Colección de Documents of 20th-century Latin American and Latino Art en el ICAA, registro: 801576, f. 1.

16. "Carta de Luis Arenal a Ángel Flores", 14 de junio de 1935, en Colección de Documents of 20th-century Latin American and Latino Art en el ICAA, registro: 801551, f. 1.

17. Fierros, *Memorial del aventurero. Vida contada de Juan de la Cabada*, 117.

18. "Carta del Comité Ejecutivo de la Liga de Escritores y Artistas Revolucionarios a Alan Calmer", 31 de marzo de 1935, en Colección de Documents of 20th-century Latin American and Latino Art en el ICAA, registro: 807356, f. 1.

19. El caso de los muralistas fue quizás el más vistoso de estos éxitos culturales y económicos, pero en ningún caso se redujo a ellos.

20. "Carta de Ben Ossa a Luis Arenal de la Liga de Escritores y Artistas Revolucionarios", 8 de noviembre de 1935, en Colección de Documents of 20th-century Latin American and Latino Art en el ICAA, registro: 801606, f. 1.

21. Ver "Manuscrito autógrafo de Rufino Tamayo, delegado mexicano en el American Artists Congress, a Leopoldo Méndez, miembro de la Liga de Escritores y Artistas Revolucionarios", 4 de abril de 1936, en Colección de Documents of 20th-century Latin American and Latino Art en el ICAA, registro: 801636, 2 fs.

22. "Carta de Nicolás Pizarro Suárez a Juan Bracho, Antonio Pujol y Rufino Tamayo", 8 de junio de 1936, en Colección de Documents of 20th-century Latin American and Latino Art en el ICAA, registro: 801646, f. 1.

23. No todos los integrantes de la LEAR eran militantes comunistas, por lo que aquellos que sí integraban el PCM muchas veces ponían en duda el compromiso político de los no militantes. Las diferencias solían hacerse evidentes en las cartas. "He is not a partisan writer", describía Juan de la Cabada, a Víctor Manuel Villaseñor, pese a su reciente viaje a la URSS. Ver "Carta de Juan de la Cabada a la League of American Writers", 4 de diciembre de 1935, en Colección de Documents of 20th-century Latin American and Latino Art en el ICAA, registro: 801625, f. 1.

24. "Carta de Ramón Pi Jr. a Luis Arenal de la Liga de Escritores y Artistas Revolucionarios (LEAR)", 16 de octubre de 1935, en Colección de Documents of 20th-century Latin American and Latino Art en el ICAA, registro: 801576, f. 1. Al final de su carta se disculpa por sus innumerables errores de ortografía, aunque también señala que finalmente los dos interlocutores hablan el mismo idioma por lo que no debería haber problemas de entendimiento.

25. "Carta de Ramón Pi Jr. a Luis Arenal de la Liga de Escritores y Artistas Revolucionarios (LEAR)", 16 de octubre de 1935, Colección de Documents of 20th-century Latin American and Latino Art en el ICAA, registro: 801576, f. 1.

26. Monroy, "Fence Cutters, Sedicioso, and First-Class Citizens: Mexican Radicalism in America", 11-44

27. Emma Tenayuca y Homer Brooks, "The Mexican Question in the Southwest", *The Communist*, vol. 18, n.° 3 (1939): 257-268.

28. Flores, *The Mexican Revolution in Chicago*, 98.

29. Entre los solicitantes encontramos entre otros a la Sociedad Mutualista Miguel Hidalgo y Costilla, en Chicago, quienes pedían 40 o 50 libros además de mapas para enseñar a sus connacionales. "Carta de Pedro Gutiérrez, presidente de la Sociedad Mutualista Miguel Hidalgo y Costilla al Presidente Lázaro Cárdenas", 17 de mayo de 1936, Chicago, en AGN, Fondo Presidente Lázaro Cárdenas, caja 124, exp. 66

30. Sobre su paso por Estados Unidos, ver sus memorias, Angélica Arenal, *Páginas sueltas con Siqueiros* (México: Grijalbo, 1980).

31. Flores, *The Mexican Revolution in Chicago*, 98.

32. En 1939 una comisión de dirigentes del PC estadounidense, formada por Trachtenberg y Browder, se reunió con Lázaro Cárdenas para conversar sobre las relaciones entre ambos países. Ver "México", 29 de marzo de 1939, en RGASPI, fondo 495, reg. 17, exp. 225. Disponible en línea en: http://sovdoc.rusarchives.ru/ Fecha de consulta: 28 de agosto de 2018. En esta visita también se reunieron con Lombardo Toledano para acordar algunas propuestas editoriales.

33. "Carta de Juan de la Cabada a la League of American Writers", 4 de diciembre de 1935, en Colección de Documents of 20th-century Latin American and Latino Art en el ICAA, registro: 801625, f. 1.

34. Lincove, "Radical Publishing to 'Reach the Million Masses': Alexander L. Trachtenberg and International Publishers, 1906-1966", 85-124.

35. Ver especialmente *Books on Trial, The Case of Alexander Trachtenberg* (New York: The Committee to Defend Alexander Trachtenberg, 1952). Entre los argumentos que se ofrecían para defender al acusado por el macartismo, encontramos precisamente la independencia de International Publishers respecto al PCEU.

36. Ver "Alexander Trachtenberg Papers", en Wisconsin Historical Society, Division of Library, Archives, and Museum Collections, box 2, folder 6.

37. Lincove, "Radical Publishing to 'Reach the Million Masses': Alexander L. Trachtenberg and International Publishers, 1906-1966", 99.

38. El editor se carteaba con librerías suizas, alemanas, argentinas, entre muchas otras, así como con bibliotecas públicas o privadas también en una amplia gama de países. Ver Alexander Trachtenberg Papers, en Wisconsin Historical Society, Division of Library, Archives, and Museum Collections, box 2, folder 7.

39. "Resolución sobre México", 25 de abril de 1938, en RGASPI, fondo 495, reg. 17, exp. 212, f. 7. Disponible en línea en: http://sovdoc.rusarchives.ru/ Fecha de consulta: 28 de agosto de 2018.

40. La relación de Block con México se debió a su matrimonio con María Luisa Cabrera, hija de Luis Cabrera. Entre sus labores en el país, como corresponsal del periódico *New York Post*, pudo entrevistar al líder de los camisas doradas, Nicolás Rodríguez. También fungió en algún momento como representante de la reconocida editorial Alfred E. Knopf. En 1940 montó la Editorial Nuevo Mundo, la que tuvo como marco de funcionamiento la idea del círculo de lectura.

41. "Carta de Harry Blocks a Alexander Trachtenberg", 18 de marzo de 1938, en Archivo Universidad Obrera, Fondo Vicente Lombardo Toledano (FVLT), id. 17874, leg. 313, f. 1.

42. "Carta de Harry Blocks a Alexander Trachtenberg", 6 de abril de 1938, en FVLT, id. 18174, leg. 316.

Notas a Epílogo

1. De Pablo, *La rojería. Esbozos biográficos de comunistas mexicanos*.

2. David Lincove realiza un seguimiento al proceso editorial a nivel internacional de esta publicación. Ver Lincove, "Radical Publishing to 'Reach the Million Masses': Alexander L. Trachtenberg and International Publishers, 1906-1966", 99. También Bouju, "Books for the Revolution: The Publishing Houses of the French Communist Party, 1920-1993", 235. Se publicó en 28 idiomas con un total de 700 mil ejemplares.

3. Sinani, *Las luchas interimperialistas en América del Sur y del Caribe* (Montevideo: EDEYA, 1940).

4. Carlos Rosas, "Distribución de la literatura revolucionaria en el DF", *La voz de México*, 8 de junio de 1939, p. 8.

5. Bataille, *Memorias de un forastero que pronto dejó de serlo*, 84.

6. Ver, por ejemplo, "Cómo estudiaba Lenin", *La voz de México*, 20 de abril de 1939, p. 8 y 10.

7. También podemos consultar *Método para el estudio de la Historia del Partido Comunista (Bolchevique) de la URSS* (México: Editorial Popular, 1939), 1-14.

8. "Sección de Educación Marxista-Leninista", *La voz de México*, 23 de marzo de 1939, p. 8.

9. José Santos Valdés, *La religión y la escuela socialista* (México: sin editorial, 1938), 18. Las páginas mencionadas coinciden con la edición del *Antidühring* realizada por Ediciones Frente Cultural.

10. Ver, por ejemplo, "Escuela Regional Campesina de Ures. Inventarios", 1937, en AGN, Fondo SEP, serie Departamento Administrativo, caja 31578, exp. 23.

11. Jorge Fernández Anaya, "Nuestra lucha por la educación de todos los miembros del PCM", *La voz de México*, 20 de marzo de 1939, p. 6. Ver también "Comisión nacional de educación y literatura. Circular núm. 2, a las comisiones de educación y literatura estatales y seccionales del partido. Respecto a la organización de escuelas del partido", México, 31 de octubre de 1939 en CEMOS, Fondo PCM, caja 13, exp. 8, 4 fojas

12. Esta coyuntura tal vez explica la escasa distribución en México de la "Primera edición americana completa" de *El Capital*, lanzada por Ediciones Frente Cultural en 1939. No hay ejemplares disponibles en los catálogos de las bibliotecas públicas mexicanas consultadas en esta investigación. Sin embargo, un rápido rastreo de ejemplares a través de las páginas web dedicadas a la venta de libros, nos entrega que está disponible en varios países de Sudamérica. Ver Carlos Marx, *El Capital. Crítica de la economía política* (México: Ediciones Frente Cultural, 1939).

13. Esto tuvo relación con el carácter triunfal del proceso, el cual podía leerse también al alero de la interpretación exitosa que el cardenismo daba a la Revolución Mexicana. Por este motivo Ignacio León asociaba los planes de reclutamiento con el uso de este libro como material de formación. Ver "Sobre la actividad del PC de México", 15 de agosto de 1939, en RGASPI, fondo 495, reg. 17, exp. 225. Disponible en línea en: http://sovdoc.rusarchives.ru/ Fecha de consulta: 28 de agosto de 2018.

14. Hernán Laborde, *Para vencer en 1940. Todos a la convención del PRM* (México: Editorial Popular, 1939), 41.

15. *Método para el estudio de la Historia del Partido Comunista (Bolchevique) de la URSS.*

16. Lincove, "Radical Publishing to 'Reach the Million Masses': Alexander L. Trachtenberg and International Publishers, 1906-1966", 103.

17. Comité Central del PC (B) de la URSS, *Historia del Partido Comunista (Bolchevique) de la URSS* (Moscú: Ediciones en Lenguas Extranjeras, 1939), 1. La firma de la dedicatoria no es legible.

18. La entonces dueña del libro firmó algunas páginas, letra y tinta que coincide con las anotaciones que el texto tiene en su interior. Aunque nunca tendremos la certeza absoluta que las marcas son de su propiedad, al menos, nos acercan a esta posibilidad.

19. Este texto relata la participación femenina en la huelga de Río Blanco, uno de los antecedentes de la revolución mexicana. Ver Ana María Hernández, *La mujer mexicana en la industria textil* (México: Biblioteca Universo, 1940). Uno de los ejemplares disponibles en El Colegio de México está dedicado por la autora. La letra también coincide con las anotaciones hechas a la *Historia del Partido Comunista (Bolchevique) de la URSS*.

20. Por ejemplo, en la primera página se escribe: "La liberación de los trabajadores debe ser obra de los trabajadores mismos". Hernández, *La mujer mexicana en la industria textil*, 3. Aunque en la bibliografía de este texto no hay referencias a autores soviéticos, sino que sólo se mencionan a escritores locales enfocados en el movimiento obrero, como Rafael Ramos Pedrueza, Rosendo Salazar o Germán List Arzubide.

21. Comité Central del PC (B) de la URSS, *Historia del Partido Comunista (Bolchevique) de la URSS*, 4.

22. Según Bouju, sólo hasta la década de 1950 aparece la idea de leer por placer en el comunismo. Ver Bouju, "Books for the Revolution: The Publishing Houses of the French Communist Party, 1920-1993".

23. El ejemplar consultado, parte de mi archivo personal, posee en su portada los sellos de la Librería Navarro y de Ediciones Frente Cultural, que actuaban como distribuidores. Lenin, *Dos tácticas (La socialdemocracia en la revolución democrática)* (Madrid: Ediciones Europa-América, 1935).

24. "Vittorio Codovilla, intervención en los trabajos preparatorios para organizar el Congreso Extraordinario del PCM", México, 14 de diciembre de 1939, RGASPI, Fondo 495, reg. 17, exp. 122, en Spenser, *"Unidad a toda costa": La Tercera Internacional en México*, 463.

25. "La verdad sobre el conflicto con la Coop. Artes Gráficas", *La voz de México*, 2 de julio de 1939, p. 6.

26. "Comunistas. Expediente global. 1940-1945", en AGN, DGIPS, caja 20, exp. 1.

27. Ver "Carta abierta al Sr. Presidente de la República", marzo de 1939, en AGN, DGIPS, caja 187, exp. 3, f. 126.

28. "Mújica, Francisco J. Su campaña para ocupar la Presidencia de la República", 1938-1939, en AGN, DGIPS, caja 187, exp. 3, f. 99.

29. "Actas del VII congreso del Partido Comunista de México", enero de 1939, en CEMOS, Fondo PCM, caja 14, exp. 1, p. 238.

30. Campa, *Mi testimonio. Memorias de un comunista mexicano*.

31. Gracias a este tipo de prácticas, Brigitte Studer pudo reconstruir buena parte de la historia de los militantes internacionales que pasaron por la URSS en la década de 1930. Studer, *The Transnational World of the Cominternians*.

32. "Convocatoria a mitin en Teatro Hidalgo", 9 de marzo de 1940, en AGN, DGIPS, caja 20, exp. 1, f. 20.

33. Dionisio Encina, *¡Fuera el imperialismo y sus agentes!* (México: Editorial Popular, 1940); Andrés García Salgado, *¡Fuera los enemigos del pueblo de las filas revolucionarias!* (México: Editorial Popular, 1940).

34. Partido Comunista Mexicano, *Resolución sobre el primer punto de la orden del día del primer congreso nacional extraordinario del partido comunista de México (sección de la internacional comunista)* (México: Editorial Popular, 1940), 25.

35. "Funciones de las editoriales. La Editorial Popular", *El comunista. Revista mensual teórica del Partido Comunista de México*, México DF, año I, n.° 1, mayo de 1938, p. 57.

REFERENCIAS

Archivos

Archivo Centro de Estudios del Movimiento Obrero y Socialista — Fondo Partido Comunista de México.

Archivo General de la Nación — Fondo Dirección General de Investigaciones Políticas y Sociales; Fondo Secretaría de Educación Pública; Fondo Presidente Lázaro Cárdenas; Fondo Unión Linotipográfica de la República Mexicana.

Archivo de la Universidad Obrera de México — Fondo Vicente Lombardo Toledano.

Archivo Histórico Biblioteca Escuela Nacional de Antropología e Historia — Fondo Luis Eduardo Enríquez Cabrera.

Archivo Histórico de Durango.

Archivo Histórico Genaro Estrada de la Secretaría de Relaciones Exteriores de México.

Archivo Histórico del Ministerio de Relaciones Exteriores de Chile — Fondo Histórico.

Archivo Estatal Ruso de la Historia Social y Política.

Archivo Manuel Gómez Morín.

International Center for the Arts of the Americas at the Museum of Fine Arts, Houston, Texas— Documents of 20th-century Latin American and Latino Art.

Wisconsin Historical Society — Alexander Trachtenberg Papers.

Periódicos y revistas

Acción Social, México DF.

A la defensa, México DF.

Boletín de Bandera Roja, México DF.

Boletín de El Machete, México DF.

El activista. Boletín de Organización del CC de la FJCM, México DF.

El comunista. Revista mensual teórica del Partido Comunista de México, México DF.

El dictamen, Veracruz.

El Libro y el Pueblo, México DF.

El Nacional, México DF.

El Machete, México DF.

El Universal, México DF.

Excelsior, México DF.

Frente a Frente, México DF.

Futuro, México DF, 1936-1940.

La voz de México, México DF.

Lectura. Revista crítica de ideas y libros, México DF.

Puño de hierro, México DF.

Revista de la Universidad, México DF.

Soviet, México DF.

The Communist, Estados Unidos.

UO. Revista de cultura moderna, México DF.

Vida. Revista de orientación, México DF.

Bibliografía

Abajo el Standard: la vida y las luchas del proletariado de los frigoríficos. Montevideo: Cosinlatam, 1930.

Acción Cívica Nacional. *Malos resultados del socialismo y el comunismo*. México: Acción Cívica Nacional, 1937.

Acosta Saignes, Miguel. *Latifundio*. Caracas: Fundación editorial el perro y la rana, 2009 [segunda edición].

Aguirre, Carlos. "Cultura política de izquierda y cultura impresa en el Perú contemporáneo (1968-1990): Alberto Flores Galindo y la formación de un intelectual público". En *Militantes, intelectuales y revolucionarios. Ensayos sobre marxismo e izquierda en América Latina*, editado por Carlos Aguirre, 298-327. Raleigh, NC: Editorial A Contracorriente, 2013.

"Cultura política de izquierda y cultura impresa en el Perú contemporáneo (1968-1990): Alberto Flores Galindo y la formación de un intelectual público". *Histórica*, vol. XXXI, n.° 1 (2007): 171-204.

Almeyda, Clodomiro. *Reencuentro con mi vida*. Guadalajara: Universidad de Guadalajara, 1988.

Álvarez Lara, Felipe. *Campaña Antibolcheviky, cuaderno 1°*. Guadalajara: sin pie de imprenta, 1923.

Análisis Económico. Órgano de la C. Técnica del PCM. México: Ediciones encuadernables de *La voz de México*, 1939.

Anguiano, Arturo, Guadalupe Pacheco Méndez y Rogelio Vizcaíno. *Cárdenas y la izquierda mexicana. Ensayo, testimonio, documentos*. México: Juan Pablos Editor, 1975.

Archila, Mauricio. "La otra opinión: la prensa obrera en Colombia 1920-1934". *Anuario Colombiano de Historia Social y de la Cultura*, vol. 13-14 (1986): 209-237.

Arenal, Angélica. *Páginas sueltas con Siqueiros*. México: Grijalbo, 1980.

Aricó, José. *La cola del diablo. Itinerario de Gramsci en América Latina*. Buenos Aires: Siglo XXI Editores, 2005.

———. *Marx y América Latina*. Buenos Aires: Fondo de Cultura Económica, 2010.

Aznar Soler, Manuel, ed. *Escritores, editoriales y revistas del exilio republicano de 1939*. Sevilla: Editorial Renacimiento-Universidad Autónoma de Barcelona, 2006.

El exilio literario español de 1939. Actas del primer Congreso Internacional, Bellaterra, 27 de noviembre-1 de diciembre de 1995, volumen 1, Cop d'Idees, 1998.

Azpúrua, Miguel. *El último general. Vida y obra revolucionaria del Dr. Gustavo Machado M*. Barquisimeto: Horizonte, 1999.

Azuela, Mariano. *Epistolario y archivo*. México: Universidad Nacional Autónoma de México, 1991.

Baby, Jean. *El materialismo histórico*. México: Ediciones de la Lear, 1935.

Bálsamo del Perú. Publicaciones de la Sociedad Curativa de América del Sur, sin fecha ni ciudad.

Bar-Lewaw, Itzhak. "La revista *Timón* y la colaboración nazi de José Vasconcelos". En *Actas del Cuarto Congreso de la Asociación Internacional de Hispanistas*. Salamanca: Universidad de Salamanca, 1982, 151-156.

Barrios, Elías. *El escuadrón del hierro*. México: Editorial Cultura Popular, 1978.

———. *El escuadrón de hierro. Páginas de historia sindical*. México: Editorial Popular, 1938.

———. *El movimiento obrero nacional hacia el frente único*. México: 1926, sin pie de imprenta.

Bataille, León. *Memorias de un forastero que pronto dejó de serlo (México: 1931-1946)*. México: El Día en Libros, 1987.

Bebel, Augusto. *La mujer en el pasado, en el presente y en el porvenir*. México: Editorial América, 1938.

Beigel, Fernanda. *La epopeya de una generación y una revista. Las redes editoriales de José Carlos Mariátegui en América Latina*. Buenos Aires: Editorial Biblos, 2006.

Bello, Kenya y Marina Garone, eds. *El libro multiplicado. Historia de la edición en México durante el siglo XX*. México: en prensa.

Benjamin, Walter. "La tarea del traductor". En Benjamin, Walter. *Obras*. libro IV, vol. I, Madrid: Abada Editores, 2010.

Bergel, Martín. "Populismo y cultura impresa: la clandestinidad literaria en los años de formación del Partido Aprista Peruano". *Ipotesi. Revista de estudos literários*, vol. 17, n.° 2 (julio-diciembre de 2013): 135-146.

Books on Trial, The Case of Alexander Trachtenberg. New York: The Committee to Defend Alexander Trachtenberg, 1952.

Bouju, Marie-Cécile. "Books for the Revolution: The Publishing Houses of the French Communist Party, 1920-1993". *Script & Print*, Vol. 36, n.° 4, (noviembre 2012): 230-242.

———. "L'Historie dans la culture militante communiste en France, 1921-1939". *Cahiers du CRHQ*, (2012): 1-23.

Browder, Earl. *Quienes se benefician con la guerra*. México: Editorial Popular, 1939.

Bujarin, Nicolás. *El ABC del comunismo*. México: Ediciones Frente Cultural, sin fecha.

———. *El capital bajo el manto del Papa*. México: Editorial América, 1937

Caballero, Manuel. *El discurso del desorden*. Caracas: Alfadil Ediciones, 1987.

———. *La Internacional Comunista y la revolución latinoamericana, 1919-1943*. Caracas: Editorial Nueva Sociedad, 1998.

———. "La biblioteca del militante comunista a comienzos de los años 30". En *Primer Congreso del Pensamiento Político Latinoamericano*, tomo II, vol. VI-A, 9-22. Caracas: Ediciones del Bicentenario del Natalicio del Libertador Simón Bolívar, 1984.

Cabrera, Luis. *Un ensayo comunista en México*. México: Editorial Polis, 1937.

Camarero, Hernán. "La estrategia de *clase contra clase* y sus efectos en la proletarización del Partido Comunista Argentino, 1928-1935". *Pacarina del Sur. Revista del pensamiento crítico latinoamericano*, 2 (2011). Disponible en: http://www .pacarinadelsur.com/home/oleajes/295-la-estrategia-de-clase-contra-clase-y -sus-efectos-en-la-proletarizacion-del-partido-comunista-argentino-1928-1935. Acceso 8 de diciembre de 2015.

———. *A la conquista de la clase obrera. Los comunistas y el mundo del trabajo en la Argentina, 1920-1935*. Buenos Aires: Siglo XXI Editora Iberoamericana, 2007.

Campa, Valentín S. *Mi testimonio. Memorias de un comunista mexicano*. México: Ediciones de Cultura Popular, 1978.

Cancionero popular. El ingenio del pueblo al servicio del pueblo. Santiago: Editorial Antares, 1938.

Cane, James. "Unity for the Defense of Culture: The AIAPE and the Cultural Politics of Argentine Antifascism, 1935-1943". *The Hispanic American Historical Review*, vol. 77, n.° 3 (agosto 1997): 443-482.

Cano Andaluz, Aurora. "El Machete ilegal: un instrumento y una perspectiva frente a la problemática mexicana (1929-1934)". Tesis de licenciatura en Sociología. Facultad de Ciencias Políticas y Sociales, UNAM, México, 1981.

Carr, Barry. *La izquierda mexicana a través del siglo XX*. México: Era, 1996.

———. *Marxism and Communism in Twentieth-Century Mexico*. Lincoln: University of Nebraska Press, 1992.

———. "The Mexican Communist Party and Agrarian Mobilization in the Laguna, 1920-1940: A Worker-Peasant Alliance?". *The Hispanic American Historical Review*, vol. 67, n° 3 (1987): 371-404.

Casals Araya, Marcelo. *La creación de la amenaza roja. Del surgimiento del anticomunismo en Chile a la "campaña del terror" de 1964*. Santiago: LOM, 2016.

Cedro, Juliana. "El negocio de la edición. Claridad 1922-1937". Ponencia presentada en el Primer Coloquio Argentino de Estudios sobre el Libro y la Edición, La Plata 2012.

Cervantes López, Francisco. "Dos palabras". En Nicolás Lenin. *El imperialismo, última etapa del capitalismo*. México: Editorial Marxista, 1930.

Civera Cerecedo, Alicia. *La escuela como opción de vida. La formación de los maestros normalistas rurales en México, 1921-1945*. Zinacantepec, Estado de México: El Colegio Mexiquense-Gobierno del Estado de México, 2013.

Cobo Borda, Juan Gustavo, ed. *Historia de las empresas editoriales de América Latina. Siglo XX*. Bogotá: CERLALC, 2000.

Codovilla, Victorio. *¿Qué es el Tercer período?* Montevideo: Justicia, 1930.

Comisión de agitación y propaganda del Partido Comunista. Sección Chilena de la Internacional Comunista. *Plan de estudios de un curso de capacitación*. Santiago: Talleres gráficos Gutenberg, 1933.

Comité Central del PC (B) de la URSS. *Historia del Partido Comunista (Bolchevique) de la URSS*. Moscú: Ediciones en Lenguas Extranjeras, 1939.

Concheiro, Elvira, Massimo Modonesi y Horacio Crespo, coords. *El comunismo: otras miradas desde América Latina*. México: Universidad Nacional Autónoma de México, 2007.

Córdova Iturburu, Cayetano. *España bajo el comando del pueblo*. Buenos Aires: Ediciones FOARE, 1938.

Cornu, August. *Karl Marx: el hombre y la obra. Del Hegelianismo al materialismo histórico (1818-1845)*. México: Editorial América, 1938.

Correa, Eduardo. *La comunista de los ojos cafés*. México: editorial particular, 1933.

Corvalán, Luis. *De lo vivido y lo peleado. Memorias*. Santiago: LOM Ediciones, 1997.

Cosío Villegas, Daniel. "La industria editorial y la cultura". En *Daniel Cosío Villegas. Imprenta y vida pública* editado por Gabriel Zaid. México: Fondo de Cultura Económica, 1985.

Cossío del Pomar, Felipe. *Haya de la Torre, el indoamericano*. México: Editorial América, 1939.

Crespo, Horacio. "El comunismo mexicano en 1929: el giro a la izquierda". En *El comunismo: otras miradas desde América Latina*, coordinado por Elvira Concheiro, Massimo Modonesi y Horacio Crespo, 559-586. México: Universidad Nacional Autónoma de México, 2007.

Cuadros Caldas, Julio. *México Soviet*. Puebla: Santiago Loyo Editor, 1926.

Cueva Tazzer, Lourdes. "Textos y prácticas de mujeres comunistas en México, 1919-1934". Tesis de doctorado en Humanidades, Universidad Autónoma Metropolitana-Unidad Iztapalapa, México, 2009.

Cuvillier, Armand. *Introducción a la sociología*. México: Editorial América, 1938.

Chartier, Roger. *El orden de los libros. Lectores, autores y bibliotecas en Europa entre los siglos XIV y XVIII*. Barcelona: Gedisa,1994.

Darnton, Robert. *Edición y subversión. Literatura clandestina en el Antiguo Régimen*. México: Turner — Fondo de Cultura Económica, 2003.

———. "Leer, escribir, publicar". En *Edición y subversión. Literatura clandestina en el Antiguo Régimen*. México: Turner-Fondo de Cultura Económica, 2003.

De Pablo, Óscar. *El capitán Sangrefría. Conversación con el fantasma de Rosendo Gómez Lorenzo*. México: Para Leer en Libertad A.C., 2015.

———. *La rojería. Esbozos biográficos de comunistas mexicanos*. México: Debate, 2018.

Debray, Régis. "El socialismo y la imprenta. Un ciclo vital". *New Left Review*, n.º 46 (2007): 5-26.

Del Castillo Troncoso, Alberto. "Alfonso Teja Zabre y Rafael Ramos Pedrueza, dos interpretaciones marxistas en la década de los treinta". *Iztapalapa: Revista de Ciencias Sociales y Humanidades*, n.º 51 (2001): 225-238.

Devés Valdés, Eduardo y Carlos Díaz. *El pensamiento socialista en Chile. Antología 1893-1933*. Santiago: Ediciones Documentas-Nuestra América y América Latina Libros, 1987.

Deutscher, Isaac. "La conciencia de los ex comunistas". *Revista de Economía Institucional*, vol. 7, n.º 13 (2005): 279-290.

Díaz Arciniega, Víctor. *Historia de la casa. Fondo de Cultura Económica (1934-1996)*. México: Fondo de Cultura Económica, 1996.

Dimitrof, Georges. *La unidad de la clase obrera en la lucha contra el fascismo*. México: Ediciones Frente Cultural, 1936.

¡Frente popular en todo el mundo! Barcelona-París-Nueva York: Ediciones Sociales Internacionales, 1935.

Doulliet, José. *Así es Moscú*. Madrid: Editorial Razón y Fe, 1936.

Drinot, Paulo. "Creole Anti-Communism: Labor, the Peruvian Communist Party and APRA, 1930-1934". *Hispanic American Historical Review*, vol. 92, n.° 4 (2012): 703-736.

———. "Hegemony from Below: Print Workers, the State and the Communist Party in Peru, 1920-40". En *Counterhegemony in the Colony and Postcolony*, John Chalcraft y Yaseen Noorani (eds.). Nueva York: Palgrave Macmillan, 2007, 204-227.

Dujovne, Alejandro. *Una historia del libro judío. La cultura judía argentina a través de sus editores, libreros, traductores, imprentas y bibliotecas*. Buenos Aires: Siglo XXI Editores, 2014.

Editorial México Nuevo. Invitación a los escritores y artistas mexicanos. sin pie de imprenta.

El Machete ilegal, 1929-1934. Colección Fuentes para el estudio de la Historia del Movimiento Obrero Mexicano, Benemérita Universidad Autónoma de Puebla: Puebla, 1975.

En defensa de la revolución. Santiago: Editorial Luis E. Recabarren, 1933.

Encina, Dionisio. *¡Fuera el imperialismo y sus agentes!* México: Editorial Popular, 1940.

Engels, F. *Origen de la familia, de la propiedad privada y del Estado*. México: Ediciones Frente Cultural, sin fecha.

Enríquez Perea, Alberto, ed. *Alfonso Reyes y el llanto de España en Buenos Aires, 1936-1937*. México: El Colegio de México — Secretaría de Relaciones Exteriores, 1998.

Entrevista Stalin—H.G. Wells. México: Ediciones de la LEAR, 1935.

Estrada, Genaro. *Memoria de la Secretaría de Relaciones Exteriores de México de 1930*. México: Secretaría de Relaciones Exteriores, 1931

Estrella, Alejandro. "El exilio y la filosofía marxista. El caso de Wenceslao Roces". En *Camaradas. Nueva historia del comunismo en México* coordinado por Illades, Carlos, 205-236. México: Secretaría de Cultura-Fondo de Cultura Económica, 2017.

Etchebéhère, Mika. *Mi guerra en España*. Buenos Aires: Eudeba, 2015.

Fernández Padilla, Julio. "Concepto del materialismo dialéctico". Tesis de Licenciatura en Derecho. UNAM-Facultad de Derecho, 1939.

Fierros, Gustavo. *Memorial del aventurero. Vida contada de Juan de la Cabada*. México: Conaculta, 2001.

Figueroa Ibarra, Carlos. "Marxismo, sociedad y movimiento sindical en Guatemala". *Anuario de Estudios Centroamericanos*, vol. 16, n.° 1 (1990): 57-86.

Flores, Carlos M. *Gómez, patriarca del crimen. El terror y el trabajo forzado en Venezuela*. Caracas: Editorial Ateneo de Caracas, 1980 [primera edición Colombia, 1933].

Flores, John H. *The Mexican Revolution in Chicago. Immigration Politics from the Early Twentieth Century to the Cold War*. Chicago: University of Illinois Press, 2018.

Frente Popular Antimperialista. *Primer congreso nacional del Frente Popular Antimperialista*. México: sin editorial, 1936.

Fuentes, Víctor. *La marcha al pueblo en las letras españolas 1917-1936*. Madrid: Ediciones de la Torre, 2006.

Fuentes Morúa, Jorge. *José Revueltas. Una biografía intelectual*. México: UAM Iztapalapa — Miguel Ángel Porrúa, 2001.

Gachie, Maryse. "La diffusion du marxisme au Mexique à travers la revue *Futuro* (1933-1939)". *América-Cahiers du CRICCAL*, n.° 4-5 (1990): 151-164.

Galeana, Benita. *Benita*. México: Lince editores, 1990.

Gall, Olivia. "Un solo visado en el planeta para León Trotsky". En *México, país refugio. La experiencia de los exilios en el siglo XX*, coordinado por Pablo Yankelevich, 63-90. México: Conaculta-Plaza y Valdés, 2002.

García Salgado, Andrés. *¡Fuera los enemigos del pueblo de las filas revolucionarias!* México: Editorial Popular, 1940.

García Treviño, Rodrigo. "El desarrollo burgués de México y el proletariado". *Futuro*, n.° 11, tercera época, (enero de 1937): 25-28.

———. "El problema henequenero de Yucatán". Conferencia pronunciada en la ciudad de Mérida, Yucatán, 18 de julio de 1937, copia mimeografiada.

———. "Advertencia final". En *Principios de economía política*, L. Segal, 407. México: Editorial América, 1938.

———. "El Frente Popular en Francia y en México". *Puño de Hierro*, 10 de febrero de 1938.

———. comp. *El materialismo histórico, según los grandes marxistas y antimarxistas*. México: Editorial América, 1938.

———. *El Pacto de Múnich y la Tercera Internacional*. México: Ediciones de la Sociedad de Estudiantes Marxistas de la Escuela Nacional de Economía, 1938.

———. "La dialéctica de la revolución en la época del Imperialismo". En *La dialéctica materialista*, V. Adoratsky, 56-62. México: Ediciones Frente Cultural, 1938.

Garciadiego, Javier. *El Fondo, La Casa y la introducción del pensamiento moderno y universal*. México: Fondo de Cultura Económica, 2016.

———. "La oposición conservadora y de las clases medias al cardenismo". *Istor*, año VII, n.° 25 (2006): 30-49.

———. "Vasconcelos y los libros". En *Autores, editoriales, instituciones y libros. Es-*

tudios de historia intelectual, Javier Garciadiego. México: El Colegio de México, 2015.

Garay Molina, Claudia. "En busca de un libro de texto: el caso de Simiente". En *Encauzar la mirada. Arquitectura, pedagogía e imágenes en México, 1920-1950*, coordinado por Renato González Melo y Deborah Dorotinsky Alperstein, 109-144. México: UNAM-Instituto de Investigaciones Estéticas, 2010.

Garmy, R. *Orígenes del capitalismo y de los sindicatos*. México: Editorial América, 1938.

Garone Gravier, Marina. "El trazo de los pinceles: el dibujo de la letra en el diseño gráfico mexicano de la primera mitad del siglo XX". *Monográfica.org. Revista temática de diseño*, vol. 4 (2012).

Geoffroy Rivas, Pedro. *El surco de la estirpe. Poesía completa*. Estudio introductorio y recopilación Rafael Lara Martínez. San Salvador: Dirección de publicaciones e impresos, 2008.

———. "Teoría marxista del Estado". Tesis de Licenciatura en Derecho. UNAM-Facultad de Derecho, 1937.

Giménez Siles, Rafael. *Rafael Giménez Siles. Editor, librero e impresor. Guión autobiográfico profesional*. México: sin editorial, 1978.

Gojman, Alicia. *La acción revolucionaria mexicanista: los camisas doradas, 1934-1940*. México: Fondo de Cultura Económica, 1998.

Gómez, Mayte. *El largo viaje. Política y cultura en la evolución del Partido Comunista de España, 1920-1939*. Madrid: Ediciones de la Torre, 2015.

Gómez García, Juan Guillermo. *Cultura intelectual de resistencia (Contribución a la historia del libro de izquierda en Medellín de los años setenta)*. Medellín: Ediciones Desde Abajo-Colciencias-Universidad de Antioquia, 2005.

Gondi, Ovidio. *La hispanidad franquista al servicio de Hitler*. México: Editorial Diógenes, 1979.

González Franco, Francisco. *La farsa. Comedia anticomunista en tres actos*. México: sin editorial, 1939.

González Marín, Silvia. *Prensa y poder político: la elección presidencial de 1940 en la prensa mexicana*. México, Siglo XXI, 2006.

González Moreno, Roberto. "Medio siglo de industria editorial y lectura en México: 1900-1950". Tesis de Maestría. Facultad de Filosofía y Letras-UNAM, México, 2007.

Guisa y Azevedo, Jesús. *Ayer, hoy y mañana*. México: Editorial Polis, 1941.

Gurrión, Heliodoro. "El marxismo ortodoxo en la nación del Estado". Tesis de Licenciatura. Facultad de Derecho-UNAM, 1931.

Gutiérrez, Leandro y Luis Alberto Romero. "Una empresa cultural: los libros baratos". En Leandro Gutiérrez y Luis Alberto Romero. *Sectores populares, cultura y política*. Buenos Aires: Siglo XXI Editores, 2007.

Halley Mora, Mario. *Yo anduve por aquí*. Asunción: La gran enciclopedia de la cultura paraguaya, 2003.

Henry, Lucién. *Los orígenes de la religión*. México: Ediciones Frente Cultural, 1937.

Hernández Toledo, Sebastián. "Apristas en Chile: circuitos intelectuales y redes políticas durante los años 1930". *Revista de Historia y Geografía*, n.° 31 (2014): 77-94.

———. "La persistencia del exilio. Redes político-intelectuales de los apristas en chile (1922-1945)" (Tesis de doctorado, El Colegio de México, México, 2020).

Herrera González, Patricio. "Vicente Lombardo Toledano y la unidad obrera continental: colaboraciones y conflictos del PCM y la Profintern, 1927-1938". En *Camaradas. Nueva historia del comunismo en México*, coordinado por Carlos Illades, 96-134. México: Fondo de Cultura Económica — Secretaría de Cultura, 2017.

Herrera Zamorano, Luis Mariano. "La producción de libros en México a través de cuatro editoriales (1933-1950)". Tesis de Maestría. Facultad de Filosofía y Letras, UNAM, México, 2014.

Ibarra, Hernán, sel. *El pensamiento de la izquierda comunista (1928-1961)*. Quito: Ministerio de Coordinación de la Política y Gobiernos Autónomos Descentralizados, 2013.

Ibarra, Leoncio. *Danny, el sobrino del Tío Sam (Biopsia de un cínico)*. México: sin editorial, 1974.

Iber, Patrick. *Neither Peace nor Freedom. The Cultural Cold War in Latin America*. Cambridge, MA/Londres: Harvard University Press, 2015.

Illades, Carlos. coord. *Camaradas. Nueva historia del comunismo en México*. México: Secretaría de Cultura-Fondo de Cultura Económica, 2017.

———. *El marxismo en México. Una historia intelectual*. México: Editorial Taurus, 2018.

———. *Hacia la república del trabajo: la organización artesanal en la Ciudad de México, 1853-1876*. México: El Colegio de México, 1996.

———. *La inteligencia rebelde. La izquierda en el debate público en México. 1968-1989*. México: Océano, 2011.

———. *Las otras ideas. El primer socialismo en México 1850-1935*. México: Universidad Autónoma Metropolitana-Ediciones Era, 2008.

———. *Rhodakanaty y la formación del pensamiento socialista en México*. México: Anthropos-Universidad Autónoma Metropolitana, 2002.

Investigation of Un-American Propaganda Activities in The United States, vol. 7. Washington: Gobernment Printing Office, 1940, 4863-4939.

Irazábal, Carlos. *Hacia la democracia*. México: Editorial Morelos, 1939.

Islas García, Luis. *Organización y propaganda comunista*. México: Editorial Proa, 1932.

Istrati, Panait. *Rusia al desnudo*. Madrid: Editorial Cenit, 1930.

Jeifets, Lazar y Víctor Jeifets. *América Latina en la Internacional Comunista, 1919-1943. Diccionario Biográfico*. Moscú: Instituto de Latinoamérica de la Academia de las Ciencias, 2004.

———. "La alianza que terminó en ruptura: el PCM en la década de 1920". En *Camaradas. Nueva historia del comunismo en México*, coordinado por Carlos Illades, 72-95. México: Secretaría de Cultura-Fondo de Cultura Económica, 2017.

Jiménez Barrios, Rodolfo. *Acción de las masas estudiantiles en Centroamérica*. México: Ediciones Frente Cultural, 1935.

Kautsky, Karl. *El cristianismo. Orígenes y fundamentos*. México: Ediciones Frente Cultural, 1939.

Kelley, Frances Clement. *México, el país de los altares ensangrentados*. México: Editorial Polis, 1939

Kersffeld, Daniel. *Contra el imperio. Historia de la Liga Antimperialista de las Américas*. México: Siglo XXI Editores, 2012.

———. *Rusos y rojos. Judíos comunistas en los tiempos de la Comintern*. Buenos Aires: Capital Intelectual, 2012.

Kiddle, Amelia M. *Mexico's Relations with Latin America during the Cárdenas Era*. Albuquerque: University of New Mexico Press, 2016.

Kohan, Néstor. *De Ingenieros al Che. Ensayos sobre el marxismo argentino y latinoamericano*. La Habana: Instituto Cubano de Investigación Cultural Juan Marinello, 2008.

Kudaibergen, Jania. "Las editoriales cartoneras y los procesos de empoderamiento en la industria creativa mexicana". *Cuadernos Americanos*, vol. 2, n.º 152 (2015): 127-146.

———. *La lucha por el leninismo en América*. Montevideo: Bureau Sudamericano de la Internacional Comunista, 1932.

Laborde, Hernán. *El enemigo es Almazán*. México: Editorial Popular, 1940.

———. *Luis Cabrera, traidor a Yucatán y a México*. Mérida: sin pie de imprenta, 1938.

———. *Por la unidad hacia la liberación del pueblo mexicano*. México: Editorial Popular, 1937.

———. *Para vencer en 1940. Todos a la convención del PRM*. México: Editorial Popular, 1939.

———. *Unidad a toda costa*. México: Editorial Popular, 1937.

———. *¡Unidos!* México: Editorial Popular, 1939.

Larraz, Fernando. *Una historia transatlántica del libro: relaciones editoriales entre España y América Latina (1936-1950)*. Gijón, Asturias: Editorial Trea, 2010.

Lear, John. "La revolución en blanco, negro y rojo: arte, política y obreros en los inicios del periódico *El Machete*". *Signos Históricos*, n.° 18 (julio-diciembre, 2007): 108-147.

———. *Picturing the Proletariat. Artists and Labor in Revolutionary Mexico, 1908-1940*. Austin: University of Texas Press, 2017.

Lehm Ardaya, Zulema y Silvia Rivera Cusicanqui. *Los artesanos libertarios y la ética del trabajo*. La Paz: Abya Yala, 2013.

Leibner, Gerardo. *Camaradas y compañeros. Una historia política y social de los comunistas del Uruguay*. Tomo I. Montevideo: Trilce, 2011.

Lenin, Vladimir Illich. *Dos tácticas (La socialdemocracia en la revolución democrática)*. Madrid: Ediciones Europa-América, 1935.

———. *El imperialismo, última etapa del capitalismo*. Buenos Aires: Los Pensadores, 1922.

———. *El imperialismo, última etapa del capitalismo*. México: Editorial Marxista, 1930.

———. *La guerra y la humanidad. Para la liberación de los pueblos coloniales y semicoloniales*. México: Ediciones Frente Cultural, Colección Daniel, 1939.

———. *Los socialistas y la guerra*. México: Editorial América, 1939.

———. *Páginas escogidas. La campaña por el programa, la táctica y la organización del partido (1895-1904)*. París: Impr. Union, 1931.

———. *Sobre la cooperación*. México: Ediciones Sociales, 1939.

León, Samuel e Ignacio Marván. *La clase obrera en la historia de México. En el cardenismo (1934-1940)*. México: Siglo XXI Editores, 1985.

Leontiev, A. *Economía política (curso para principiantes). La economía y el imperialismo en las colonias*. México: Ediciones Frente Cultural, ¿1937?

Lincove, David A. "Radical Publishing to 'Reach the Million Masses': Alexander L. Trachtenberg and International Publishers, 1906-1966". *Left History*, vol. 1, n.° 1 (2004): 85-124.

Loaiza, Gilberto. *Poder letrado. Ensayos sobre historia intelectual de Colombia, siglos XIX y XX*. Cali: Universidad del Valle, 2014.

Lombardo Torrescano, Pedro. *Cedillo no es un traidor a la Revolución*. México: Publicaciones del Partido Comunista de México [apócrifo], 1938.

Lomnitz, Claudio. *El regreso del camarada Ricardo Flores Magón*. México: Ediciones Era, 2016.

López Cantera, Mercedes F. "El anticomunismo argentino entre 1930-1943. Los orígenes de la construcción de un enemigo". *The International Newsletter of Communist Studies* XXII/XXIII, n.° 29-30 (20156-2017): 71-80.

Lora, Guillermo. *Historia del movimiento obrero boliviano, 1923-1933*. La Paz: Editorial Los Amigos del Libro, 1970.

Lorini, Irma. *El movimiento socialista "embrionario" en Bolivia, 1920-1939*. La Paz: Los amigos del Libro, 1994.

Loyo, Engracia. "La difusión del marxismo y la educación socialista en México, 1930-1940". En *Cincuenta años de Historia en México. En el cincuentenario del Centro de Estudios Históricos*, tomo II, coordinado por Alicia Hernández Chávez y Manuel Miño. México: El Colegio de México, 1991. 165-181.

Loyo, Martha. "El Partido Revolucionario Anti Comunista en las elecciones de 1940". *Estudios de Historia Moderna y Contemporánea de México*, n.° 23 (2002): 145-178.

Loyola, Manuel. "Edición y revolución a comienzos de la década de 1930 en Chile". *Mapocho*, n.° 76 (2014): 197-218.

———. "Lecturas rojas: libros y folletos comunistas en Chile, 1920-1935". Ponencia presentada en el IV Congreso Internacional Ciencias, Tecnologías y Culturas, Universidad de Santiago de Chile, octubre de 2015.

MacGee Deutsch, Sandra. *Las derechas. La extrema derecha en Argentina, Brasil y Chile, 1890-1939*. Bernal: Universidad de Quilmes, 2005.

Mac Gregor Campuzano Javier. "Bandera Roja: órgano comunista de información político-electoral, 1934". *Signos Históricos*, n.° 9 (enero-junio, 2003): 101-122.

———. "Comunistas en las Islas Marías, julio-diciembre de 1932". *Signos Históricos*, n.° 8 (julio-diciembre, 2002): 139-150.

Manuilski, D. *Frente Único Internacional Obrero, derrota del fachismo*. México, Editorial Popular, 1939.

Martínez Assad, Carlos, coord. *El camino de la rebelión del General Saturnino Cedillo*. México: Océano, 2010.

Martínez de la Torre, Ricardo. *Por el servicio colectivo. Páginas antiapristas*. Lima: Ediciones de Frente, 1934.

Martínez Verdugo, Arnoldo. *Partido Comunista Mexicano: trayectorias y perspectivas*. México: Fondo de Cultura Popular, 1971.

Marx, Carlos. *Economía política y filosofía*. México: Editorial América, 1938.

———. *El Capital. Crítica de la economía política*. México: Ediciones Frente Cultural, 1939.

Marx, Karl y Federico Engels. *Sobre la literatura y el arte*. México: Editorial Masas, 1938.

Medin, Tzvi. *El minimato presidencial: historia política del maximato (1928-1935)*. México: Editorial Era, 2003.

Medina, M., L. Caballero y F. Martínez. *Aspectos fundamentales de la teoría de la traducción*. La Habana: Editorial Félix Varela, 2008.

Mejía Madrid, Fabrizio. "Las 4 resurrecciones de José Revueltas". En VV. AA. *Más revueltas. Cinco aproximaciones a la vida de Pepe*, 13-28. México: Brigada para leer en libertad — Rosa Luxemburg Stiftung, 2018.

Melgar Bao, Ricardo. "Cominternismo intelectual: representaciones, redes y prácticas político-culturales en América Central, 1921-1933". *Revista Complutense de Historia de América*, vol. 35 (2009): 135-159.

————. "El machete: palabras, imágenes y símbolos rojos en México (1924-1938)". En *Redes políticas y militancias. La historia política está de vuelta*, editado por Olga Ulianova, 107-144. Santiago: Ariadna-USACH, sin fecha.

————. *La prensa militante en América Latina y la Internacional Comunista*. México: Instituto Nacional de Antropología e Historia, 2015.

————. *Redes e imaginario del exilio en México y América Latina: 1934-1940*. Buenos Aires: Libros en Red, 2003.

Memoria del Departamento Autónomo de Prensa y Publicidad. México: DAPP, 1938.

Menéndez, Miguel Ángel. *Respuesta a Luis Cabrera*. México: Nuevo México, 1938.

Método para el estudio de la Historia del Partido Comunista (Bolchevique) de la URSS. México: Editorial Popular, 1939.

Midori Deaecto, Marisa y Jean-Yves Mollier. *Edição e Revolução: Leituras Comunistas no Brasil e na França*. Brasil: Ateliê Editorial-Editora UFMG, 2013.

Mistral, Gabriela. "La reforma educacional en México". En *Magisterio y niño* coordinado por Roque Esteban Scarpa. Santiago: Editorial Andrés Bello, 1979.

Molina Jiménez, Iván. "Los comunistas como empresarios. La gestión del periódico Trabajo, Costa Rica (1931-1948)". *Revista de Historia de América*, n.° 140 (enero-junio 2009): 111-136.

————. "Los comunistas y la publicidad en Costa Rica: El caso del periódico Trabajo (1937-1948)". *Secuencia*, n.° 77 (2010): 61-87.

————. "Los materiales impresos comercializados por el Partido Comunista de Costa Rica. Una contribución documental (1931-1948)". *Revista de Ciencias Sociales*, n.° 123-124 (2009): 185-225.

Molotov, V. *El pacto de no agresión entre la URSS y Alemania*. México: Editorial Popular, 1939.

Monroy, Douglas. "Fence Cutters, Sedicioso, and First-Class Citizens: Mexican Radicalism in America". En *The Immigrant Left in the United States*, editado por Buhle, Paul y Dan Georgakas, 11-44. Albany: State University of New York Press, 1996.

Muñoz Patraca, Víctor Manuel. "La derecha en el México post-revolucionario: una propuesta de caracterización". *Estudios políticos*, n.° 24 (2011): 11-32.

Ohanian, Armén. *La ruta de Máximo Gorki es la nuestra*. México: Editorial Cimientos, 1939.

Olcott, Jocelyn. *"Mueras y matanza*: Spectacles of Terror and Violence in Postrevolutionary Mexico". En *A Century of Revolution. Insurgent and Counterinsurgent Violence during Latin America's Long Cold War*, editado por Greg Grandin y Gilbert M. Joseph, Durham, NC y Londres: Duke University Press, 2010.

Olivé, Natura. *Mujeres comunistas en México en los años treintas*. México: Ediciones Quinto Sol, 2014.

Organista, Carlos. "El hechizo de las letras de plomo y la tinta fresca. Manuel Gómez Morin, Abogado de la Cultura". *Las hojas del árbol. Boletín del Centro Cultural Manuel Gómez Morín*, vol. 2, n.° 1 (2009): 3-44.

Ortega, Bertín. *Utopías inquietantes: narrativa proletaria en México en los años treinta*. Xalapa: Instituto Veracruzano de la Cultura, 2008.

Ostroviesky, Heber y Gustavo Sorá, "La traducción de autores franceses de ciencias sociales y humanidades en Argentina. Estado y perspectivas actuales de una presencia invariante". *Bibliodiversity*, n.° 3 (2014): 20-30.

Partido Comunista Mexicano. *La nueva política del Partido Comunista de México*. México: Ediciones Frente Cultural, 1936.

La CTM y Trotsky. México: Editorial Popular, 1938.

Resolución sobre el primer punto de la orden del día del primer congreso nacional extraordinario del partido comunista de México (sección de la internacional comunista). México: Editorial Popular, 1940.

Paz, Jorge. "Prólogo". En Lenin, Nicolás. *El imperialismo, última etapa del capitalismo*. México: Editorial Marxista, 1930.

Peláez Ramos, Gerardo. "Los años de represión anticomunista (1929-1934)". Publicación en línea disponible en: http://www.lahaine.org/b2-img10/pelaez_1929.pdf Acceso el 19 de enero de 2017.

Peñalosa, Fernando. *The Mexican Book Industry*. New York: The Scarecrow Press, 1957.

Pereira, Armando, coord. *Diccionario de la literatura mexicana, siglo XX*. México: Ediciones Coyoacán-Universidad Nacional Autónoma de México, 2004.

Pérez Hernández, Lorena. "Pasión por las letras. Editorial Polis: un proyecto de Manuel Gómez Morin, Antonio L. Rodríguez y Jesús Guisa y Azevedo". *Bien común*, año XXVI, n.°286 y 287, (enero y febrero de 2019): 61-76 y 59-81.

Pérez Monfort, Ricardo. *"Por la patria y por la raza". La derecha secular en el sexenio de Lázaro Cárdenas*. México: Facultad de Filosofía y Letras-Universidad Nacional Autónoma de México, 1993.

Pérez Monfort, Ricardo y Lina Odena Güemes. *"Por la Patria y por la Raza". Tres movimientos nacionalistas 1936-1940. Documentos*. México: Cuadernos de la Casa Chata-CIESAS, 1982.

Peter, José. *Así se preparó la huelga de los frigoríficos*. Montevideo: Confederación Sindical Latinoamericana, 1934.

Petra, Adriana. "Editores y editoriales comunistas. El caso de *Problemas* de Carlos Dujovne". Ponencia presentada en el Primer Coloquio Argentino de Estudios sobre el Libro y la Edición, La Plata, 2012.

———. "Hacia una historia del mundo impreso del comunismo argentino. La editorial Problemas (1939-1948)". En *Prácticas editoriales y cultura impresa entre los intelectuales latinoamericanos en el siglo XX*, coordinado por Aimer Granados y Sebastián Rivera Mir, 99-126. México: El Colegio Mexiquense-Universidad Autónoma Metropolitana / Unidad Cuajimalpa, 2018.

———. *Intelectuales y cultura comunista. Itinerarios, problemas y debates en la Argentina de posguerra*. Buenos Aires: Fondo de Cultura Económica, 2017.

Piatnitzki, O. *El frente único y la unidad de acción*. México: Ediciones Frente Cultural, ¿1936?.

Piña Soria, Antolín. *El libro, el periódico y la biblioteca como elementos de cultura popular, en función de Servicio Social*. México: sin editorial, 1936.

Pittaluga, Roberto. *Soviets en Buenos Aires. La izquierda de la Argentina ante la revolución en Rusia*. Buenos Aires: Prometeo Libros, 2015.

Pizarro Suárez, Nicolás. "2 políticas en materia de publicaciones". *Frente a Frente*, n.° 5 (agosto de 1936): 21.

Plejanov, Jorge. *Cuestiones fundamentales del marxismo*. Santiago: Ediciones de la Federación de Maestros, 1933.

Pomar, José, comp. *Cantos Revolucionarios*. México: Editorial Popular, 1938.

Ponce, Aníbal. *Humanismo burgués y humanismo proletario*. México: Editorial América, 1938.

———. *Dos hombres: Marx, Fourier*. México: Fondo de Cultura Económica, 1938.

———. *Educación y lucha de clases*. México: Editorial América, 1937.

"La herencia de Aníbal Ponce a los intelectuales revolucionarios de México". *Acción Social*, n.° 2 (julio de 1938): 4-7.

"La herencia cultural". *UO. Revista de cultura moderna*, n.° 18 (abril-mayo-junio de 1938): 1-16.

Ponza, Pablo. "Comprometidos, orgánicos y expertos: Intelectuales, marxismo y ciencias sociales en Argentina (1955-1973)". *A Contracorriente: una revista de estudios latinoamericanos*, vol. 5, n.° 2 (2008): 74-98.

Pulido Esteva, Diego. *Las Islas Marías. Historia de una colonia penal*. México: INAH, 2017.

¿Qué debemos hacer?: lo que debes saber, trabajador para conquistar tu pan y tu libertad. Montevideo: Cosinlatam y México: Ediciones Frente Cultural, sin fecha.

Ramírez Organista, Carlos Alberto. "Tutearse con todos los tiempos: anécdotas y reflexiones detrás de un reportaje histórico para Editorial Jus (Reporte de experiencia laboral)". Tesina de Licenciatura en Ciencias de la Comunicación, Facultad de Ciencias Políticas, UNAM, México, 2008.

Reig Romero, Carlos, sel. *Correspondencia de Rubén Martínez Villena (mayo/1912-mayo/1933)*. La Habana: Editorial Unicornio, 2005.

Revueltas, José. "[Autobiografía]". En Revueltas, José. *Obra reunida. Las evocaciones requeridas*. México: Ediciones Era— Conaculta, 2014.

————. *Los muros de agua*. México: Era, 2013 [1941].

Riquelme, Alfredo y Olga Ulianova, eds. *Chile en los archivos soviéticos, 1922-1991— Tomo 1: Komintern y Chile 1922-1930*, Santiago: LOM-Centro de Investigaciones Diego Barros Arana, 2005.

————. *Chile en los archivos soviéticos, 1922-1991— Tomo 2: Komintern y Chile 1931-1935*. Santiago: LOM-Centro de Investigaciones Diego Barros Arana, 2009.

Ribadero, Martín. La editorial Indoamérica: política editorial y proyecto intelectual (1949-1955). En *Memoria del Primer Coloquio Argentino de Estudios sobre el Libro y la Edición, La Plata*, 2012. *Disponible en* http://coloquiolibroyedicion.fahce.unlp.edu.ar. Consultada el 5 de mayo de 2015.

————. *Tiempos de profetas. Ideas, debates y labor cultural de la izquierda nacional de Jorge Abelardo Ramos (1945-1962)*. Bernal: Universidad Nacional de Quilmes, 2017.

Rivera Mir, Sebastián. "A la deriva en tierras inestables. Exiliados chilenos navegando por Latinoamérica (1927-1931)". En *América Latina entre espacios: Redes, flujos e imaginarios globales*, editado por Stephanie Fleischmann, José Alberto Moreno Chávez y Cecilia Tossounian, 99-114. Berlín: Tranvia-Verlag Walter Frey, 2014.

————. "Editorial Popular y la unidad a bajo costo. Libros y folletos comunistas en el México cardenista". En *Camaradas. Nueva historia del comunismo en México*, coordinado por Carlos Illades, 171-204. México: Secretaría de Cultura-Fondo de Cultura Económica, 2017.

————. "El expendio de libros de viejo en la ciudad de México (1886-1930). En busca de un lugar entre pájaros, fierros y armas". *Información, cultura y sociedad*, n.° 36 (2017): 43-64.

————. "Las editoriales comunistas en América Latina durante la década de 1930. La teoría para la acción revolucionaria". En *El Comunismo en América Latina. Experiencias militantes, intelectuales y transnacionales (1917-1955)*, coordinado por Santiago Aránguiz y Patricio Herrera. Santiago: Universidad de Valparaíso, 2017.

————. "Los primeros años de Ediciones Frente Cultural. De la teoría revolucionaria al éxito de ventas (1934-1939)". *Estudios de Historia Moderna y Contemporánea de México*, n.° 50 (2016): 112-131.

————. "Los trabajadores de los Talleres Gráficos de la Nación. De las tramas sindicales a la concentración estatal (1934-1940)". *Historia Mexicana*, n.° 270 (2018): 611-656.

————. "Middle Classes and Anti-Communism in Mexico Cardenista. Nationalist Dynamics in a Transnational Framework", en Mario Barbosa Cruz, A. Ricardo López-Pedreros y Claudia Stern (eds.), *Middle Classes in Latin America. Subjectivities, Practices, and Genealogies*, Estados Unidos: Routledge Studies in the History of the Americas series.

———. *Militantes de la izquierda latinoamericana en México, 1920-1934. Prácticas políticas, redes y conspiraciones*. México: El Colegio de México-Secretaría de Relaciones Exteriores, 2018.

———. "Usos políticos de la edición durante el siglo XX. Entre la hegemonía estatal y las propuestas alternativas". En *El libro multiplicado. Historia de la edición en México, siglo XX*, editado por Kenya Bello y Marina Garone (en prensa).

Rodríguez, Ana María, sel. *Selección de informes de los representantes diplomáticos de los Estados Unidos en el Uruguay*. Montevideo: Universidad de la República, Facultad de Humanidades y Ciencias de la Educación, Departamento de Publicaciones, vol. 1, 1996.

Rodríguez Galad, Irene, comp. *El archivo de Salvador de la Plaza*. Caracas: Centauro-Funres, 1992.

Roel, Carlos. *La mentira marxo-bolchevique*. México: Editorial Polis, 1938.

———. *Los nuevos sistemas político-económicos: fascismo y bolchevismo*. México: Editorial Polis. 1938.

Rojas Flores, Jorge. *Moral y prácticas cívicas en los niños chilenos, 1880-1950*. Santiago: Ariadna Ediciones, 2004.

Rolland, Modesto. ¿Comunismo o liberalismo? México: sin pie de imprenta, 1932.

———. *Informe sobre el Distrito Norte de la Baja California*. México: SEP, 1993.

Romero Pittari, Salvador. *El nacimiento del intelectual*. La Paz: Neftalí Lorenzo E. Caraspas, 2009.

Rosado de la Espada, Diego. "La dialéctica en la vida social cubana". *Claridad*, n.° 333-334 (1939): 119-120.

Rosales Morales, Francisco Javier. "Proyectos editoriales de la Secretaría de Educación Pública: 1921-1934. Apuntes para una historia del libro y la lectura". Tesis de maestría. Centro de Investigación y Estudios Avanzados del Instituto Politécnico Nacional (Cinvestav-IPN), Departamento de Investigaciones Educativas, México, 2016.

Rosas Turrent, Lorenzo. *Hacia una literatura proletaria*. Xalapa: Integrales, 1932.

Saco, Alfredo. "Aprista Bibliography". *The Hispanic American Historical Review*, vol. 23, n.° 3 (1943): 555-585.

Saferstein, Ezequiel. "Entre los estudios sobre el libro y la edición: el "giro material" en la historia intelectual y la sociología". *Información, cultura y sociedad*, n.° 29 (diciembre 2013): 139-166.

Salazar Mallén, Rubén. *La democracia y el comunismo*. México: Editorial Polis, 1937.

Salustio. *Los orígenes secretos del bolchevismo*. México: Editorial Esperanza, 1938.

Sanchez, George J. *Becoming Mexican American; Ethnicity, Culture and Identity in Chicano Los Angeles, 1900-1945*. Oxford: Oxford University Press, 1993.

Santos Valdés, José. *La religión y la escuela socialista*. México: sin editorial, 1938.

Sarlo, Beatriz. *El imperio de los sentimientos*. Buenos Aires: Norma, 2000.

Servín, Elisa. "Propaganda y Guerra Fría: la campaña anticomunista en la prensa mexicana del medio siglo". *Signos Históricos*, n.° 11 (2004): 9-39.

Sin autor. *Universidad Obrera de México*. México: Ediciones Universidad Obrera de México, 1936.

Sinani. *Las luchas interimperialistas en América del Sur y del Caribe*. Montevideo: EDEYA, 1940.

Sobrino Trejo, J. D. *Los objetivos del movimiento obrero y de las tendencias de la pequeña burguesía. ¿Frente único de obreros y de pequeños burgueses?* México: Ediciones Frente Cultural, 1937.

Socorro Rojo Internacional. Sección Mexicana. *Campaña del centavo*. México: Edición SRI, 1930.

Sorá, Gustavo. *Editar desde la izquierda. La agitada historia del Fondo de Cultura Económica y de Siglo XXI*. Buenos Aires: Siglo XXI Editores, 2017.

Sousa, Fabio. "*El Machete*: prensa obrera y comunismo en México". *Fuentes Humanísticas*, año 28, n.° 49 (2014): 171-180.

Spenser, Daniela. *"Unidad a toda costa": La Tercera Internacional en México durante la presidencia de Lázaro Cárdenas*. México: CIESAS, 2007.

———. "El viaje de Vicente Lombardo Toledano al mundo del porvenir". *Desacatos*, n.° 34, (septiembre-diciembre 2010): 77-96.

Stalin, José. *En torno a los problemas del leninismo*. México: Ediciones Sociales, 1939.

Stefanoni, Pablo. *Los inconformistas del centenario. Intelectuales, socialismo y nación en una Bolivia en crisis (1925-1939)*. La Paz: Plural Editores, 2015.

Stoler, Ann Laura. *Along the Archival Grain. Epistemic Anxieties and Colonial Common Sense*. Princeton: Princeton University Press, 2009.

Studer, Brigitte. *The Transnational World of the Cominternians*. Londres/Nueva York: Palgrave Macmillan, 2015.

Taracena Arriola, Arturo. "Un salvadoreño en la historia de Guatemala. Entrevista con Miguel Ángel Vázquez Eguizabal". *Memoria*, n.° 29 (enero febrero 1990).

Tarcus, Horacio. *Mariátegui en la Argentina o las políticas culturales de Samuel Glusberg*. Buenos Aires: Ediciones El Cielo por Asalto, 2001.

———. "Revistas, intelectuales y formaciones culturales en la argentina de los veinte". *Revista Iberoamericana*, vol. LXX, n.° 208-209 (julio-diciembre 2004): 749-772.

———. *Marx en la Argentina. Sus primeros lectores obreros, intelectuales y científicos*. Buenos Aires: Siglo XXI Editores, 2013.

————. *La biblia del proletariado. Traductores y editores de El Capital*. Buenos Aires: Siglo XXI Editores, 2018.

Tenayuca, Emma y Homer Brooks. "The Mexican Question in the Southwest". *The Communist*, vol. 18, n° 3 (1939): 257-268.

Thompson, E.P. *William Morris. Romantic to Revolutionary*. New York: Pantheon Books, 1976.

Thorez, Vaillant, Couturier, Cachin. *El orador popular*. traducción y adaptación de Mario Pavón Flores. México: Editorial Popular, 1938.

Tibol, Raquel. *Julio Antonio Mella en El Machete*. México: Fondo de Cultura Popular, 1968.

Traven, B. *La rebelión de los colgados*. México: Editorial Insignia, 1938.

Tucci Carneiro, Maria Luiza. *Livros Prohibidos, Idéias Malditas. O Deops e as Minorias Solenciadas*. Sao Paulo: Estação Liberdade-Arquivo do Estado, SEC, 1997.

Un huelguista. *Cómo se preparó la huelga en los frigoríficos*. México: Ediciones Frente Cultural, sin fecha.

Urías Horcasitas, Beatriz. "Retórica, ficción y espejismo: tres imágenes de un México bolchevique (1920-1940)". *Relaciones. Estudios de historia y sociedad,* vol. 26, n.° 101 (2005): 261-300.

Valadés, José. *Memorias de un joven rebelde*. México: Universidad Autónoma de Sinaloa, 1986, 2ª parte.

Vasconcelos, José. *Qué es el comunismo*. México: Editorial Botas, 1936.

Vázquez Liñán, Miguel. "Propaganda y política de la Unión Soviética en la Guerra Civil Española (1936-1939)". Tesis de doctorado. Facultad de Ciencias de la Información, Universidad Complutense de Madrid, 2003.

Vicuña, Carlos. *En las prisiones políticas de Chile. Cuatro evasiones novelescas*. México: Cruz del Sur, 1946.

Villaseñor, Víctor Manuel. *Problemas del mundo contemporáneo*. México: Publicaciones de la Universidad Obrera de México, 1937.

Voline, Boris y Sergei Ingulov. *Etapas históricas del bolchevismo, 1883-1934*. México: Ediciones Fuente Cultural, 1938.

Varios autores. *La edificación cultural en la Unión Soviética*. México: Ediciones Frente Cultural (sin fecha).

Varios autores. *Marxismo y antimarxismo*. México: Editorial Futuro, 1934.

Varios autores. *A la luz del marxismo. Método dialéctico y ciencias humanas*. México: Editorial América, sin fecha.

Wald, Alan M. *Exiles from a Future Time. The Forging of the Mid-Twentieth-Century Literary Left*. Chapel Hill y Londres: The University of North Carolina Press, 2002.

XI Congreso del Partido Comunista de Chile. Por la paz y por nuevas victorias del Frente Popular. Santiago: Ediciones del Comité Central del Partido Comunista de Chile, 1940.

Zahar, Juana. *Historia de las librerías en la ciudad de México: evocación y presencia*. México: UNAM, 2006.

Zarowsky, Mariano. "Gramsci y la traducción. Génesis y alcances de una metáfora". *Prismas*, vol. 17, n.º 1 (2013): 49-66.

Anexos

Anexo 1: Propuesta de lecturas formativas del PC de Chile (1933)*

Autor	Título	Editorial(es)	Lugar de edición	Año edición
N. Bujarin	El ABC del comunismo	Cuadernos de iniciación marxista	Santiago	1932
Lenin	El marxismo	Editorial SUDAM	Buenos Aires	193—
Friedrich Engel	Socialismo científico y socialismo utópico	Documentos políticos	Madrid	193—
Max Beer	Historia general del socialismo y de las luchas sociales	Editorial Ercilla o Editorial Zeus	Santiago o Madrid	1932 o 1931
Karl Marx	Manifiesto comunista	Editorial Cenit	Madrid	1932
Stalin	Fundamentos del leninismo	Editorial SUDAM	Buenos Aires	193—
Lenin	El imperialismo última etapa del capitalismo	Editorial Europa y América	Buenos Aires — Barcelona	1930
Stalin	Lucha por el leninismo	Editorial Sudamérica	Montevideo	1932?
Internacional Comunista	Tesis sobre el XII Pleno del CE de la IC			1932
Internacional Comunista	Tesis del VI Congreso de la IC (el movimiento revolucionario en los países coloniales)		París	Sin fecha (1928?)
Stalin	La lucha por el leninismo en América Latina	Buró Sudamericano de la IC	Montevideo	1932
Sinani (Georgi Skalov)	El movimiento revolucionario en los países de América del Sur	Artículo en *La Internacional Comunista* y en *El trabajador latinoamericano*	Montevideo	1932

Anexo 1: Propuesta de lecturas formativas del PC de Chile (1933)*

Autor	Título	Editorial(es)	Lugar de edición	Año edición
Internacional Comunista. Buró Sudamericano	Las grandes luchas del proletariado chileno	Editorial Marx-Lenin	Santiago	1932
Carlos Keller	La eterna crisis de Chile	Editorial Nascimiento	Santiago	1931
Partido Comunista de Chile	Boletines internos No. 2 y 3		Santiago	Sin datos
Partido Comunista de Chile	Decisiones del último pleno del C.C.		Santiago	1932
Partido Comunista de Chile	Programa de la ARS		Santiago	1932
Edo. Ghitor (Orestes Ghioldi)	La bancarrota del anarco sindicalismo	Editorial Sudamérica	Montevideo	1932
Lenin	Democracia y dictadura	Sin datos	Sin datos	Sin datos
Lenin	El Estado y la revolución	Editorial Europa y América	París	1930
Stalin	La colectivización de la agricultura	Documentos Políticos	Madrid	1932
Yakovliev (Iiakov Arkadevich)	El movimiento de los Kolcoses y los progresos de la agricultura	Editorial SUDAM	Buenos Aires	193—
Lenin, Stalin y Bujarin	La liberación de los pueblos oprimidos			
Internacional Comunista	XI Pleno del CE de la IC			1931
Lenin	Radicalismo, enfermedad infantil del comunismo	Capítulo publicado en *Bandera Roja*	Santiago	1931

Anexo 1: Propuesta de lecturas formativas del PC de Chile (1933)*

Autor	Título	Editorial(es)	Lugar de edición	Año edición
Internacional Comunista. Buró Sudamericano	Problemas de organización	Editorial Sudamérica	Montevideo/ Buenos Aires	1932
Internacional Comunista. Buró Sudamericano	Primera Conferencia Sindical Latinoamericana	Editorial del Buró Sudamericano de la Internacional Comunista	Montevideo	1929
Federación Obrera de Chile	Obrero, escucha la palabra de la FOCH	Sin editorial	Santiago	1931
Losovsky, A. (Solomon Abramovich)	De la huelga a la toma del poder	Cosinlatam	Montevideo	1932
Internacional Comunista	II Pleno del CE de la IC			Sin fecha (1922?)
Partido Comunista de Chile	Resolución sindical del pleno del CC del PCCH			1931
	Legislación social de la URSS			
	Código del Trabajo	Editorial Nascimiento	Santiago	1931
Lenin	¿Deben trabajar los comunistas en los sindicatos reaccionarios?	Artículo (no se señala lugar de dónde se obtuvo)		
O. Piatnitsky	Cómo defender a los obreros sin trabajo	Documentos políticos	Madrid	1930
Stalin	Plan quinquenal	Editorial Moderna o Editorial Aguilar	Santiago o Madrid	1931 o 1930
Molotov	El triunfo del primer plan quinquenal	Documentos políticos	Madrid	1932
Stalin	Las tareas de los cuadros	Editorial SUDAM	Buenos Aires	193—

Anexo 1: Propuesta de lecturas formativas del PC de Chile (1933)*				
Autor	Título	Editorial(es)	Lugar de edición	Año edición
Internacional Comunista	Resolución del XI Pleno del CE de la IC sobre el peligro creciente de la intervención contra la URSS			1931
	Frente único contra la guerra	Artículo ((no se señala lugar de dónde se obtuvo)		
Lenin	Organizad la lucha contra la guerra	Editorial La Internacional	Buenos Aires	1929
Gachin, (Marcel)	La próxima guerra contra la URSS	Editorial Europa y América	Barcelona	193—
	La lucha antiguerrera del proletariado latinoamericano	Artículo de *El trabajador latinoamericano*	Montevideo	1932
	Palabras de Paz, hechos de guerra	Artículo en *Correspondencia Internacional*	París	1931
Internacional Juvenil Comunista	La juventud comunista y la lucha revolucionaria	Ediciones Europa y América	Barcelona	1930
Internacional Juvenil Comunista	El programa de la IJC	Secretariado Sudamericano	Buenos Aires	1931
Federación Juvenil Comunista de Chile	Carta abierta de la II Conferencia Nacional de la Federación Juvenil Comunista de Chile	Publicada en *Juventud Obrera*	Santiago	1932

* Con base en Comisión de agitación y propaganda del Partido Comunista. Sección Chilena de la Internacional Comunista, *Plan de estudios de un curso de capacitación* (Santiago: Talleres gráficos Gutenberg, 1933).

Anexo 2: Catálogo Ediciones Frente Cultural		
1	Federico Engels y Carlos Marx	Principios de comunismo — Mensaje del CC de la Liga de los Comunistas
2	Federico Engels y Carlos Marx	Manifiesto Comunista
3	Lenin	La religión
4	Lenin	El marxismo. Carlos Marx y su doctrina
5	Lenin	El extremismo, enfermedad infantil del comunismo
6	Lenin	Lenin orador. 20 discursos
7	Lenin	El socialismo y la guerra
8	Lenin	La guerra y la humanidad. Para la liberación de los pueblos coloniales y semicoloniales
9	Lenin	La juventud y la educación proletaria
10	Ingulov	Principios de economía política. Primer curso. Los dos mundos.
11	S. Martel	Principios de economía política. Segundo curso. Qué es el comunismo y el socialismo. Los dos mundos.
12	Ingulov y Boross	Principios de economía política. Tercer curso. La edificación del socialismo. Los dos mundos.
13	F. Engels	Anti-Duhring. Filosofía, economía política, socialismo
14	F. Engels	Origen de la familia. La propiedad privada y el Estado
15	Federico Engels	Socialismo utópico y socialismo científico
16	A. Leontiev	Economía política (curso para principiantes). La economía y el imperialismo en las colonias
17	Lucién Henry	Orígenes de las religiones. Historia y función social
18	Carlos Marx, John Lewis y Federico Engels	Introducción al estudio de la filosofía y del materialismo histórico
19	Jorge Plejanov	Cuestiones fundamentales del marxismo
20	M. Shirokov	Tratado sistemático de filosofía marxista
21	Carlos Marx	El Capital. Crítica de la economía política
22	Carlos Marx	Miseria de la filosofía
23	A. Pinkevich	La nueva educación en la Rusia soviética
24	Karl Kautsky	El cristianismo. Orígenes y fundamentos
25	Stalin	Los fundamentos del leninismo
26	Stalin	Lenin

Anexo 2:	Catálogo Ediciones Frente Cultural	
27	Universidad Obrera de París	Principios elementales del marxismo
28	Vladimir Adoratsky	Dialéctica materialista
29	Boris Voline e Sergei Ingulov	Etapas históricas del bolchevismo
30	Georges Dimitrov	Unidad contra el fascismo que es hambre, terror y guerra
31	Georges Dimitrov	La unidad de la clase obrera en la lucha contra el fascismo
32	Georges Dimitrov	Frente popular en todo el mundo
33	Van Min	Táctica del movimiento revolucionario en los países semicoloniales
34	Partido Comunista de México	La nueva política del Partido Comunista de México
35	Carlos Marx y Lenin	El marxismo leninismo dialéctico
36	Solomón Losovski	Marx y los sindicatos
37	Solomón Losovski	De la huelga a la toma del poder
38	M. Epstein, Svadrovski, José Carlos Mariategui y Dowonovski	La edificación cultural en la URSS — Sistema de instrucción pública en la URSS — La libertad de la enseñanza — Lenin y la escuela politécnica
39	Vasilli Tchemodanov	La juventud soviética y la lucha por el socialismo
40	Nicolás Bujarin	El ABC del comunismo
41	Osip Pianitski	Problemas del movimiento sindical internacional
42	Osip Pianitski	El frente único y la unidad de acción
43	Un huelguista [José Peter]	Como se preparó la huelga en los frigoríficos
44	Alberto Houtin	Breve historia del cristianismo
45	Rodolfo Jiménez Barrios	Acción de las masas estudiantiles en Centroamérica
46	John Lewis	Introducción al estudio de la filosofía
47	Yevgueni Preobrayenski	Tres estados: feudal, capitalista, proletario
48	Alberto Pinkevich	La nueva educación en la Rusia Soviética: filosofía, técnica, realizaciones, 1937
49	J. D. Sobrino Trejo	Los objetivos del movimiento obrero y las tendencias de la pequeña burguesía: ¿frente único de obreros y de pequeños burgueses?

Anexo 3: Catálogo Editorial Popular

	Autor	título	Año	PRECIO
1	Laborde, Hernán	Unidad a toda costa	1937	0,15
2	Laborde, Hernán	Por la unidad hacia la liberación del pueblo mexicano	1937	0,10
3	Laborde, Hernán	La revolución amenazada	1937	0,05
4	Laborde, Hernán	Contra el peligro fascista	1937	0,10
5	PCM		1938	0,10
6	Thorez, Maurice	Católicos y comunistas unidos ante el fachismo	1938	0,10
7	Thorez, Vaillant, Couturier, Cachin	El orador popular	1938	0,10
8	F. Gruber, F. Lang, A. Claire, V. Stern, Kurt Funk	El Japón: su política de sangre y fuego	1938	0,10
9	Pomar, José	Cantos revolucionarios	1938	0,15
10	PCM	Mensaje a los católicos	1938	0,10
11	Laborde, Hernán	Rusia hoy (dos ediciones)	1938	0,10
12	Laborde, Hernán	La revolución de Independencia	1938	0,05
13	Acosta Saignes, Miguel	Latifundio	1938	0,10
14	Ohanian, Armén	La lucha de clases en la literatura	1938	0,20
15	Barrios, Elías	El escuadrón de hierro: páginas de historia sindical	1938	1,25
16	PCM	La CTM y Trotsky	1938	0,10
17	Sin autor	Marx y la juventud obrera	1939	0,10
18	Stalin	Del socialismo al comunismo	1939	0,25
19	Schevernik, N.	El socialismo y el derecho al trabajo	1939	0,10
20	Molotov, V.	El pacto de no agresión entre la Unión Soviética y Alemania	1939	0,05
21	Manuilski, D.	El frente único internacional obrero	1939	0,20
22	Velasco, Miguel A.	La Unión Soviética frente a la guerra interimperialista	1939	0,10
23	Browder, Earl	Quienes se benefician de la guerra	1939	0,10
24	Schelov, V.	El socialismo y el derecho al descanso	1939	0,10
25	Dimitrof, Georges	La guerra y la clase obrera en los países capitalistas	1939	0,10

Anexo 3: Catálogo Editorial Popular				
26	Varios	La verdad sobre la segunda guerra imperialista	1939	0,20
27	Campa, Valentín S.	Finlandia y su pueblo	1939	0,10
28	Díaz, José y Dolores Ibarruri	España y la guerra imperialista	1939	0,05
29	Laborde, Hernán	¡Unidos!	1939	0,20
30	Blas Roca	Las experiencias de Cuba	1939	0,10
31	Engels, F.	Principios de comunismo	1939	0,10
32	Marx, K. y F. Engels	Manifiesto comunista	1939	0,25
33	Machado, Gustavo	Nuestro principal enemigo	1939	0,10
34	Alvárez Barret, Luis	Nuestro petróleo	1939	0,05
35	Velasco, Miguel A.	Liquidación del latifundio	1939	0,10
36	Revueltas, José	La independencia nacional, proceso en marcha	1939	0,10
37	Sin autor	Método para el studio de la Historia del Partidos Comunista (Bolchevique) de la URSS	1939	gratuito
38	Laborde, Hernán	El enemigo es Almazán	1939	0,20
39	Browder, Earl	Religión y comunismo	1939	0,10
40	Velasco, Miguel A.	La administración obrera en las empresas. Marxismo versus anacosindicalismo	1939	0,10
41	Velasco, Miguel A.	Espías y provocadores	1939	0,15
42	Creydt, Óscar	América Latina ante la nueva Guerra mundial	1939	0,25
43	Carrillo, Rafael	Qué es y cómo funciona el PCM	1939	0,10
44	PCM	Proposiciones del Partido Comunista Mexicano para el plan sexenal	1939	Sin datos
45	Laborde, Hernán	Paz y trabajo, no violencia ni sangre. El Partido Comunista ante la sucesión presidencial	1939	0,05
46	Malo Álvarez, Ignacio	La burguesía y la reforma agraria	1939	0,50
47	Ibarruri, Dolores	La social democracia y la actual Guerra imperialista	1940	0,05
48	Beltrán, Enrique, Margarita Nelken y Víctor M. Villaseñor	La URSS frente a la guerra imperialista	1940	0,25

Anexo 3:	Catálogo Editorial Popular			
49	Varios	La URSS y Finlandia (Documentos históricos, económicos y políticos)	1940	0,25
50	Fischer, Ernest	La verdad sobre la Guerra imperialista	1940	0,10
51	Varios	El colectivismo agrario. La comarca lagunera	1940	6,50
52	Aslanova, Chimnaz, Yanka Kupala y M. Papyan	URSS federación de naciones libres	1940	0,15
53	PCM	Resolución sobre el primer punto de la orden del día del Primer Congreso Nacional Extraordinario del PCM	1940	0,10
54	Díaz, José	Las enseñanzas de Stalin, guía luminosa para los comunistas españoles	1940	0,05
55	Uribe, Vicente	Los intereses del pueblo español están en la paz	1940	0,10
56	Laborde, Hernán	Para vencer en 1940	1940	0,20
57	Varga, E., V. Obraztsov e I. M. Gubkin	La URSS, potencia económica mundial	1940	0,15
58	García Salgado, Andrés	¡Fuera los enemigos del pueblo de las filas revolucionarias!	1940	0,15
59	Browder, Earl	El camino del pueblo hacia la paz	1940	0,20
60	P. Kovardak, K. Borin y F. Klimenko	El campo en la Unión Soviética	1940	0,15
61	Varios	En el país del socialismo	1940	0,70
62	P. Pichugina, A. Makarenko, N. Propper-Grashchenkov	La mujer, el niño y la salud pública en la URSS	1940	0,15
63	Sobolev, Kaftanov y Starostin	Los jóvenes en la URSS	1940	0,15
64	Encina, Dinisio	¡Fuera el imperialism y sus agentes!	1940	0,50
65	PCM	Estatutos del PCM	Sin fecha	0,10

Anexo 4: Catálogo Editorial América

	Título	Autor	Precio (en pesos)
1	El capital bajo el manto del Papa	Nicolás Bujarin	0,20
2	Principios de Economía Política	L. Segal	3,50
3	Introducción a la sociología	Armand Cuvillier	2,50
4	Orígenes del capitalismo y de los sindicatos	René Garmy	1,50
5	Educación y lucha de clases	Aníbal Ponce	2,00
6	Humanismo burgués y humanismo proletario	Aníbal Ponce	2,00
7	La mujer	Augusto Bebel	3,00
8	Karl Marx, el hombre y la obra	August Cornu	3,00
9	Economía política y filosofía	Carlos Marx	2,00
10	El materialismo militante	Plejanov	2,00
11	La rebelión de los colgados	Bruno Traven	3,00
12	Darwinismo y marxismo	Antón Pannekoek	Sin información
13	Guía para el estudio de El capital	Federico Engels	Sin información
14	A la luz del marxismo. Método dialéctico y ciencias naturales y humanas	Varios	Sin información
15	Dialéctica de la naturaleza	Federico Engels	Sin información
16	El fascismo, según los grandes fascistas y antifascistas	Varios	Sin información
17	El proletariado y la guerra	V. I. Lenin	Sin información
18	El proletariado ante el problema electoral	V. I. Lenin	Sin información
19	Democracia burguesa y democracia proletaria	V. I. Lenin	Sin información
20	La tercera internacional en tiempos de Lenin (Tesis, acuerdos y resoluciones de los cuatro primeros congresos mundiales de la I.C.)	Sin autor	Sin información
21	Qué es la dialéctica	Norbert Guterman y Henri Lefevre	Sin información

CPSIA information can be obtained
at www.ICGtesting.com
Printed in the USA
LVHW110427170920
666195LV00001B/44